Mantak Chia

Chi Kung
Camisa de Hierro

editorial irio, s.a.

Si este libro le ha interesado y desea que lo mantengamos infor-
mado de nuestras publicaciones, escríbanos indicándonos cuáles son los temas de su interés (Astrología, Autoayuda,
Esoterismo, Qigong, Naturismo, Espiritualidad, Terapias
Energéticas, Psicología práctica, Tradición...) y gustosamente
lo complaceremos.

Puede contactar con nosotros en
comunicación@editorialsirio.com

9ª edición: enero 2011

Título original: IRON SHIRT CHI KUNG I
Traducido del inglés por Alcia Martell Moreno
Diseño de portada: Editorial Sirio, S.A.

© de la edición original
   1986 Mantak y Maneewan Chia
   Healing Tao Books
   P.O. Box 1194
   Huntingtton, NY 11743

© de la presente edición

EDITORIAL SIRIO, S.A.	EDITORIAL SIRIO	ED. SIRIO ARGENTINA
C/ Rosa de los Vientos, 64	Nirvana Libros S.A. de C.V.	C/ Paracas 59
Pol. Ind. El Viso	Camino a Minas, 501	1275- Capital Federal
29006-Málaga	Bodega nº 8,	Buenos Aires
España	Col. Lomas de Becerra	(Argentina)
	Del.: Alvaro Obregón	
	México D.F., 01280	

www.editorialsirio.com
E-Mail: sirio@editorialsirio.com

I.S.B.N.: 978-84-7808-160-8
Depósito Legal: B-3.178-2011

Impreso en los talleres gráficos de Romanya/Valls
Verdaguer 1, 08786-Capellades (Barcelona)

Printed in Spain

Agradecimientos

Antes que nada, quiero dejar patente mi agradecimiento a los maestros taoístas que compartieron conmigo sus conocimientos sin imaginar jamás que algún día serían transmitidos al mundo occidental. Mi agradecimiento especial a Roberta Prada y a Roderick Kettlewell por animarme a escribir este libro, por su ayuda con el manuscrito inicial y por su supervisión editorial y técnica.

Doy las gracias a todos cuantos contribuyeron a la creación de esta obra: al artista Juan Li, por las muchas horas que dedicó a inventar y dibujar los esquemas de las funciones internas del cuerpo; a Terry Goss, por su capítulo sobre el alineamiento de la respiración, que representa una enorme ayuda para la práctica de la Camisa de Hierro; a Larry Short, por compartir conmigo algunos ejercicios de los Nui Kung tibetanos; a Michael Brosnahan, por ayudarme a aclarar algunos puntos técnicos estructurales; al Dr. Michael Posner, por hacerme partícipe de sus opiniones quiroprácticas sobre la Camisa de Hierro; al Dr. Gunther Weil, a Rylin Malone y a muchos de mis estudiantes por su retroalimentación; a nuestra secretaria Jo Ann Cutreria, por los innumerables contactos efectuados y por su trabajo incansable; a Daniel Bobek, por las numerosas horas que pasó frente al ordenador; a John Robert Zielinski, por poner a punto el nuevo sistema informático y por su entrevista con Michael Winn; a Valerie Meszaros, por su revisión y corrección editorial, por organizar, mecanografiar y revisar el texto en el ordenador, y por corregir las pruebas; a Helen Stites, por corregir las pruebas; a Adam Sacks, nuestro informático, por ayudarnos a solucionar los problemas que surgieron en la última fase de la producción; a Michael Winn, por su supervisión editorial; a Cathy Umphress, por diseñar y colocar las ilustraciones. Nuestro agradecimiento especial para David Miller, por supervisar el diseño y la producción, y para Felix Morrow por sus valiosos consejos y ayuda en la edición y producción de esta obra y por haber decidido publicar los libros del Tao Curativo en inglés.

Sin la colaboración de mi madre, de mi esposa Maneewan, y de mi hijo Max, este libro habría resultado sin duda excesivamente académico; por toda su ayuda eseo expresarles mi gratitud y mi amor.

El maestro Mantak Chia

El maestro Mantak Chia es el creador del sistema conocido como «El Tao Curativo» y es también fundador y director del Centro Curativo Tao de Nueva York. Desde su infancia estudió la forma de vida taoísta, al igual que otras disciplinas. El sistema del Tao Curativo es el resultado de su profundo conocimiento del taoísmo, potenciado por su conocimiento de otras disciplinas. Este sistema se enseña en la actualidad en muchas ciudades de los Estados Unidos, de Canadá y de Europa.

El maestro Chia es hijo de padres chinos y nació en Tailandia en 1944. A los seis años aprendió de unos monjes budistas a «sentarse y relajar la mente», es decir, la meditación. Durante sus años escolares aprendió la lucha tradicional tailandesa; el maestro Lu le enseñó Tai Chi Chuan y posteriormente lo inició en Aikido y Yoga, profundizando después todavía más en el Tai Chi.

Más tarde, siendo estudiante en Hong Kong, donde destacaba en la lucha y en las competiciones deportivas, un compañero mayor que él, Cheng Sue-Sue, le presentó a quien sería su primer instructor esotérico y su principal maestro taoísta: el maestro Yi Eng, con quien comenzó sus estudios sobre el taoísmo. Aprendió a emitir la fuerza vital a través de sus manos y a circular la energía por la Órbita Microcósmica, a abrir los Seis Canales Especiales, la Fusión de los Cinco Elementos, la Alquimia Interna, la Iluminación del Kan y del Li, el Sellado de los Cinco Órganos de los Sentidos, la Concertación del Cielo y de la Tierra, y la Unión del Hombre con el Cielo. Fue el maestro Yi Eng quien autorizó al maestro Chia a enseñar y a curar.

Poco después de cumplir los veinte años, Mantak Chia estudió en Singapur con el maestro Meugi, quien le enseñó Kundalini, Yoga Taoísta y la Palma Budista, lo que le permitió evitar los bloqueos del flujo vital, tanto en su propio cuerpo como en los pacientes de su maestro.

Años después, estudió con el maestro Pan Yu, cuyo sistema combinaba enseñanzas taoístas, budistas y zen, y con el maestro Cheng Yao-Lun, cuyo sistema incluía lucha tailandesa y Kung Fu. Del maestro Pan aprendió el intercambio de energía yin y yang entre hombres y mujeres, así como el «Cuerpo de Acero», técnica que evita el envejecimiento del cuerpo. El maestro Cheng Yao-Lun le enseñó el secreto del método Shao Lin de la energía interna y también los aún más

Mantak y Maneewan Chia

secretos métodos de la Camisa de Hierro llamados «Limpieza de la Médula» y «Renovación de los Tendones».

Posteriormente, para poder comprender mejor los mecanismos de la energía curativa, el maestro Chia estudió anatomía y medicina occidental durante dos años. Mientras proseguía sus estudios, trabajó como director de la compañía Gestetner, empresa fabricante de maquinaria de oficina, lo que le proporcionó un gran conocimiento de la tecnología de impresión offset y también de las máquinas copiadoras.

Tomando como base su profundo conocimiento del sistema taoísta y completándolo con sus otros conocimientos, desarrolló el sistema del Tao Curativo y comenzó a enseñarlo. Más tarde, preparó instructores para que le ayudaran y fundó en Tailandia el Centro de Curación Natural. Cinco años más tarde, decidió trasladarse a Nueva York para difundir su sistema en Occidente. En 1979 inauguró en dicha ciudad el Centro del Tao Curativo. Desde entonces se han abierto centros en otras muchas ciudades, entre ellas Boston, Filadelfia, Denver, Seattle, San Francisco, Los Ángeles, San Diego, Tucson, Toronto, etc. Tanto en Inglaterra, como en Alemania, Holanda y Suiza, los grupos son muy numerosos.

El maestro Chia lleva una vida tranquila con su esposa Maneewan, quien enseña Nutrición Taoísta de los Cinco Elementos en el Centro de Nueva York, y con su hijo. Es una persona cálida, amistosa y servicial, que se considera a sí mismo ante todo docente. Escribe sus libros con un procesador de textos y está tan familiarizado con las últimas novedades de la tecnología informática como con las filosofías esotéricas.

Cómo usar este libro

El sistema taoísta en su totalidad se encuentra expuesto en el conjunto de mis libros. Cada uno de ellos describe una parte importante de dicho sistema, presentando un método de curación y de mejora vital que puede ser estudiado y practicado individualmente si el lector así lo desea. Sin embargo, cada uno de dichos métodos está relacionado con los demás y su práctica es más efectiva si se efectúa en combinación con los restantes.

El fundamento de todas las prácticas del Sistema Taoísta, la Meditación de la Órbita Microcósmica, es la manera de hacer circular la energía Chi a través del cuerpo como describía en mi libro *El despertar de la energía curativa a través del Tao*. A esta práctica le siguen las meditaciones de la Sonrisa

Interior y de los Seis Sonidos Curativos, descritas en mi libro *Sistemas taoístas para transformar el estrés en vitalidad.*

Las prácticas del Chi Kung Camisa de Hierro son muy poderosas y efectivas. Para asegurarse de que se realizan adecuadamente es mejor prepararse antes, aprendiendo la Meditación de la Órbita Microcósmica, la Sonrisa Interior y los Seis Sonidos Curativos. Esto permitirá identificar y eliminar los bloqueos de energía que puedan aparecer durante la práctica de la Camisa de Hierro en las fases de aprendizaje.

En segundo lugar, hay que aprenderse la información contenida en el capítulo de este libro dedicado al alineamiento corporal.

Tercero, comprender los principios básicos.

Cuarto, practicar los ejercicios preliminares hasta llegar a realizarlos correctamente y con facilidad. Esto generará el estado físico necesario para practicar cómodamente las diferentes posturas.

Durante el aprendizaje se puede usar la descripción completa de cada postura. La descripción abreviada pretende ser sólo una especie de guía durante las prácticas.

Finalmente, te sugerimos un horario de prácticas, aunque no es imprescindible que lo sigas con exactitud. Utilízalo simplemente como una guía para confeccionar tu propio programa.

Al leer la información contenida en este libro y asimilar conceptos que no pertenecen al pensamiento occidental, comprenderás mejor la importancia de estas prácticas para tu perfeccionamiento físico, emocional y espiritual.

MANTAK CHIA

ADVERTENCIA

Este libro no presenta ningún método de diagnóstico ni sugiere ningún tipo de medicación. Simplemente proporciona un método que te permitirá incrementar tu fuerza y tu buena salud para poder superar los desequilibrios. Quienes sufran de hipertensión, enfermedades cardíacas o se encuentren débiles por algún motivo, deberán proceder con la práctica de una manera más lenta y relajada. Aquellos que padezcan cualquier enfermedad, deberán consultar a su médico.

1

Introducción general

EL SISTEMA DEL TAO CURATIVO Y EL CHI KUNG CAMISA DE HIERRO

Además de las conocidas artes marciales Kung Fu y Tai Chi, el Sistema del Tao Curativo incluye prácticas de salud, artes curativas, el desarrollo de cierto estado de conciencia y el manejo de la energía vital (Chi). La vertiente marcial de esta enseñanza es la práctica de la Camisa de Hierro, entrenamiento que desarrolla una moral y una conciencia espiritual altamente perfeccionadas.

La finalidad del Sistema del Tao Curativo es mantener nuestros cuerpos en buen estado en el plano físico, lo que les permitirá transformar y almacenar mayor cantidad de energía Chi, que posteriormente podrá emplearse en los más elevados niveles del plano espiritual (Figura 1-1).

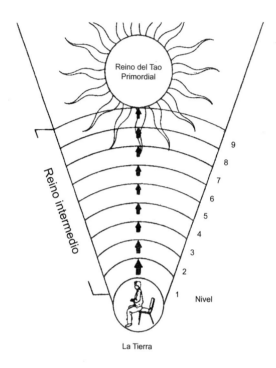

Figura 1-1. El reino del Tao Primordial

En el plano espiritual, la neta es el desarrollo del feto inmortal. Esto tiene lugar en dos fases: la primera de ellas está relacionada con la superación del proceso de la reencarnación y la segunda con el desarrollo y la educación del feto inmortal para que llegue a convertirse en un espíritu inmortal totalmente desarrollado.

La práctica de la Camisa de Hierro es uno de los más importantes ejercicios que se pueden llevar a cabo en el plano físico, pues a través de ella se aprende el enraizamiento con la energía de la Madre Tierra, fenómeno que es intrínseco al plano espiritual (Figura 1-2).

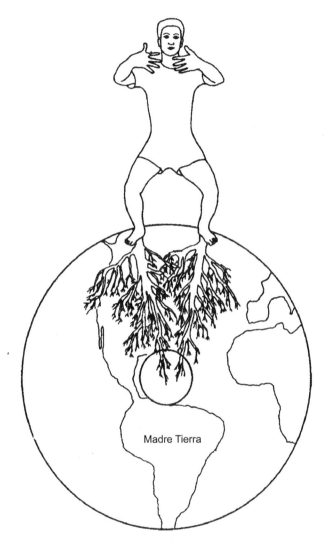

Figura 1-2. Enraizamiento con la energía de la Madre Tierra

Podríamos comparar el enraizamiento del cuerpo físico con la torre de lanzamiento, indispensable para cualquier viaje espacial (Figura 1-3). Para lanzar la nave (el espíritu) hacia

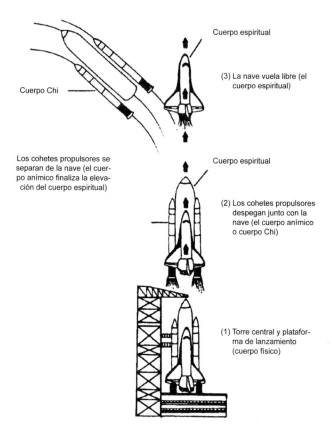

Cuerpo espiritual

(3) La nave vuela libre (el cuerpo espiritual)

Cuerpo Chi

Los cohetes propulsores se separan de la nave (el cuerpo anímico finaliza la elevación del cuerpo espiritual)

Cuerpo espiritual

(2) Los cohetes propulsores despegan junto con la nave (el cuerpo anímico o cuerpo Chi)

(1) Torre central y plataforma de lanzamiento (cuerpo físico)

Figura 1-3. Lanzamiento del cuerpo espiritual

el espacio, la torre de lanzamiento precisa de un cohete propulsor (el alma o cuerpo energético, que es guiado en su viaje por una especie de brújula u ordenador interno —la glándula pineal). La torre de lanzamiento, es decir, nuestro cuerpo físico entrenado en la práctica de la Camisa de Hierro, se convierte en un depósito de combustible: el Chi (nuestra energía vital, creativa y sexual).

Dicho combustible está a la espera de ser transformado en otro tipo de energía: la energía espiritual. Al mismo tiempo que al abrir la glándula pineal aprendemos a desarrollar una brújula-ordenador inmortal, que nos guiará de regreso a la Tierra para poder terminar el trabajo de nuestra evolución inconclusa aquí, debemos mantener el fundamento o enraizamiento con la tierra (Figura 1-4). De este modo más tarde podremos regresar a ella, repostar combustible y continuar con nuestro viaje espacial, y así hasta el día en que ya no tengamos necesidad de esta base terrenal.

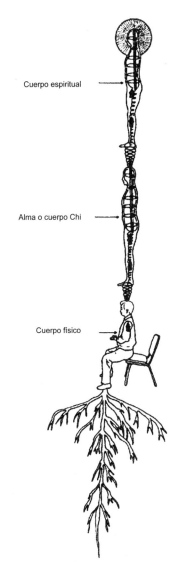

Cuerpo espiritual

Alma o cuerpo Chi

Cuerpo físico

Figura 1-4. Enraizamiento con la tierra

El Chi Kung Camisa de Hierro, antigua práctica Kung Fu

El período Bolin (época de los luchadores de Kung Fu)

El Kung Fu se utilizaba en China mucho antes de que existieran las armas de fuego. Durante el período Bolin, aproximadamente 1.000 años antes de Cristo, la práctica de las disciplinas marciales-espirituales fue muy intensa. Se dice que en aquella época el diez por ciento de la población china practicaba algún tipo de Kung Fu.

La práctica del antiguo Kung Fu comenzaba a una edad muy temprana. Al principio se trabajaba para desarrollar el poder interno (fuerza interior lograda a través del ejercicio orgánico); esta tarea podía prolongarse durante diez años. Posteriormente, durante un período que oscilaba entre tres y cinco años, el practicante lanzaba un millar de golpes de Kung Fu al día, o tal vez tenía que golpear la superficie del agua de un pozo mil veces cada día durante un período que podía oscilar entre los 5 y los 10 años, o bien «hasta que el pozo se secara».

El método de Kung Fu, Chi Kung Camisa de Hierro, se aprendía como un método de defensa, y generaba mediante técnicas externas simples, un formidable poder interno. Se protegía al practicante de los golpes en sus órganos vitales y en las glándulas, fuentes primarias para la producción de la energía vital (Chi). La palabra Chi significa aire. Kung quiere decir disciplina: dedicar tiempo a la práctica. De este modo, Chi Kung quiere decir «practicar el proceso de la respiración para incrementar la presión del Chi (presión de la energía vital)».

El cultivo del poder interno se practicaba mil veces al día hasta que podía sentirse fluir a través de las manos. El practicante debía correr y saltar con pesos en las piernas durante tres horas diarias hasta ser capaz de saltar con facilidad una considerable altura, desarrollando al mismo tiempo su poder interno. Sólo cuando dominaba dichos ejercicios, comenzaba a aprender las técnicas de lucha propiamente dichas.

En cualquier arte marcial el desarrollo del poder interno es algo primordial. La diferencia que dicho poder produce es comparable a la existente entre ser golpeado con una barra de acero y serlo con una tira de suave plástico. Los antiguos aprendices de Chi Kung practicaban un golpe durante años hasta que sentían que la energía surgía de la palma de su mano, mientras el resto de su cuerpo parecía de acero. Dicho poder interno generaba también otros beneficios como un incremento de la salud en general y el mantenimiento de la juventud.

La Camisa de Hierro ayuda a perfeccionar las facultades mentales

El Chi Kung ayuda también a perfeccionar las facultades mentales, concediendo al practicante la posibilidad de conocer muchas cosas. Se dice que durante el período Bolin existían ocho «inmortales» que dedicaban casi todo su tiempo a tales prácticas, llegando a desarrollar habilidades extraordinarias. Podían predecir el futuro y también conocer el pasado. Se dice que eran capaces de viajar por el espacio y que poseían clarividencia y clariaudiencia. Parece ser que durante dicho período mucha gente tenía alguna de esas facultades como resultado de la gran difusión de que gozó la práctica del

Kung Fu. Hay quienes tratan de explicar estos hechos aduciendo la existencia en aquella época de un enorme depósito universal de poder, mucho mayor del existente en la actualidad, poder del que sabían abastecerse los practicantes más avanzados.

La Edad de la Pólvora

Tras la invención de la pólvora y la posterior elaboración de armas de fuego, se dejó de sentir la necesidad de dedicar una década o más a aprender ciertas habilidades que ya no parecían útiles. Un hombre ya podía defenderse a sí mismo o causar graves daños estando situado a cierta distancia de su

Figura 1-5. La Edad de la Pólvora

objetivo (Figura 1-5). La lucha cuerpo a cuerpo se convirtió en algo del pasado y así gran parte del conocimiento y del saber relacionado con tal lucha, se perdió con ella.

Sin embargo en nuestros días, con la rebelión surgida en contra de los efectos despersonalizadores y malsanos de una tecnología de proporciones cada vez más gigantescas, vemos renacer un cierto interés hacia los modos más sencillos de vida; así, el Kung Fu ha vuelto a estar de moda, siendo de nuevo considerado como un camino de perfección para nuestro ser interno.

Cómo crear la presión de la energía Chi o fuerza vital

Podríamos considerar al Chi Kung como una especie de aeróbico interior. El Chi, como energía aeróbica incluye aire, vapor y presión. Presiona y circula protegiendo al cuerpo humano. Podemos comparar la presión interior creada por el Chi con la fuerza del aire contenido en un neumático, suficiente para mantener inflada la rueda y para servir de amortiguación entre el coche y la carretera (Figura 1-6).

El aliento de la vida. La presión de la energía Chi

Respirar es el acto más importante de nuestras vidas. Podemos pasarnos meses sin comer, o sin agua durante algunos días, pero sin aire únicamente podemos estar unos pocos minutos.

En la práctica de la Camisa de Hierro sacamos el máximo provecho de la respiración. Realmente podemos incrementar nuestra energía vital, reforzar nuestros órganos y

Figura 1-6. Un neumático inflado sirve de amortiguación

potenciar la autosanación, aumentando la presión del Chi (en kg por cm^2) en los órganos y cavidades del cuerpo. Los sistemas linfático, circulatorio, nervioso y las glándulas endocrinas resultarán activados y la sangre, el líquido cefalorraquídeo y las hormonas fluirán con mayor facilidad, por lo que el corazón tendrá que trabajar menos.

Origen de la respiración de Camisa de Hierro

Los taoístas creen que mientras permanecemos en el útero materno estamos utilizando la respiración de la Camisa de Hierro. Antes de nacer, el niño no utiliza para respirar los pulmones y la nariz. La energía vital o Chi le llega a través del cordón umbilical hasta el ombligo (Figura 1-7), de ahí pasa al perineo, luego al sacro y a través de la columna vertebral llega a la cabeza, luego a la frente, y desciende después por la lengua (los taoístas creen que el feto mantiene siempre la lengua en el paladar), la garganta, el corazón y el abdomen, acto seguido llega a la zona del ombligo, donde se puede utilizar

Figura 1-7. El niño antes de nacer recibe la energía Chi
a través del cordón umbilical, hasta el ombligo

dicha energía. Este es el camino de la órbita microcósmica, que se describirá más ampliamente en el capítulo segundo.

Al nacer, comenzamos a utilizar la respiración pulmonar y a generar nuestra propia energía, en lugar de usar la surgida del interior. Al principio los pulmones no son fuertes. El abdomen, más cercano a nuestra fuente de energía original en el ombligo, recibe una mayor presión de Chi y ayuda a los pulmones a respirar empujando hacia abajo el diafragma a fin de que pueda llenarse de aire la parte inferior de los pulmones, iniciando la inspiración. De este modo, los pulmones utilizan menos energía, obteniendo mayor cantidad de fuerza vital (oxígeno). Mientras somos niños, seguimos utilizando la energía de la presión abdominal del Chi.

Con la edad, se pueden observar los efectos de la reducción en la presión del Chi. En las personas ancianas, la fuerza vital prenatal (Chi) ha desaparecido de las zonas del ombligo y de los riñones. Poco a poco se pierde la presión del Chi, creando un desequilibrio energético. Al descender dicha presión, la circulación de los líquidos en el organismo se ralentiza; como consecuencia de ello, cuando nuestra energía se calienta se desplaza hacia arriba, congestionando el pecho y la cabeza. Al mismo tiempo, la energía fría desciende hacia los órganos sexuales y se escapa. Gradualmente vamos perdiendo presión Chi. Comenzamos a perder el hábito de la respiración abdominal y dejamos que los pulmones hagan sólo la respiración torácica.

Dicha respiración es poco eficiente. Para expandir la caja torácica se necesita mucha energía, llenándose de aire únicamente el tercio superior de la capacidad pulmonar. Los científicos afirman que utilizamos sólo un tercio de nuestra capacidad vital (capacidad pulmonar) para respirar. En realidad, esa forma de respiración casi consume más energía de la que produce. Sucumbimos a la presión externa y nos derrumbamos internamente. Con la respiración abdominal, incrementamos la presión sobre los órganos internos, comprimiéndolos voluntariamente para que, al relajarlos, se fortalezcan.

¿Por qué ponernos la Camisa de Hierro?

Dirección interna

Muchos de los cambios físicos atribuidos al Kung Fu se deben a la acción ejercida sobre los órganos internos y las glándulas endocrinas.

En el Kung Fu se cree que la fuerza vital de una persona depende básicamente de sus glándulas endocrinas, es decir, de las hormonas sexuales. Muy posiblemente esto se dedujo de las siguientes observaciones:

Veamos lo que ocurre cuando una persona pierde por completo su sistema endocrino. Al privar a un varón de sus testículos, los cuales constituyen una parte de su sistema endocrino, éste queda alterado de forma radical, y más todavía si eso ocurre antes de la pubertad. Su cuerpo desarrolla una musculatura débil, y la grasa se distribuye de un modo femenino. Dependiendo de la etapa de su vida en que se produzca la mutilación, tal vez no desarrolle otras características masculinas secundarias como la gravedad de la voz, el vello facial y la inclinación sexual. Se sabe que tanto los hombres como las mujeres que han sido castrados viven menos años.

Con la práctica del Chi Kung Camisa de Hierro se puede incrementar el flujo de hormonas producidas por las glándulas endocrinas, se fortalece el sistema inmunológico y se consigue una sensación de bienestar. La energía sexual (creativa) generada como consecuencia de ello, constituye otra fuente de energía Chi que posteriormente podrá transformarse en energía espiritual. Una parte importante de la

Camisa de Hierro son los ejercicios dirigidos a los órganos, que los limpian y fortalecen. En la vida moderna es muy importante disponer de unos órganos fuertes y desintoxicados. La práctica de la Camisa de Hierro los fortalecerá, ayudará a eliminar las toxinas, los residuos y sedimentos acumulados en ellos y convertirá la grasa depositada en las capas de tejido conjuntivo en energía Chi. Dicho Chi queda almacenado en las mismas capas de tejido conjuntivo, donde funciona como un cojín para proteger a los órganas internos. Como ya se ha dicho anteriormente, este proceso es equiparable al funcionamiento de un neumático que, una vez inflado con aire, es capaz de soportar un peso considerable. El Chi almacenado de ese modo está listo para transformarse en energía de una calidad superior, capaz de servir de alimento para el alma y para el espíritu.

La práctica de la Camisa de Hierro se dirige más bien al tejido conjuntivo, a los órganos, a los tendones, a los huesos y a la médula ósea que al desarrollo muscular.

El Chi, el tejido conjuntivo, los órganos y los huesos

Pensemos que el cuerpo se compone de tres capas: (a) la más interna, que consta de los órganos que producen la energía Chi; (b) la del centro, que está formada por el tejido conjuntivo, los huesos y los tendones; y (c) la exterior, constituida por los músculos, que aportan volumen y forman el cuerpo. El Chi es generado por los órganos internos y posteriormente se distribuye a través del tejido conjuntivo; por esa razón, la Camisa de Hierro guarda una primordial relación con dicho tejido.

El tejido conjuntivo

Cada uno de los diferentes órganos está recubierto por una capa de tejido conjuntivo (Figura 1-8). En el corazón dicha capa se llama pericardio, en los pulmones se le llama pleura. El tejido conjuntivo que recubre el estómago, el hígado y los riñones, posee ciertas propiedades conjuntivas, regenerativas y de nutrición. Forma una especie de cámara energetizadora para los órganos. Con la técnica Heller y el masaje Rolfing se trabaja el tejido conjuntivo desde fuera hacia dentro. El Rolfing libera áreas de tejido conjuntivo que se han apelmazado como consecuencia de algún trauma, de alguna

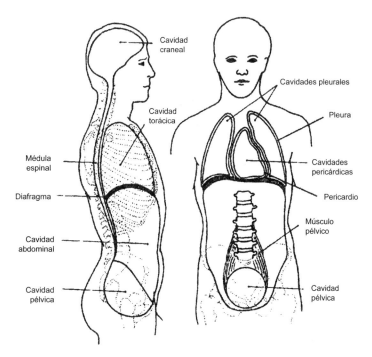

Figura 1-8. Cada órgano posee una capa de tejido conjuntivo que recubre su cavidad

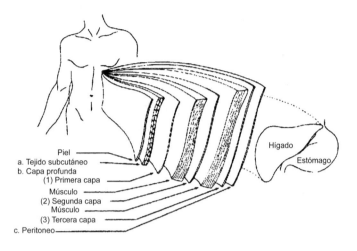

Piel
a. Tejido subcutáneo
b. Capa profunda
   (1) Primera capa
  Músculo
   (2) Segunda capa
  Músculo
   (3) Tercera capa
c. Peritoneo

Hígado
Estómago

Figura 1-9. Capas del tejido conjuntivo

infección o de tensiones musculares crónicas. La Camisa de Hierro trabaja desde las capas internas del tejido conjuntivo hacia fuera (Figura 1-9) con la finalidad de permitir el libre flujo de energía en el cuerpo y posibilitar la conciencia psicológica de ciertos hechos que, durante mucho tiempo, han permanecido anclados en una musculatura rígida.

El tejido conjuntivo es de vital importancia en la práctica de la Camisa de Hierro, ya que al estar extendido por todo el cuerpo se cree que es el medio a través del cual se distribuye la energía Chi, utilizando los canales constituidos por los meridianos de acupuntura. Determinados estudios han revelado que entre las envolturas del tejido conjuntivo existen zonas de menor resistencia bioeléctrica; una vez localizadas dichas zonas, se ha visto que coinciden con los meridianos de la acupuntura clásica.

La Camisa de Hierro fortalece y protege los órganos

Al recubrir los órganos con presión Chi comenzamos a fortalecerlos. Las capas de tejido conjuntivo que los recubren, cuando están saturadas de presión Chi, se convierten en energetizadores de los órganos. En caso de existir más presión de la necesaria, ésta se deslizará hacia el tejido conjuntivo de la cavidad abdominal, llenará dicha cavidad con presión de energía Chi y protegerá a los órganos permitiendo que la energía fluya con más facilidad. La cavidad abdominal se llena comenzando por las capas más profundas del tejido conjuntivo, hasta llegar a la capa externa, convirtiéndose en una especie de cojín de tres capas que protege los órganos, los músculos y las glándulas vitales.

Para entender mejor cómo se relacionan entre sí el Chi, el tejido conjuntivo y los órganos, podemos imaginar un huevo colocado en el interior de un globo lleno de aire, metido a su vez dentro de otro globo lleno de aire y todo el conjunto de nuevo en el interior de un tercer globo lleno de aire (Figura 1-10). Normalmente un huevo es algo muy frágil, sin embargo en el centro de un globo inflado queda protegido de los golpes. Su protección es mucho mayor si lo colocamos dentro de tres globos inflados. Se podrán lanzar y golpear dichos globos sin que al huevo le ocurra nada. El Chi y el tejido conjuntivo actúan del mismo modo para proteger los órganos frágiles del cuerpo. El tejido conjuntivo es elástico, como los globos, y el Chi se expande de igual manera que el aire creando una presión interna (Figura 1-11).

Cuando por enfermedad o estado de debilidad la presión del Chi se reduce, los órganos se comprimen, sucumbiendo a presiones externas.

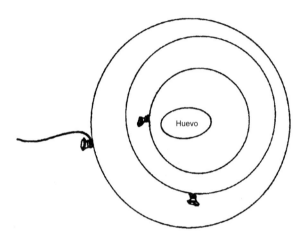

Figura 1-10. Globos con un huevo dentro

Figura 1-11. El Chi y las capas de tejido conjuntivo protegen a los órganos

La mayoría de las personas se caen al suelo al recibir un fuerte golpe en el abdomen o incluso, si tienen la mala suerte de recibir el golpe en uno de los órganos vitales, éste podría resultar gravemente dañado, lo que puede llegar a poner en peligro su vida. Con esta práctica se crean capas protectoras que reducen enormemente el riesgo de daños inesperados y que incluso pueden llegar a salvar la vida. La Camisa de Hierro abarca desde el tejido conjuntivo a los huesos, los tendones y por último, los músculos.

Quemar la grasa y almacenar Chi en los órganos

Los alimentos que ingerimos, si no se utilizan, se convierten en grasa, que pasa a ser almacenada en las capas externas del tejido conjuntivo. Esta grasa reduce enormemente la circulación de la energía Chi. Los ejercicios de la Camisa de Hierro ayudan a condensar y exprimir la grasa transformándola en energía, que será almacenada en las envolturas de tejido conjuntivo que recubren los órganos, para ser posteriormente utilizada cuando se necesite. Cuando las capas del tejido conjuntivo están ocupadas por la presión de la energía Chi, la grasa ya no puede acumularse en ellas, y así el cuerpo se acostumbra a convertir dicha grasa en energía Chi, que almacena en las mismas capas del tejido conjuntivo.

La estructura de los huesos

Cuando el tejido conjuntivo está saturado de energía Chi, los tendones se refuerzan y los huesos, junto con ellos, constituyen una misma estructura. Cuando el tejido conjuntivo está débil, los músculos también se debilitan y la estructura ósea es incapaz de mantenerse unida. Del mismo modo, cuando los músculos están débiles, tanto el tejido conjuntivo como los tendones se debilitan. Cuando no se utilizan los músculos disminuye su tamaño y su fuerza, al igual que ocurre con el tejido conjuntivo que los recubre, y con los tendones que se contraen al activarse dichos músculos. La mayor parte de las células son reemplazadas constantemente según las necesidades del cuerpo. Tras permanecer cierto tiempo en el espacio exterior en ausencia de la fuerza de gravedad, la constitución de los huesos se vuelve menos densa que en la superficie de la tierra, donde las tensiones de la gravedad determinan una formación ósea más densa y pesada. Cuando somos jóvenes nuestros huesos contienen gran cantidad de médula ósea (Figura 1-12). Al convertirnos en adultos nuestros huesos se van quedando huecos poco a poco, llenándose de grasa y produciendo menos células sanguíneas, hasta llegar a volverse porosos y proclives a las fracturas. Los ejercicios del Chi Kung

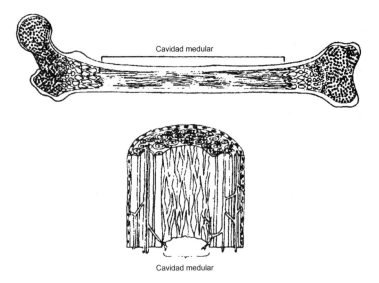

Cavidad medular

Cavidad medular

Figura 1-12. Cuando somos jóvenes nuestros huesos están llenos de médula

Camisa de Hierro han sido diseñados para que los huesos reabsorban gradualmente la fuerza vital Chi, que se transformará en médula ósea y fortalecerá todo el sistema.

La presión de la energía Chi y la meditación incrementan la circulación sanguínea y reducen el trabajo del corazón

Como hemos mencionado anteriormente, es preciso aprender a usar de nuevo el abdomen en el proceso respiratorio, ya que ello facilita la circulación. La región abdominal utiliza dos tercios del flujo sanguíneo procedente del hígado, riñones, estómago y bazo. Cuando se sabe cómo comprimirlo y relajarlo, el abdomen actúa como el corazón más eficiente. En el proceso respiratorio del Chi Kung Camisa de Hierro, al limitar el espacio abdominal incrementando los gramos de presión por centímetro cuadrado, los órganos abdominales se ven comprimidos en un pequeño espacio. Esto permite la extracción de las toxinas y de los sedimentos acumulados en dichos órganos. El diafragma presiona hacia abajo creando un vacío en la parte inferior de los pulmones, de forma que el aire ocupa primeramente los lóbulos interiores y después el resto. Esto origina una respiración más larga y profunda, que suministra el tiempo y la cantidad de oxígeno suficiente para limpiar el cuerpo de desechos, sedimentos y toxinas.

Nuestro sistema se basa totalmente en el uso de la presión de la energía Chi para potenciar el movimiento de los líquidos. Una mayor presión en la cavidad abdominal ayudará a incrementar la presión de la energía Chi que mueve la sangre y la linfa (Figura 1-13). Al ser liberada la nueva sangre, el oxígeno y los alimentos llegan a los órganos. Esta práctica incrementará gradualmente el flujo de los sistemas circulatorio

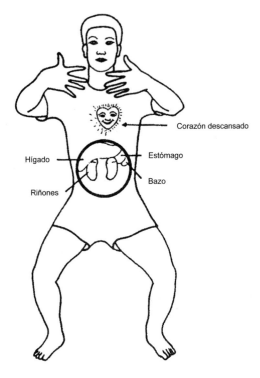

Corazón descansado

Hígado

Estómago

Bazo

Riñones

Figura 1-13. La compresión de los órganos crea presión en el abdomen, haciendo que bombee como un corazón y mueva los líquidos por todo el sistema

y linfático, y reducirá el trabajo del corazón. Al aumentar gradualmente la capacidad vital, aprendiendo cómo dirigir aire hacia los órganos y creando de este modo la presión Chi que los protege y refuerza, el corazón cada vez tendrá que trabajar menos y la circulación mejorará. La energía vital conservada de este modo podrá utilizarse para enriquecer nuestra vida espiritual y creativa.

Nuestra meta, entonces, es aumentar la presión sobre los órganos y la cavidad abdominal, de modo que la energía Chi presione desde dentro hacia afuera, sobre las capas de tejido conjuntivo. Para ello es necesario aprender el proceso de la respiración condensada, que aumenta la presión Chi sobre los órganos y la zona abdominal. Cuando dicha presión es liberada, tanto los órganos como el tejido conjuntivo se expanden.

La meditación en la que se hace circular energía Chi, es una manera de generarla y dirigirla, en tal cantidad que sería imposible de manejar con medios ordinarios sin causar una gran presión sobre el corazón. La meditación mejora la circulación y la producción de linfocitos, sin afectar la presión sanguínea como lo hacen el correr o los ejercicios aeróbicos occidentales. Cuando practiques la meditación de la circulación Chi, después de aprender la Órbita Microcósmica, entenderás que la energía empleada en la Camisa de Hierro circula por la misma vía de la Órbita Microcósmica, aunque se manifiesta de modo diferente en cada uno de los canales. A medida que la energía Chi va fluyendo más libremente a través del cuerpo en su totalidad, la experiencia adquiere una nueva dimensión.

Cómo evitar el desperdicio de la energía

Los taoístas creen que la energía Chi puede transformarse en cualquier elemento de nuestro cuerpo. Dado que la energía que introducimos en él posee un efecto generativo, una función importante de los ejercicios de la Camisa de Hierro es aprender a crear en el cuerpo un espacio que almacene energía Chi, y que evite que ésta se pierda. En una persona media, la energía se dispersa y se desvanece escapándose continuamente por las diferentes aberturas del cuerpo. La Camisa de Hierro enseña al practicante a sellar tales aberturas. Luego se aprende la manera de dirigir dicha energía conservada, a la zona del ombligo, donde se condensa en una esfera (Figura 1-14) que puede ser dirigida a cualquier parte del cuerpo o, en una fase posterior, puede utilizarse para construir un cuerpo de energía que impulse al espíritu a un plano superior.

La Camisa de Hierro prolonga la vida

La felicidad y la larga vida es algo que los humanos han perseguido durante muchos siglos y esta búsqueda aún continúa. Sin embargo, pese al gran avance de la ciencia y de la tecnología modernas, los progresos efectuados, si es que existen, son muy pequeños, como todos sabemos. En Occidente se suele creer que el ejercicio físico diario ayuda a evitar el envejecimiento. Sin embargo, está demostrado estadísticamente que

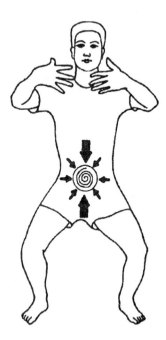

Figura 1-14. Concentrando la energía en una esfera

los atletas no viven más, ni disfrutan de mejor salud que el resto de los humanos. Al contrario, cuando como consecuencia de la edad, les resulta cada vez más difícil efectuar sus proezas, suelen deprimirse. Ya no son capaces de competir con éxito, pues para hacer ciertos ejercicios tendrían que cambiar algunas partes de su cuerpo. Además, parece que tiene cierta base la creencia de que algunas situaciones como el gran estrés de las competiciones deportivas y el consumo de drogas y estimulantes, pueden contribuir a un envejecimiento prematuro, sin contar los efectos de las lesiones, frecuentes en los deportes más violentos. Un taoísta diría que todo esto ocurre porque mientras se potencia el aspecto físico se abandona el espiritual, al igual que la mente, el sistema nervioso y los circuitos vitales internos.

La vida del hombre se ha alargado un poco gracias a la ciencia y la tecnología; sin embargo, frecuentemente el incremento de vida que se logra es de una calidad tan pobre que no parece representar ningún beneficio.

Los antiguos sabios taoístas decían que en el pasado los hombres vivían entre 500 y 1.000 años. La sociedad moderna hace hincapié en los aspectos materiales de la vida, mientras los antiguos taoístas buscaban equilibrar lo material con lo espiritual. Tanto el enfoque yóguico como el taoísta describen un «mundo interior» que el hombre puede desarrollar y cultivar, y que se refleja en su «mundo exterior». Según asegura un antiguo dicho taoísta: «Vivir cien años es normal. La vida está en mis manos, no en las de ningún Ser Universal». Tal vez esta afirmación se derive de un conocimiento auténtico sobre cómo prolongar la vida de modo que resulte plena y satisfactoria.

El Sistema Taoísta es muy preciso en lo relativo a la generación del Chi, en su dirección, y en el logro de la habilidad necesaria para usarlo del mejor modo posible. Tratar de acelerar el proceso saltándose algunos pasos es terminar con las manos vacías o crearse problemas como arritmias cardiacas, congestiones, dolores de cabeza, dolores de corazón, pecho o espalda, como consecuencia de no haber aprendido a guiar adecuadamente la energía.

Beneficios generados por la práctica del Chi Kung Camisa de Hierro

El Chi Kung Camisa de Hierro que yo enseño se divide en tres niveles: físico, emocional y espiritual.

a. En el nivel físico se aprende a: (1) modificar y reforzar una estructura debilitada hasta convertirla en fuerte, de modo que el Chi pueda fluir con facilidad a través del cuerpo, permitiendo el desarrollo de los órganos contenidos en la estructura corporal; (2) desarrollar un cinturón Chi, conexión principal entre los canales de energía superior e inferior sin el cual el alineamiento estructural y la energía Chi se perderían; (3) desintoxicar y ejercitar los órganos y las glándulas para poder cargarlos y almacenar en ellos el Chi, de modo que funcione como un colchón que los envuelva y proteja, llenando toda la cavidad del cuerpo con presión Chi; (4) incrementar el almacenamiento de Chi entre las capas del tejido conjuntivo, abrir dichas capas para que sirvan como depósitos del Chi en el cuerpo sustituyendo a la grasa anteriormente ahí depositada; comprender la función protectora desarrollada por las capas de tejido conjuntivo para los órganos vitales; (5) enraizarse en la tierra, profundizar y volverse uno con ella, ser capaz de transmitir la fuerza exterior a la tierra sin obstrucción alguna, y de extraer la fuerza terrestre, equilibrando las exteriores con la ayuda de la tierra; (6) generar una corriente de Chi que fluya fácilmente por los meridianos del cuerpo, y transformar el Chi en energía de mayor «octanaje» para que sirva de alimento a los cuerpos anímico y espiritual.

b. En el nivel emocional o anímico se aprende a: (1) condensar el Chi en una masa de energía controlable, convirtiendo la energía negativa en positiva; (2) condensar la fuerza vital Chi en una esfera. Este es uno de los objetivos más importantes de la práctica del Chi Kung Camisa de Hierro, ya que permite controlar nuestro propio Chi, evitando que se disperse alrededor del cuerpo y se pierda al salirse del sistema. El Chi condensado permanece unido y posee más poder para ser usado cuando la persona lo desee. Cuando se sabe condensar la energía Chi en una esfera, moviendo el abdomen arriba y abajo, o a derecha e izquierda, se es capaz de mover la esfera. En una fase posterior se aprende a mover la esfera usando la mente y a dirigirla a través de los diferentes canales del cuerpo, aunque regresando siempre al ombligo. En el nivel más elevado, el Chi condensado se convierte en una esfera de luz, como una perla reluciente, que se desarrolla en el cuerpo de energía y que sirve de cohete propulsor para el lanzamiento del espíritu o cuerpo espacial.

c. En el nivel espiritual, el Chi Kung Camisa de Hierro condensa, refuerza y crea más Chi, estableciendo así la base para un enraizamiento espiritual que será de utilidad en la parte última del sistema. Citada anteriormente como torre de lanzamiento, esta base dirigirá al espíritu en su viaje por el espacio, donde se planifica la vida después de la muerte.

EJERCICIOS DEL CHI KUNG CAMISA DE HIERRO

Los ejercicios de la Camisa de Hierro que aquí se presentan afectan principalmente al tejido conjuntivo y a la estructura ósea, al igual que a algunos tendones.

Estos ocho ejercicios (el Abrazo del Árbol, las Posturas Yin y Yang para sostener la Urna Dorada, la Inmersión en el Agua de la Tortuga Dorada (Postura Yang), el Búfalo Acuático saliendo del Agua (Postura Yin), el Ave Fénix Dorada Limpiando sus Plumas, el Puente de Hierro y la Barra de Hierro), son un conjunto de 49 posturas y resultan muy precisas y adecuadas para desarrollar las vías energéticas más vitales. Se conocen muchos otros ejercicios que servirían para este mismo propósito, pero al efectuar estos ocho junto con los de alineamiento estructural descritos en este libro, se obtiene el mismo beneficio que se lograría con una mucho más amplia selección de posturas y movimientos. Estos ejercicios desarrollan el flujo de la energía Chi y refuerzan el tejido conjuntivo, los tendones, los huesos y los músculos. En la tradición del Yoga Esotérico Taoísta se dice que el CHI mueve la sangre (y el corazón trabaja menos), la sangre mueve los músculos,

los músculos mueven a los tendones y los tendones mueven a los huesos.

La Camisa de Hierro refuerza los músculos, los tendones y los huesos, sometiéndolos de una manera directa y gradual a una tensión cada vez mayor. Es un enfoque totalmente perfeccionado que ofrece como beneficio adicional la relajación de zonas que durante mucho tiempo han estado tensas. Por lo general esto se traduce en una sensación de bienestar, de auto-afirmación y de comodidad, además de obtener una postura corporal mejorada.

Muchos de mis estudiantes me confirman que la Camisa de Hierro les ha permitido lograr una profunda sensación de seguridad. Otros simplemente descubren que sus manos y pies han dejado de estar siempre fríos.

Otro beneficio de la Camisa de Hierro es el llamado efecto neumático, por el que miembros de nuestro cuerpo que antes estaban separados pasan a integrar una unidad continua. Esto genera un tremendo incremento en las habilidades mecánicas que aumenta en progresión geométrica a medida que se avanza en la práctica.

El Sistema del Tao Curativo ofrece diversos tipos de prácticas. Muchas de ellas se pueden realizar individualmente. Sin embargo, los beneficios que recibe el practicante son mayores si se da cuenta de que todas ellas están interrelacionadas, y las practica en conjunto. Si alguien, por ejemplo, practica Tai Chi Chuan sin haber cultivado antes su energía interna mediante la Camisa de Hierro, lo podemos comparar a un muchacho que ingresa en la escuela secundaria sin haber aprendido antes debidamente el alfabeto.

El Chi Kung Camisa de Hierro constituye el fundamento del Tai Chi, y utiliza el alineamiento estructural como base de sus ejercicios. Mucha gente tiene una idea equivocada sobre el Tai Chi. Cuando en los movimientos del Tai Chi se siente la energía, el practicante desea moverla. Sin embargo, la forma móvil del Tai Chi hace que la mente esté llena de muchas cosas distintas al movimiento de la energía. Cuanto más se mueva el practicante, más ocupada estará su mente y podrá ser menos consciente de la energía sutil que fluye en su interior. En otras palabras, cuanto más simple sea la actividad de la mente, mejor podremos sentir nuestro funcionamiento interno. La Camisa de Hierro utiliza la mente para conducir el flujo del CHI en una posición estática. Al entrenarse primeramente con el método de la Camisa de Hierro, se aprende a mover el CHI. Posteriormente, si se practica el Tai Chi resulta muy fácil mover el CHI mientras se efectúan los movimientos. En el Sistema del Tao Curativo pedimos que los estudiantes aprendan la Órbita Microcósmica, el Chi Kung Camisa de Hierro y posteriormente el Tai Chi. De este modo, la base estructural y las descargas y el control de la energía que se aprende en la Camisa de Hierro, pueden trasladarse a la forma del Tai Chi. Queremos también hacer notar que para practicar correctamente el Tai Chi Chuan es necesario que la meditación del practicante haya alcanzado al menos el nivel de la Fusión de los Cinco Elementos en el Sistema del Tao Curativo, o de la Iluminación Menor de Kan y Li.

Dado que los enfoques básicos de la Órbita Microcósmica, del Chi Kung Camisa de Hierro, del Kung Fu Seminal u Ovárico, y del Tai Chi Kung tienen que ver con alguna forma de extraer la energía de las profundidades del cuerpo, lo más sensato es que el practicante interesado en desarrollar completamente su potencial físico, emocional y espiritual, adopte el Sistema del Tao Curativo en su totalidad.

TRES NIVELES DE LA CAMISA DE HIERRO

Este primer libro sobre la Camisa de Hierro, *Chi Kung Camisa de Hierro I*, se ocupa del primer nivel, en el que a través de ejercicios con los órganos internos, se energetiza el tejido conjuntivo.

El segundo libro, *Chi Kung Camisa de Hierro II*, incluye ejercicios con los tendones, conocidos desde tiempos muy antiguos como «Cambio de Tendones». Esta práctica utiliza la mente y el corazón para dirigir, reforzar y aumentar los tendones.

El tercer libro de esta serie, *Chi Kung Camisa de Hierro III*, trabaja sobre la estructura ósea incrementando el volumen de la médula. Este procedimiento conocido por los antiguos taoístas como «Limpieza de la Médula» se emplea para eliminar la grasa almacenada en el hueco de los huesos y para absorber en ellos el poder creativo (energía sexual) a fin de reconstruir la médula. Los huesos son los principales encargados de fabricar sangre, incluyendo los glóbulos blancos tan necesarios para los mecanismos de defensa del cuerpo.

2

Preparativos iniciales

RESPIRACIÓN Y RELAJACIÓN
DE LA CAMISA DE HIERRO

En estas prácticas nunca debe emplearse la fuerza. Los ejercicios suelen estar basados en el control mental y en la relajación. Al presionar el mentón, lo que se hace, inclinándolo y presionándolo sobre el pecho, a la vez que se empuja con la séptima costilla, el pecho debe permanecer relajado, si no queremos terminar con dolores, congestión y dificultades respiratorias. Practica la relajación de la Sonrisa Interior y haz circular tu Órbita Microcósmica (descrita brevemente en este capítulo y con mayor amplitud en el libro *El despertar de la energía curativa a través del Tao*). Si notas pequeños espasmos o sacudidas, simplemente deja que ocurran, son una experiencia estimulante.

Las congestiones acumuladas en el pecho se eliminan pasando sobre él las palmas de las manos de arriba hacia abajo, en posición vertical, entre nueve y dieciocho veces. Si se siente necesidad de eructar aumentando la secreción de saliva, hay que endurecer los músculos del cuello, presionar el mentón sobre el pecho, «sonreír» a todos los órganos, colocar la lengua sobre el paladar y con cierta fuerza, tragar saliva hasta sentir que ésta llega al ombligo. Hay que concentrarse en el ombligo hasta notar que se calienta.

Durante la primera semana se debe practicar la respiración Chi Kung Camisa de Hierro sólo dos veces al día y tres veces al día la semana siguiente. Desde la segunda a la cuarta semana se puede hacer de seis a nueve veces diarias, aumentando el tiempo en que se condensa la respiración.

Respiración abdominal y respiración inversa (Respiración energética)

Quienes no hayan practicado Chi Kung, Yoga, u otros ejercicios respiratorios, normalmente estarán tensos y efectuarán inspiraciones cortas, utilizando sólo un tercio de su capacidad pulmonar. Esto produce una pérdida de la presión del Chi en la cavidad abdominal. Con la práctica, se llega a lograr la respiración correcta.

La Respiración de la Camisa de Hierro es una combinación de varios tipos de respiración. En primer lugar, se practica la respiración abdominal para energetizar y aflojar las capas del tejido conjuntivo. Una vez armonizada la respiración, la energía Chi se lleva al ombligo. En este momento ya se puede iniciar la respiración inversa. La respiración abdominal y la inversa son las dos formas básicas de entrenamiento respiratorio. Practicadas en conjunto se las conoce como respiración energética, aunque también se las ha llamado «Aliento de Fuego» o «Respiración del Bramido».

Ambos tipos de respiración se producen mediante los movimientos hacia arriba y hacia abajo del diafragma [Figura 2-1 (a) y (b)]. En la respiración abdominal el diafragma desciende, presionando los órganos vitales, especialmente las glándulas adrenales y permitiendo que los lóbulos inferiores de los pulmones se llenen de aire, forzando también a que el abdomen sobresalga. El pecho y el esternón se hunden, presionando y activando la glándula timo. Al espirar, el estómago

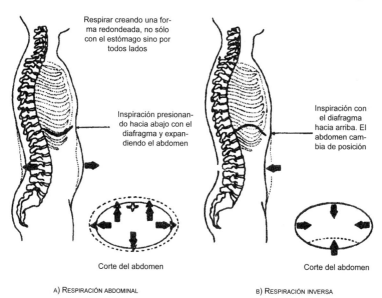

Respirar creando una forma redondeada, no sólo con el estómago sino por todos lados

Inspiración presionando hacia abajo con el diafragma y expandiendo el abdomen

Inspiración con el diafragma hacia arriba. El abdomen cambia de posición

Corte del abdomen

Corte del abdomen

A) RESPIRACIÓN ABDOMINAL

B) RESPIRACIÓN INVERSA

Figura 2-1

recobra su postura plana y los demás órganos vitales recuperan su forma y tamaño original. En la respiración inversa, al inspirar el estómago se aplana, empujando los órganos y el diafragma hacia arriba y permitiendo que el aire ocupe la totalidad de los pulmones. Con la práctica se puede llegar a mantener durante la respiración inversa el diafragma abajo, presionando y comprimiendo los órganos. Al espirar el abdomen sobresale. Estos movimientos masajean los órganos vitales. Posteriormente, a la respiración inversa se le añade la respiración «condensada».

Práctica de la respiración abdominal [Figura 2-1 (a)]

(1) Para practicar la respiración abdominal hay que mantener el pecho muy relajado. Al principio puede resultar difícil, pero es importante. Comienza inspirando y llevando el aire hacia el abdomen.

(2) Ahueca el pecho bajando el diafragma [Figura 2-2 (a)]. La presión ejercida sobre el abdomen hará que éste se expanda por todos lados en forma redondeada. No se trata sólo de expandir el estómago. Con el diafragma bajo y el abdomen lleno de aire, los centímetros cúbicos que contienen los órganos abdominales se ven reducidos a su mínima expresión [Figura 2-2 (b)].

(3) Contén la respiración un momento y espira, lleva el estómago hacia la espina dorsal y siente el perineo (zona entre los órganos genitales y el recto) inundado con la presión. Empuja hacia arriba los órganos sexuales. El pecho y el esternón se hunden, presionando y activando el timo (Figura 2-3). No emplees la fuerza. Basta con sentir una ligera presión y que el pecho se hunde.

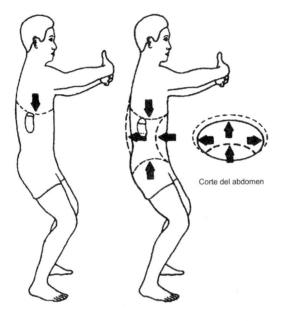

Corte del abdomen

a) El diafragma presiona hacia abajo sobre las adrenales y los riñones

b) El diafragma, la pared abdominal y el perineo presionan sobre el abdomen

Figura 2-2

(4) Inspira y relájate, manteniendo el diafragma bajo, sintiendo cómo el aire se expande por todos los lados del abdomen (no sólo delante) como si se tratase de un balón. Espira y siente cómo los órganos sexuales vuelven a su posición anterior.

(5) Teniendo en cuenta que cada conjunto de inspiración y espiración constituye una unidad, practica nueve, dieciocho y luego treinta y seis veces. La respiración abdominal se utiliza para iniciar la llamada «respiración energética» y, por lo general, como ejercicio anterior al proceso de la respiración condensada, y también después de dicho proceso con una finalidad reguladora.

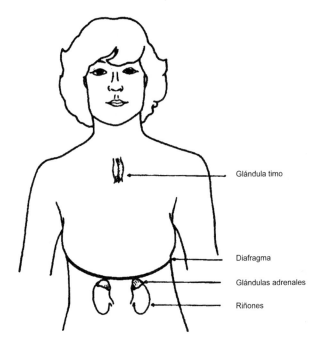

Figura 2-3. Al presionar hacia abajo el diafragma sobre las glándulas adrenales, el esternón se hunde, lo cual activa la glándula timo

(6) Si notas que tu diafragma se endurece y empuja a la caja torácica, frótalo con los dedos de ambas manos, de manera suave, hasta que baje, saliendo de la zona torácica, y permanezca en una posición relajada (Figura 2-4). Las tensiones en la zona abdominal constituyen una de las principales causas de los problemas respiratorios. El masaje abdominal ayudará a aflojar la dureza del diafragma. Masajea suavemente con los dedos la zona del ombligo, hasta sentir que la tensión desaparece. Esto te ayudará a respirar profundamente.

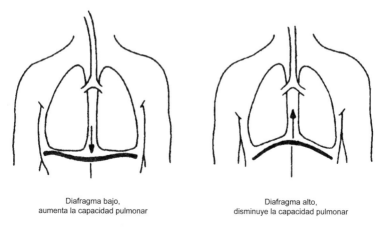

Diafragma bajo,
aumenta la capacidad pulmonar

Diafragma alto,
disminuye la capacidad pulmonar

Figura 2-4. Vista frontal del diafragma

Practica de la respiración inversa [Figura 2-1 (b)]

La dureza de los músculos del pecho puede ser un problema, por lo que es muy importante su relajación. No es en tales músculos, sino en la relajación, donde está contenido el Chi. Además, la finalidad última del entrenamiento de la Camisa de Hierro no es otra que el uso de la mente para condensar y dirigir el Chi.

Al comenzar a inspirar en la respiración inversa, a medida que el aire penetra en los pulmones, los órganos y el diafragma se ven empujados hacia arriba. Con la práctica se puede llegar a controlar el diafragma y los órganos, manteniéndolos en una posición baja.

Como preparación para el proceso de la respiración condensada, la respiración inversa se da también en la parte baja del abdomen y debe practicarse junto con la respiración abdominal. Se trata de llenar el abdomen de aire al mismo tiempo que se contraen sus músculos frontales. Hay que comenzar con la respiración abdominal y continuar con la inversa.

(1) Practica la respiración abdominal seis veces. Tras la última espiración aplana el estómago. Mantén el estómago plano y tras inspirar comienza la respiración inversa. Siente el abdomen aún más plano, como si se estuviese aproximando a la columna vertebral y percibe cómo el perineo soporta la presión. Empuja hacia arriba los órganos sexuales y, al mismo tiempo, intenta bajar el diafragma como cuando se presiona sobre los órganos. Intenta que el diafragma no se levante. La parte más difícil de la respiración inversa es bajar el diafragma. En este punto es muy importante practicar la técnica de relajación, que consiste en sonreír al diafragma y al abdomen.

(2) Espira, abandona la presión sobre el perineo y los órganos sexuales. Espira desde la parte baja del abdomen, dejando que la presión afecte a todos los lados y no sólo al estómago. Relájate, deja que el tejido conjuntivo se expanda al relajar y descansar totalmente el pecho. Sonríe. Relájate.

(3) Considerando cada espiración e inspiración como una unidad, practica la respiración inversa seis veces, luego nueve y a continuación dieciocho veces. Practica hasta ser capaz de controlar el diafragma con tu mente, ordenándole que se eleve o descienda.

Los diafragmas urogenital y pélvico

El cuerpo contiene también un diafragma pélvico y otro urogenital, siendo ambos muy importantes en el proceso de transmitir la energía en las prácticas de la Camisa de Hierro (Figura 2-5). El diafragma pélvico es una pared muscular que

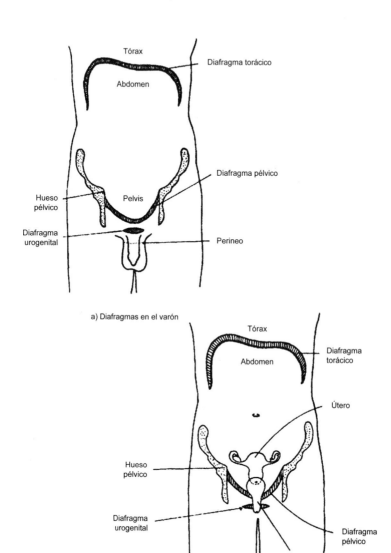

a) Diafragmas en el varón

b) Diafragmas en la mujer

Figura 2-5. Los diafragmas pélvico y urogenital constituyen las principales barreras en la parte inferior del cuerpo, que evitan la pérdida de energía vital por las aberturas inferiores del cuerpo.

se extiende a lo largo de la parte inferior del torso, suspendido cóncavamente hacia abajo desde el nivel de la unión de los huesos púbicos en la parte frontal y del sacro en la posterior. Hay varios órganos que atraviesan esta separación muscular existente entre la cavidad pélvica y el perineo. Se trata de la uretra, la vagina y el recto, que están a su vez protegidos por el diafragma pélvico. De hecho, el diafragma pélvico constituye la base de la cavidad pélvica, que contiene el intestino grueso, el intestino delgado, la vejiga, los riñones, el hígado, el bazo y el páncreas. El diafragma pélvico es el que sostiene y da forma a los órganos vitales.

Debajo del diafragma pélvico y sobre el perineo, se halla otro diafragma muscular llamado diafragma urogenital (Figura 2-6). Lo interpenetra la uretra, en cuya parte inferior se localiza la base del pene o la vagina. El nervio púbico conecta los

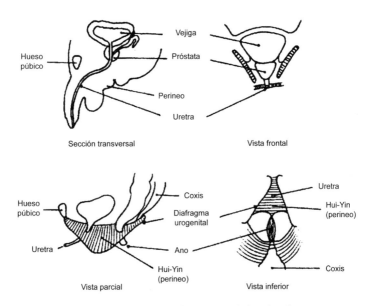

Figura 2-6. Detalle del diafragma urogenital en el varón

56

músculos del diafragma urogenital, del pene o la vagina y del ano. Allí existe un tejido conjuntivo membranoso superficial que, unido a la parte trasera de este diafragma, avanza para rodear el escroto o la vagina, sirviendo de unión con la pared abdominal. La importancia de estas estructuras anatómicas se verá más clara a medida que se vaya progresando en el Yoga Taoísta, especialmente en la Camisa de Hierro I, II y III y en los Secretos Taoístas del Amor (Kung Fu Seminal y Ovárico). Estos dos diafragmas ayudan a presionar los órganos vitales y las glándulas, contribuyendo enormemente a incrementar la presión del Chi sobre los órganos y el abdomen. El conocimiento de la utilidad y el control de estos diafragmas aumentará tu capacidad en todos los niveles de la práctica del Tao Curativo.

El proceso de la respiración condensada en la Camisa de Hierro (Presión Chi)

El proceso de la respiración condensada es la técnica respiratoria más importante dentro de la práctica de la Camisa de Hierro. Se utiliza en todas las posturas de la Camisa de Hierro y su práctica ayuda enormemente a lograr el máximo beneficio en todas ellas.

El proceso condensado crea una presión de aire en un espacio muy pequeño, de modo que el cuerpo soporta muchos más kilos de peso por cm^2. Al describir las respiraciones abdominal e inversa ya hemos mencionado la gran importancia que tiene el expandir el abdomen, no sólo hacia delante, sino hacia todos los lados. Esto es válido también para la respiración condensada. Su expansión hacia delante, hacia atrás y a ambos lados, se produce de una manera proporcionada, de modo que la zona abdominal se redondea como un balón (Figura 2-7). Observa a un niño respirar y verás cómo se redondea su abdomen. En el capítulo 1 comparamos este fenómeno a un neumático que es inflado a cierta presión, al objeto de que pueda sostener un coche. Con este mismo proceso el cuerpo humano puede almacenar presión de aire (energía) en diversas partes de su cuerpo. Cuando la presión (CHI) desciende, los órganos se caen, quedando unos sobre otros, lo que origina un peso considerable sobre los diafragmas urogenital y pélvico. La presión del Chi ayuda a que los órganos mantengan su forma y su posición, de modo que la energía pueda fluir con facilidad. Así, esta presión Chi sirve para cargar de energía a los órganos.

Los taoístas opinan que el cuerpo tiene muchas aberturas: una puerta frontal, el órgano sexual; otra trasera, el ano; y las siete aberturas de sus ventanas: dos ojos, dos orejas, dos orificios nasales y una boca. A través de estas aberturas, la energía puede entrar o salir del cuerpo. Con las prácticas de la Camisa de Hierro se aprende a cerrar nuestros cuerpos a fin de evitar las fugas de energía y la pérdida de la presión Chi,

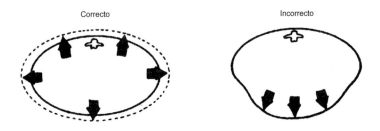

Figura 2-7. El abdomen durante el proceso de la respiración condensada se vuelve redondo como un balón

permitiéndonos condensar y almacenar energía en nuestros cuerpos y en nuestros órganos. Empujar hacia arriba los diafragmas urogenital y pélvico ayuda a cerrar las puertas correspondientes al órgano sexual y al ano. Fijar la atención de los sentidos en la zona del ombligo también ayuda considerablemente a mantener sellada la energía.

Preparación con la respiración abdominal e inversa (Respiración energética)

Siéntate en el filo de la silla (ésta es también la mejor postura para practicar la Órbita Microcósmica). Sitúa la lengua en el velo del paladar a fin de evitar la fuga de energía. Concéntrate en los riñones, y anima internamente a los pulmones. Concéntrate en el hígado y en todos los demás órganos para sellar así los sentidos desde dentro.

(1) Comienza con la primera fase de la respiración energética, esto es, la respiración abdominal [Figura 2-8(a)]. Inspira despacio, pero con fuerza. Mantén el pecho relajado y siente la zona del bajo abdomen, más abajo del ombligo y del perineo. (Recuerda que la respiración abdominal y la inversa se originan desde el bajo abdomen, aproximadamente a 4 cm por debajo del ombligo). Luego espira con fuerza. Observa que al espirar, el abdomen se contrae hacia la columna [Figura 2- 8(b)]. Nota cómo suben los órganos sexuales. La protuberancia perineal disminuye. Aprende a mantener el estómago plano después de espirar. Inspira despacio de nuevo y permite que el perineo se curve a medida que inspiras. Repite entre dieciocho y treinta y seis veces. El objetivo de estas prácticas

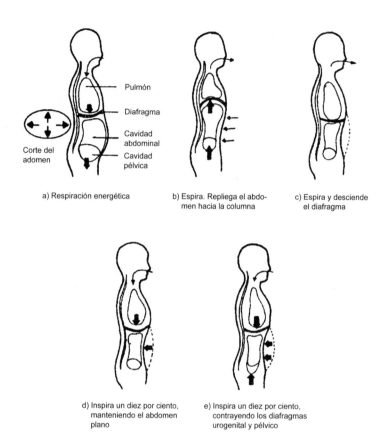

a) Respiración energética

b) Espira. Repliega el abdomen hacia la columna

c) Espira y desciende el diafragma

d) Inspira un diez por ciento, manteniendo el abdomen plano

e) Inspira un diez por ciento, contrayendo los diafragmas urogenital y pélvico

Figura 2-8. Proceso de la respiración condensada

es energetizar el Chi, y se las conoce también como «Avivar el Fuego».

(2) Cuando consideres que ya estás preparado y sientas que el Chi ha descendido hacia el ombligo, espira de modo que el abdomen se repliegue hacia la columna. El pecho y el esternón se hunden hacia abajo, presionando y activando la glándula timo. Espira una vez más, empujando hacia abajo el diafragma [Figura 2-8(c)]. Manténlo durante un

momento y luego, usando la respiración inversa abdominal, inspira un diez por ciento de tu capacidad total, llevándola hacia el ombligo (diez por ciento significa una inspiración muy pequeña), mientras se mantiene el abdomen plano [Figura 2-8(d)], luego relaja el pecho y el abdomen. Trata de mantener abajo el diafragma.

Creando la presión de la energía Chi

(3) Inspira aproximadamente un diez por ciento mientras contraes los diafragmas pélvico y urogenital [Figura 2-8 (e)]. Empuja hacia arriba los órganos sexuales y aprieta el ano para cerrar la salida de energía. Comprime los órganos abdominales en tres direcciones. Hacia arriba desde el diafragma bajo, hacia abajo desde los órganos sexuales y frontalmente con la pared abdominal. Las costillas y la columna mantienen firme la parte trasera [Figura 2-2(b)]. Inspira un diez por ciento. Contrae la parte izquierda del ano, llevando de este modo el Chi hacia el riñón izquierdo. Condensa y distribuye la energía alrededor del riñón izquierdo y de las glándulas adrenales. Al mismo tiempo, empuja la parte izquierda del estómago hacia la columna. Empuja hacia arriba la parte interna del ano y lleva el Chi al riñón derecho. Al mismo tiempo, presiona más sobre el lado derecho de la pared abdominal llevándolo hacia la columna. Condensa la energía y envuelve con ella ambos riñones [Figura 2-8(f)]. Mantén esta postura todo el tiempo que puedas.

Recuerda que si el diafragma se endurece al empujar hacia arriba, habrás de masajearlo suavemente con ambas manos, hasta que baje y alcance un estado relajado (Figura 2-4).

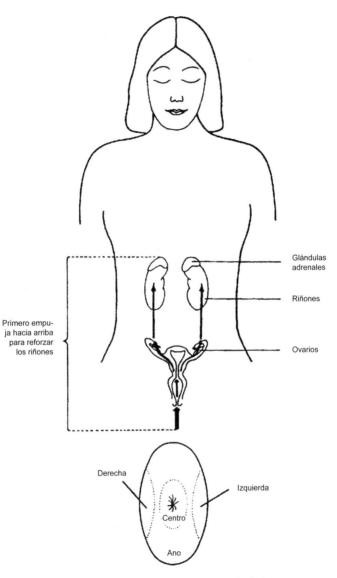

Glándulas adrenales

Riñones

Primero empuja hacia arriba para reforzar los riñones

Ovarios

Derecha

Izquierda

Centro

Ano

f) Inspira un diez por ciento. Contrae la parte izquierda y derecha del ano. Lleva el Chi al riñón izquierdo y al derecho. Envuelve ambos riñones con la energía

Figura 2-8

(4) Cuando ya no puedas aguantar la respiración, inspira un diez por ciento más de lo ya inspirado. Contrae con más fuerza el perineo, especialmente los órganos sexuales. Se puede estirar un poco a fin de condensar la energía en la parte baja del abdomen. Concentra y limita la energía a una zona pequeña. Deberás mantener el pecho relajado, con el esternón hundido, de forma que el diafragma se mantenga blando y hacia abajo. El estómago se mantiene plano. Siente cómo se extiende la presión por el palacio del esperma o de los ovarios [Figura 2-8(g)]. Empuja de nuevo hacia arriba los órganos sexuales y el ano, sellándolos de forma que ninguna energía pueda escaparse por ellos.

(5) Inspira un diez por ciento más de aire (puedes espirar un poco en caso necesario). Contrae la zona pélvica y la parte baja del abdomen y mantén esta posición todo el tiempo que puedas [Figura 2-8(h)].

(6) Inspira un diez por ciento más de aire. Repite. Siente la presión en el perineo [Figura 2-8 (i)].

(7) A estas alturas, te parecerá imposible alojar más aire, pero si espiras un poquito inclinándote suavemente hacia adelante y diriges tu atención hacia los riñones, sintiendo cómo se expanden hacia los lados y hacia atrás, relajándote y confiando en que el aire tendrá cabida allí, podrás inspirar el último diez por ciento de tu capacidad total, y lo llevarás a esa zona de la espalda [Figura 2-8 (j)]. Manténlo todo el tiempo que puedas, esto ayudará a abrir los lados y la parte posterior.

(8) Espira. Siéntate, erguido.

(9) Normaliza tu respiración usando la respiración abdominal.

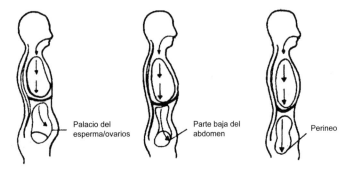

Palacio del esperma/ovarios

Parte baja del abdomen

Perineo

g) Inspirar un diez por ciento llevándolo hasta la parte baja del abdomen

h) Inspirar un diez por ciento llevándolo hasta la parte baja del abdomen

i) Inspirar un diez por ciento llevándolo al perineo

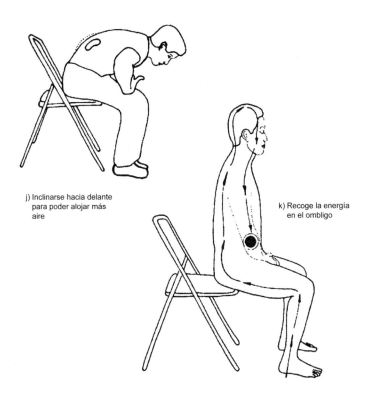

j) Inclinarse hacia delante para poder alojar más aire

k) Recoge la energía en el ombligo

Figura 2-8

Cuando al final de esta sesión inspires y te relajes, experimentarás cierto calor, o sentirás cómo circula la energía alrededor de tu cuerpo. Pon la lengua en el paladar. En este momento deberás meditar y hacer circular la Órbita Microcósmica varias veces. Cuando termines, recoge la energía en el ombligo [Figura 2- 8(k)].

Con este método de respiración los órganos son condensados, comprimidos y vigorosamente masajeados. Al inspirar, la sangre y la energía (Chi) se aceleran, limpiando los órganos y haciéndolos cada vez más fuertes y saludables.

Si notas una acumulación de energía en la zona del corazón hay que barrer el pecho con ambas manos de arriba hacia abajo. Además, es conveniente efectuar el sonido curativo para el corazón (ver el método descrito en el libro *Sistemas taoístas para transformar el estrés en vitalidad*), y caminar un poco sacudiendo los brazos y las piernas.

Puntos a tener en cuenta al practicar los ejercicios respiratorios

a. Recuerda: no emplees nunca la fuerza. Relaja el pecho de modo que el propio pecho, el esternón y el diafragma queden hundidos.

b. Al condensar, mantente interiormente relajado, sin tensiones, al menos durante la mayor parte del tiempo. Se dice que la energía suave es ilimitada.

c. Durante la primera semana no hagas más de tres ciclos de condensación al día. Posteriormente y de una manera gradual, aumenta a seis, nueve y dieciocho ciclos diarios. Este ejercicio es mucho más pesado de lo que te imaginas. La energía situada alrededor de los órganos y entre las capas del tejido conjuntivo, te protegerá de los golpes y de los accidentes fortuitos.

Ejercicios preliminares

A continuación presentamos algunos ejercicios que serán de gran ayuda en la práctica del Chi Kung Camisa de Hierro. Todos ellos se deben practicar cuando el cuerpo sienta la necesidad de ello; siempre en múltiplos de tres.

Comprobación del diafragma

Para comprobar que el diafragma está en su posición baja, se sigue este procedimiento: primero se presiona profundamente con los dedos de una mano justo debajo del esternón. Se sentirá un dolor agudo, lo cual indica que hemos presionado sobre el estómago. Después hay que inspirar haciendo salir el abdomen hacia afuera. Tocar luego el diafragma por debajo de las costillas, muy cerca del esternón y sobre el estómago. Se sentirá un dolor muy diferente al dolor de estómago. Hay que estar totalmente relajado para que el diafragma descienda. Esta es la parte más importante de la práctica de la Camisa de Hierro. Siempre que se lleve a cabo el proceso de condensación, hay que mantener el diafragma abajo. Esto evitará que el Chi congestione los pulmones y el corazón, permitiéndole seguir su camino hacia el ombligo.

Masaje del diafragma

Algunas personas poseen un diafragma muy tenso, que se adhiere a la caja torácica. Para liberar el diafragma de su tensión se puede masajear sobre la caja torácica: (a) masajeando a lo largo de la caja torácica de arriba hacia abajo; (b) usando los dedos índice, anular y medio, tocar el borde de las costillas, palpando hacia abajo y sintiendo el diafragma (Figura 2-9). Una vez aflojado el diafragma, sentiremos que la respiración es más fácil y más profunda. Esto se puede hacer muy fácilmente por las mañanas, al levantarse.

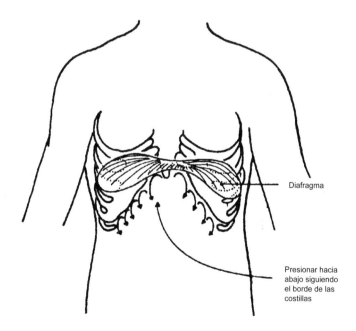

Diafragma

Presionar hacia abajo siguiendo el borde de las costillas

Figura 2-9. Liberando la tensión del diafragma

Respiración abdominal en posición tumbada

Nuestra mayor reserva de Chi se halla en la zona del ombligo. La concentración en esa zona puede aumentar la presión del Chi estimulando su flujo. El Chi se desplaza siempre al lugar del cuerpo en el que fijamos nuestra atención, o bien al punto donde se centra la actividad. Al respirar con la parte alta del pecho, el Chi se desplaza hasta allí y dado que no puede almacenarse en ese lugar, tal vez sintamos alguna incomodidad. La respiración abdominal evita este problema. El siguiente ejercicio te ayudará a realizar la respiración abdominal tumbado, de una manera muy fácil.

Túmbate boca arriba, con las piernas descansando en el suelo, o bien con los pies en el suelo y las rodillas ligeramente levantadas, justo para permitir que la parte baja de la espalda quede pegada al suelo. Coloca una mano sobre el esternón y la otra en la parte baja del abdomen. Al inspirar infla el abdomen de modo que la mano colocada sobre él se levante, mientras el pecho permanece sin gran variación. Repítelo nueve veces y después coloca las manos a ambos lados del cuerpo. Espira. Efectúa nueve ciclos más. Respira abdominalmente sin usar las manos, luego sitúa de nuevo las manos en el pecho y en la parte baja del abdomen y repite el ejercicio. Permanece atento al proceso respiratorio y nota cómo se siente. Sitúa las manos de nuevo a ambos lados del cuerpo y sé consciente de lo que has aprendido.

Repite este ejercicio tendido sobre un costado y después sobre el otro. Para lograr estabilidad en esta postura, dobla las rodillas al frente de modo que si alguien te viese desde arriba tu posición sería semejante a la de alguien sentado en una silla. Al respirar, siente que gradualmente el aire se expande desde la parte baja de los pulmones hacia el centro, hacia el lado izquierdo y derecho, y hacia arriba, hasta sentir que el pecho se llena como un cilindro.

Respiración abdominal tumbado sobre un plano inclinado

Este ejercicio incrementará enormemente la presión y la fuerza del abdomen, y reforzará mucho el diafragma.

Hay que acostarse sobre un plano inclinado con la cabeza hacia el suelo, y realizar el mismo ejercicio ya descrito. Coloca un peso en la parte baja del abdomen de modo que el peso se levante al descender el diafragma. Espira. El diafragma regresa a su posición normal permitiendo que el abdomen se aplane y el peso baje. Practica diariamente aumentando el peso una vez por semana, con lo que pronto obtendrás un gran control para dirigir el Chi a la parte baja del abdomen, reforzando al mismo tiempo los músculos abdominales. Inclinando más el plano el efecto se refuerza. Este ejercicio nos permite descubrir nuevos modos de adaptación a una nueva postura y genera un gran control. Repítelo siempre en múltiplos de tres hasta llegar a las treinta y seis veces.

Una vez dominada la respiración abdominal, se puede pasar al siguiente ejercicio.

Reforzamiento con contrapresión

Para este ejercicio se necesita la ayuda de un compañero, quien ejercerá cierta presión con su puño en algunos puntos de nuestro cuerpo. Hay que ponerse de acuerdo previamente para establecer la presión exacta que él deberá ejercer.

(1) El compañero apoyará su puño contra tu plexo solar (Figura 2-10). Inspira, dirigiendo tu atención y tu diafragma

hacia el punto de contacto, generando al mismo tiempo una contrapresión. Practica seis veces únicamente, y descansa después de cada vez, y verás qué rápido aprendes a responder.

(2) Tu compañero mantendrá el puño contra tu zona umbilical (Figura 2-11). Inspira, dirigiendo tu atención y tu diafragma hacia el punto de contacto, y generando una contrapresión. Practica este punto seis veces descansando después de cada una de ellas.

(3) Ahora haz que tu compañero apoye su puño sobre la parte baja de tu abdomen. Inspira, dirigiendo tu atención y tu diafragma hacia el punto de contacto, generando una contrapresión. Practica este ejercicio también seis veces, descansando después de cada una de ellas.

(4) Por último, pide a tu compañero que apoye el puño contra tu costado, sobre la parte baja de la zona renal (zona vulnerable que fácilmente se lastima con los golpes) (Figura 2-12). Inspira, dirigiendo tu atención y tu diafragma hacia el punto de contacto, generando una contrapresión. Repite seis veces recordando que debes descansar después de cada una de ellas. Este ejercicio reforzará la zona renal.

(5) Ocupa el lugar de tu compañero; repite del punto 1 al 4.

Los efectos de este sencillo ejercicio son notables. Es vigorizante, moviliza un abdomen anteriormente vago y resulta de gran ayuda para completar rápidamente la Órbita Microcósmica. Si no se dispone de un compañero puede utilizarse un listón de madera largo sobre una mesa. Dicha pieza deberá tener un diámetro de unos cuatro centímetros. Se

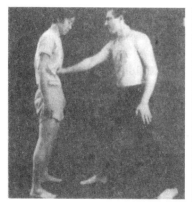 

Figura 2-10. El compañero presiona con su puño el plexo solar

Figura 2-11. El compañero presiona con su puño la zona del ombligo

Figura 2-12. El compañero presiona con su puño el costado, más bien hacia atrás en la zona renal

puede colocar simplemente contra la pared, apoyando el otro extremo sobre la parte del cuerpo que queremos presionar.

Respiración abdominal de pie

En la práctica de la Camisa de Hierro se usan mucho las posturas sobre los pies. Efectuar la respiración abdominal en estas posturas es más difícil, pues para ello se requiere una relajación mayor.

A medida que se va progresando con la respiración abdominal estando tumbados, se la podrá ir controlando más fácilmente estando de pie. Mientras estamos de pie el tejido conjuntivo se tensa, a fin de mantener los músculos y los órganos. Este ejercicio reforzará el tejido conjuntivo abdominal y es un medio para acostumbrarnos al modo en que la mente y el cuerpo trabajan en conjunto, aprendiendo al mismo tiempo cómo llevar energía a una zona de tejido conjuntivo. Completamente rectos, con una separación entre los pies igual a la anchura de los hombros, relaja el cuerpo en su totalidad y asegúrate de que el diafragma está abajo. Efectúa una profunda respiración abdominal sacando el abdomen. Manténla todo lo posible siempre que estés cómodo. Espira. Cuando sientas la necesidad, inspira de nuevo. Repite el ejercicio en múltiplos de tres.

Enviar energía al abdomen con la mente

Tras haber aprendido la respiración de la Camisa de Hierro se puede practicar el envío de energía al abdomen. Con este ejercicio se entrena gradualmente a la mente para dirigir e incrementar la presión de la energía Chi a voluntad, hacia las zonas superior, media y baja del abdomen, y también a los riñones derecho e izquierdo, condensándolos, envolviéndolos y vigorizándolos, junto con las glándulas adrenales, el hígado, el bazo, el páncreas, los riñones, el corazón, el timo, o las glándulas tiroides y paratiroides (Figura 2-13). (En un nivel más avanzado se aprende también a dirigir el Chi hacia otras partes del cuerpo).

Práctica

Desarrollo de la protección de la Camisa de Hierro.

Cierra la mano izquierda formando un puño, con el borde interno del mismo hacia adentro como si estuvieses sosteniendo un cuchillo, y presiónalo sobre la zona abdominal. Inspira. Imagina que la energía Chi está llenando la parte baja de tu abdomen y que tu puño está ejerciendo una presión de 50 kg contra el mismo (Figura 2-14). Aguanta. Ahora relájate. Inspira. No fuerces la energía de ningún modo. Cuando te sientas cómodo con esa presión auméntala poco a poco, de modo que el cuerpo la pueda soportar. Esto te preparará para que cuando recibas un golpe sin protección alguna sobre cualquier parte del cuerpo, puedas enviar el Chi a dicha zona para que acolche y proteja del peligro a los órganos vitales.

La mayor parte de las personas no resisten un puñetazo en el estómago, sobre la zona del plexo solar. Con esta preparación tú sí podrás hacerlo. Sin embargo, en la práctica taoísta no fomentamos este tipo de demostraciones.

Asegúrate de que durante todo el ejercicio estás relajado. Comienza «llenando el abdomen de aire». Esto se logra concentrándose en la zona alrededor del ombligo e inmediatamente debajo del mismo. La zona existente entre el ombligo y el esternón se divide en cuatro partes (Figura 2-15). Allí donde dirijamos nuestra atención, aparecerá el Chi protegiendo dicha zona como un neumático inflado. En ningún momento de esta práctica debe usarse la fuerza. Simplemente hay que respirar hacia la zona que se desee proteger, concentrándonos en ella, apoyando gradualmente la palma de la mano en dicho lugar. Hay que hacerlo sistemáticamente, hasta cubrir toda la superficie del cuerpo que esté a nuestro

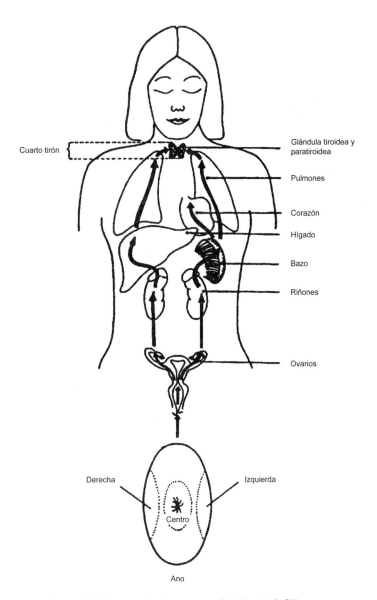

Cuarto tirón

Glándula tiroidea y
paratiroidea

Pulmones

Corazón

Hígado

Bazo

Riñones

Ovarios

Derecha

Izquierda

Centro

Ano

Figura 2-13. Entrenando a la mente para dirigir la energía Chi
hacia los diversos órganos y glándulas

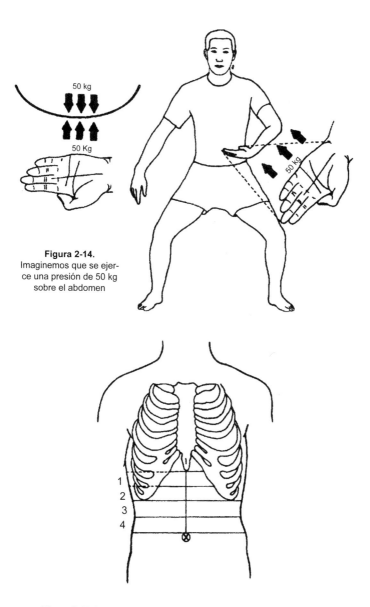

Figura 2-14.
Imaginemos que se ejerce una presión de 50 kg sobre el abdomen

Figura 2-15. Las cuatro divisiones del abdomen por debajo del esternón

alcance. Una vez que hayamos logrado desarrollar en la zona comprendida entre el esternón y el ombligo suficiente energía como para protegernos de un golpe inesperado, el resto del abdomen es mucho más fácil de proteger. La contrapresión creada lleva al Chi hacia el tejido conjuntivo. Cuando la capa más profunda del tejido conjuntivo ya esté saturada de presión Chi, ésta se desparramará por la segunda capa. (Ver el capítulo 4 para una explicación más detallada). Muy pronto, al incrementar la presión sobre el abdomen, serás capaz de mover la presión del Chi por toda la zona abdominal. Practica esto con frecuencia, junto con todos los demás ejercicios de la Camisa de Hierro. Cuando se ha logrado suficiente práctica con la mano, se puede utilizar un palo corto. Presiona con el palo sobre la zona abdominal deseada empujando, al mismo tiempo que se lleva la presión Chi a dicha zona, equilibrando ambas fuerzas.

RESUMEN DE LA RESPIRACIÓN DE LA CAMISA DE HIERRO

Los procesos respiratorios explicados en este capítulo pueden parecer muy numerosos; sin embargo, todos ellos están relacionados y todos conducen a la respiración de la Camisa de Hierro.

Ejercicios para mejorar la respiración abdominal

Respiración abdominal en posición tumbada

(1) Situarse en posición de decúbito supino, con las piernas extendidas o flexionadas y las manos sobre el abdomen. Inspirar mientras se cuenta hasta nueve. Levantar las manos. Espirar. Repetir nueve veces con las manos en los costados.

(2) Posición de decúbito supino, con las piernas extendidas o flexionadas y las manos situadas sobre el pecho y la parte baja del abdomen. Inspirar mientras se cuenta hasta nueve dejando que se eleve el abdomen. Espirar. Repetir nueve veces con ambas manos colocadas en los costados.

(3) Repetir las fases (1) y (2) apoyándose sobre cada uno de los costados, con las piernas flexionadas.

Respiración abdominal en un plano inclinado

(1) Tumbado sobre un plano inclinado con un peso sobre el abdomen, inspirar levantando el peso. Aguantar la respiración. Espirar.

(2) Colocar el peso un poco más abajo. Repetir, aumentando el peso un poco cada semana. Repetir en múltiplos de tres, nueve, dieciocho y treinta y seis veces.

Reforzamiento mediante contrapresión

Utilizar la mente y el cuerpo para dirigir la presión procedente del interior, en oposición a una fuerza externa, concentrando el Chi en una zona concreta del tejido conjuntivo.

Respiración abdominal de pie

De pie, separar los pies a la anchura de los hombros. Inspirar y aguantar el aire todo lo que se pueda sin sentirse mal. Espirar. Repetir en múltiplos de tres.

El proceso de respiración condensada del Chi Kung Camisa de Hierro

Respiración abdominal

Comenzar con la respiración abdominal, expandiendo la parte baja del abdomen.

Bajar el diafragma

Al inspirar, bajar el diafragma, manteniendo el pecho relajado. Espirar, aplanando el estómago y sintiendo el tirón de los diafragmas urogenital y pélvico, y de los órganos sexuales.

Respiración abdominal inversa

Una vez llevada la energía hasta el ombligo, comenzar la respiración inversa con una espiración, aplanando el estómago. Al inspirar, mantener el pecho relajado, y el estómago plano.

Contraer ligeramente los diafragmas urogenital y pélvico

Contraer los diafragmas pélvico y urogenital y, al mismo tiempo, apretar ligeramente el ano, tirando de los testículos o contrayendo la vagina.

Proceso de la respiración condensada

Comenzar el proceso de la respiración condensada con una inspiración. Usando el proceso de condensación, limitar la energía a una zona muy pequeña. El diafragma está abajo. El estómago está plano y firme. Tirar de los órganos sexuales y del ano y sellarlos de forma que ninguna energía pueda escaparse por dichas zonas.

Envolver los órganos con Chi

La energía vuelve, llenando y envolviendo la zona de los riñones.

Exhalar y relajarse

Espirar y dejar que salga el Chi. Relajarse.

LA FUNCIÓN RESPIRATORIA Y LAS BOMBAS CRANEAL Y SACRA

Dentro de nuestra columna vertebral y de nuestro cráneo, y protegido por ambos, se halla el verdadero «corazón» de nuestro sistema nervioso. Está rodeado y envuelto por el líquido cerebroespinal. Según los antiguos taoístas, dicho líquido se pone en circulación por medio de dos bombas. Una de ellas se halla en el sacro y se le llama la bomba sacra. La otra se encuentra en la parte alta del cuello y se la conoce como bomba craneal. Quienes son capaces de sentir ambas bombas en acción, manifiestan que notan cómo una especie de burbujeo de energía les sube por la columna al practicar la respiración condensada.

Bomba sacra (Figura 2-16)

Cuando somos jóvenes, el sacro consta de cinco piezas óseas que, al llegar a la edad adulta se funden, formando un solo hueso. Los taoístas consideran al sacro como una bomba que ayuda a mantener la energía sexual procedente del esperma o de los ovarios y del perineo, transformándola y dándole un impulso hacia arriba. Se trata de una especie de estación que refina la energía y la hace circular por el cuerpo. En la práctica de la Camisa de Hierro se comprime al sacro hacia atrás, o contra una pared, ejerciendo cierta presión para reforzarlo. Ello activa la bomba sacra ayudándole a bombear el líquido espinal hacia arriba.

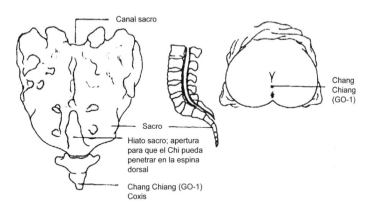

Figura 2-16

Bomba craneal

Desde muy antiguo, los taoístas consideraban al cráneo como una bomba que hace circular la energía desde los centros inferiores a los superiores. Investigaciones médicas recientes han confirmado que durante la respiración se producen minúsculos movimientos en las juntas de los ocho huesos que forman el cráneo (Figura 2-17). El movimiento craneal es el responsable de la producción y del funcionamiento del líquido cerebroespinal, que rodea al cerebro y a la médula espinal, líquido imprescindible para el normal funcionamiento del cerebro, de los nervios y de todo el sistema energético del organismo.

El mal funcionamiento respiratorio craneal se debe a diferentes motivos. Puede provenir del momento del parto, cuando el cráneo es blando y el propio proceso del nacimiento puede dañar el cráneo del niño, y mucho más si el parto resultó difícil y fue necesario el uso de forceps. Puede producirse también más adelante en la vida. Un golpe en la cabeza procedente de una determinada dirección en el momento en que la persona está respirando de una manera concreta que hace que los huesos se muevan, puede causar alteraciones en la función respiratoria craneal. Los accidentes automovilísticos traumáticos suelen ser también la causa de alteraciones craneales. Dado que las alteraciones craneales afectan el flujo del líquido cerebroespinal y los esquemas energéticos del cerebro, de los nervios y de todo el cuerpo, los síntomas pueden aparecer en cualquier parte del organismo. Un reforzamiento de las juntas craneales puede incrementar la energía y aliviar algunos síntomas, tales como dolores de cabeza, problemas

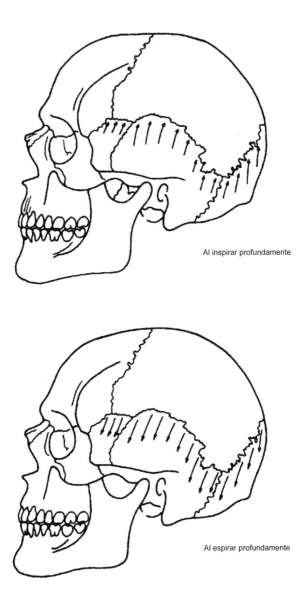

Al inspirar profundamente

Al espirar profundamente

Figura 2-17. Micromovimientos de los huesos craneales

de sinusitis, alteraciones visuales y problemas en el cuello. En el taoísmo, los movimientos de la pelvis, del perineo, del diafragma urogenital, del ano y de las bombas sacra y craneal son de suma importancia, pues ayudan a mover la fuerza vital y la energía sexual hacia los centros superiores. El proceso de condensación Chi Kung Camisa de Hierro activa dichas bombas mediante diversos métodos, entre ellos el control mental, la acción muscular, el presionar los dientes, el endurecimiento del cuello y la presión de la lengua contra el paladar. Todos estos métodos ayudan a activar las ocho piezas óseas del cráneo.

La Meditación de la Órbita Microcósmica

Circulación del Chi en la Órbita Microcósmica (Figura 2-18)

En ciertas fases de los ejercicios respiratorios anteriormente descritos, se te ha pedido que efectúes la circulación de la Órbita Microcósmica. Así, la energía de su fuerza vital debe ser llevada a través de unas vías concretas dentro del cuerpo, de una manera eficaz y segura, a fin de que pueda utilizarse para el crecimiento y la curación. La circulación de la Órbita Microcósmica utiliza el poder de la mente para activar las bombas craneal y sacra, con la finalidad de bombear dicha energía vital a través del cuerpo.

Si se conocen los canales principales por los que circula la energía en el cuerpo, dicha energía resulta mucho más fácil de conservar y acrecentar. El sistema nervioso del cuerpo

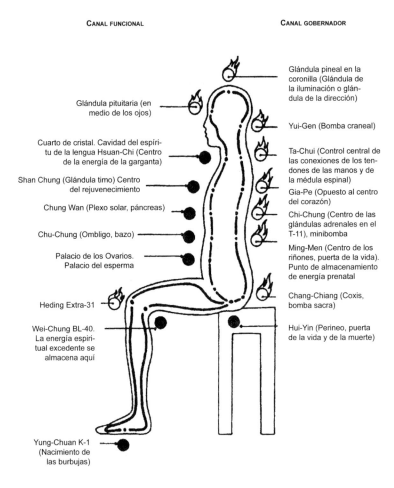

CANAL FUNCIONAL

CANAL GOBERNADOR

Glándula pituitaria (en medio de los ojos)

Cuarto de cristal. Cavidad del espíritu de la lengua Hsuan-Chi (Centro de la energía de la garganta)

Shan Chung (Glándula timo) Centro del rejuvenecimiento

Chung Wan (Plexo solar, páncreas)

Chu-Chung (Ombligo, bazo)

Palacio de los Ovarios. Palacio del esperma

Heding Extra-31

Wei-Chung BL-40. La energía espiritual excedente se almacena aquí

Yung-Chuan K-1 (Nacimiento de las burbujas)

Glándula pineal en la coronilla (Glándula de la iluminación o glándula de la dirección)

Yui-Gen (Bomba craneal)

Ta-Chui (Control central de las conexiones de los tendones de las manos y de la médula espinal)

Gia-Pe (Opuesto al centro del corazón)

Chi-Chung (Centro de las glándulas adrenales en el T-11), minibomba

Ming-Men (Centro de los riñones, puerta de la vida). Punto de almacenamiento de energía prenatal

Chang-Chiang (Coxis, bomba sacra)

Hui-Yin (Perineo, puerta de la vida y de la muerte)

Figura 2-18. Aprenda a hacer circular el Chi por la Órbita Microcósmica. La lengua toca el paladar a fin de completar el circuito de los canales funcional y gobernador

humano es muy complejo y puede dirigir la energía a cualquier punto donde sea necesaria. Los antiguos maestros taoístas descubrieron que existen muchos canales por los que fluye la energía; sin embargo, dos de ellos transportan un caudal especialmente abundante.

Uno de dichos canales se llama canal «funcional» o canal «Yin». Comienza en el perineo, punto situado en la base del tronco, a medio camino entre los testículos o la vagina y el ano. Asciende por la parte frontal del cuerpo, atraviesa los órganos sexuales, el estómago, los órganos internos, el corazón y la garganta y termina en la punta de la lengua. El segundo canal, llamado «gobernador» o «Yang» también comienza en el perineo pero asciende por la parte posterior del cuerpo. Parte del perineo pasando por la rabadilla, por la bomba sacra, luego por la columna, hasta llegar al cerebro y a la bomba craneal, y finalmente desciende hasta el cielo de la boca.

La lengua es una especie de interruptor que conecta estas dos corrientes. Cuando toca el cielo de la boca, justo detrás de los dientes frontales, la energía puede fluir en círculo, subiendo por la columna y descendiendo por delante. Ambos canales forman un circuito único y cerrado por el que transcurre la energía. Esta corriente de energía vital pasa por los principales órganos y centros nerviosos del cuerpo, suministrando a las células la sustancia creada por la energía orgánica y por la energía de la sonrisa, que les es necesaria para crecer, para curarse y para funcionar, desparramando así vitalidad por todo el cuerpo. Esta energía circulante forma la Órbita Microcósmica y constituye la base de la acupuntura. La investigación médica occidental ha admitido ya que la acupuntura es clínicamente efectiva, aunque los científicos reconocen que todavía no pueden explicar cómo funciona. Los taoístas, sin embargo, llevan miles de años estudiando los puntos de energía sutil del cuerpo y verificando con todo detalle la importancia de cada uno de los canales.

La importancia de la Órbita Microcósmica

Abriendo esta Órbita Microcósmica y manteniéndola libre de bloqueos físicos y mentales, se podrá bombear la energía de la fuerza vital hacia arriba, a través de la columna vertebral. En caso de que este canal se hallase bloqueado por la tensión, aprender a hacer circular la Órbita Microcósmica es un paso muy importante en el proceso de eliminar los bloqueos del cuerpo y de revitalizar todas las partes del cuerpo y de la mente. De no ser así, cuando en la cabeza se acumula una presión intensa, en forma de jaquecas, alucinaciones o insomnio, gran parte de la energía vital se escapa a través de los ojos, de las orejas, de la nariz y de la boca. Es como tratar de calentar una habitación cuyas ventanas permanecen abiertas.

La manera de abrir la Órbita Microcósmica es sentarse a meditar durante unos minutos cada mañana, mientras se practica la Sonrisa Interior, técnica taoísta descrita con detalle en el libro *Sistemas taoístas para transformar el estrés en vitalidad*. La Sonrisa Interior es una forma de conectar la relajación visual y la habilidad de concentración. Deja que tu energía complete el círculo, haciendo que tu mente viaje con ella. Comienza por los ojos y mentalmente circula con la energía en su camino hacia abajo por la parte frontal del cuerpo, por la lengua, la garganta, el pecho y el ombligo, y luego hacia arriba por la rabadilla, la columna y la cabeza.

Al principio tal vez parezca que no está sucediendo nada, pero pronto se empezará a experimentar una sensación de calor en algunos puntos por los que pasa la corriente. La clave es simple: relajarse y tratar de llevar la mente directamente al punto del circuito en el que nos queremos concentrar. Es algo diferente a visualizar una imagen en el interior de nuestra cabeza sobre cómo es tal o cual parte del cuerpo o cómo se siente. No utilices tu mente como si se tratase de una pantalla de televisión. Experimenta el verdadero flujo del Chi. Relájate y deja que tu mente fluya con el Chi por tu cuerpo físico, a través de un circuito natural hasta cualquier punto que desees, como el ombligo, el perineo, etc.

Recomendamos el estudio de la Órbita Microcósmica a todos aquellos que deseen verdaderamente dominar las técnicas de la Camisa de Hierro. Es muy difícil llegar a los niveles más elevados de transformación del Chi y de la energía creativa en energía espiritual, sin practicar primeramente la Órbita Microcósmica. Algunas personas ya tienen «abiertos» estos canales, gracias a la relajación o a su contacto con la naturaleza. Los beneficios de la Órbita Microcósmica van más allá de facilitar el flujo de la energía vital, y entre ellos se cuentan el retraso del envejecimiento y la curación de muchas enfermedades que varían desde la hipertensión a los insomnios, los dolores de cabeza y la artritis.

EL PODER DEL PERINEO

En la Camisa de Hierro vamos a utilizar el «poder del perineo» para dirigir el Chi a las zonas, los órganos y las glándulas que se desee energetizar, a fin de condensar e incrementar su Chi. El «poder del perineo» se usará en todas las posturas de la Camisa de Hierro.

El ano está conectado a la energía de los órganos

La zona del perineo (Hui-yin) abarca el ano y los órganos sexuales. Las diversas secciones de la región del ano están estrechamente relacionadas con el Chi de los diferentes órganos. La palabra China Hui-yin (perineo) significa el punto donde se reúne toda la energía Yin, o punto de reunión de la energía del bajo abdomen. También se le conoce como la Puerta de la Vida y de la Muerte. Dicho punto está situado entre las dos principales puertas. Una, llamada la puerta frontal, es el órgano sexual, que constituye la gran abertura de la fuerza vital. Por ella, la energía de la fuerza vital puede salirse fácilmente, agotando a los órganos y su funcionamiento. La segunda puerta, o puerta posterior, es el ano. Por esta puerta también se puede perder la energía con mucha facilidad, si no ha sido debidamente sellada o cerrada mediante el tono muscular apropiado. En las prácticas del Tao, especialmente en los Secretos Taoístas del Amor y en la Camisa de Hierro, el poder del perineo para asegurar, cerrar y reconducir la fuerza vital hacia arriba a través de la columna vertebral, es algo muy

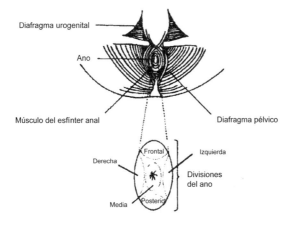

Figura 2-19. El ano se divide en cinco zonas

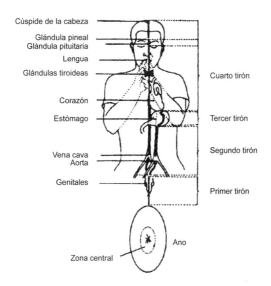

Figura 2-20. La parte central

importante. Sin él, la fuerza vital y la energía sexual pueden convertirse en un «río que fluye sin retorno».

La zona del ano se divide en cinco zonas

El ano se divide en cinco zonas: (a) central, (b) frontal, (c) posterior, (d) izquierda, y (e) derecha (Figura 2-19).

La parte central

El Chi de la parte central del ano está conectado con los siguientes órganos: la vagina y el útero, la aorta, la vena cava, el estómago, el corazón, las glándulas tiroideas y paratiroideas, la glándula pituitaria, la glándula pineal y la cúspide de la cabeza (Figura 2-20).

La parte frontal

El Chi de delante del ano está conectado con los siguientes órganos: la próstata, la vejiga, el intestino delgado, el estómago, la glándula timo y la parte frontal del cerebro [Figura 2-21 (a) y (b)].

La parte posterior

El Chi de la parte posterior del ano está conectado con la energía de los siguientes órganos: el sacro, las lumbares interiores, doce vértebras torácicas, siete vértebras cervicales y el cerebelo (Figura 2-22).

A) PARTE FRONTAL EN EL VARÓN

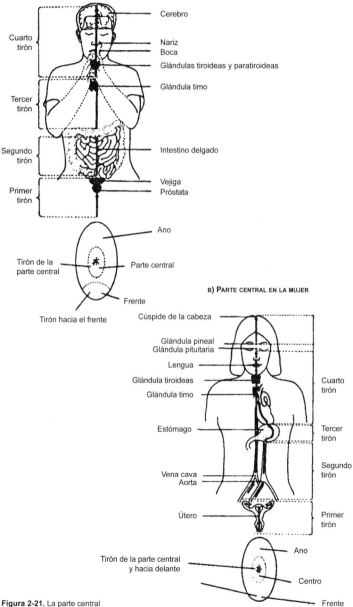

Figura 2-21. La parte central

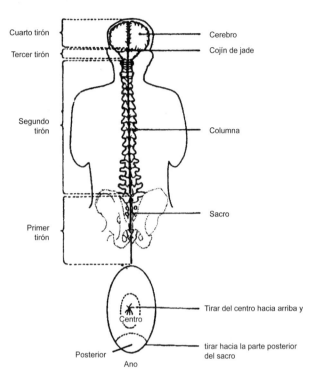

Figura 2-22. La parte posterior

La parte izquierda

El Chi de la parte izquierda del ano está conectado con las energías de los siguientes órganos: el ovario izquierdo, el intestino grueso, el riñón izquierdo, la glándula adrenal izquierda, el bazo, el pulmón izquierdo y el hemisferio izquierdo del cerebro [Figura 2-23(a) y (b)].

La parte derecha

El Chi de la parte derecha del ano está conectado con las energías de los siguientes órganos: el ovario derecho, el intestino

Preparativos iniciales

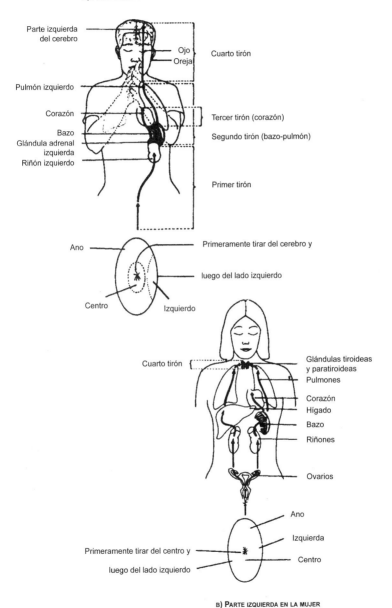

A) Parte izquierda en el varón

Parte izquierda del cerebro

Ojo
Oreja
Cuarto tirón

Pulmón izquierdo

Corazón
Tercer tirón (corazón)

Bazo
Glándula adrenal izquierda
Riñón izquierdo
Segundo tirón (bazo-pulmón)

Primer tirón

Ano
Primeramente tirar del cerebro y

luego del lado izquierdo

Centro
Izquierdo

Cuarto tirón
Glándulas tiroideas y paratiroideas
Pulmones

Corazón
Hígado
Bazo
Riñones

Ovarios

Ano

Izquierda

Primeramente tirar del centro y
Centro

luego del lado izquierdo

B) Parte izquierda en la mujer

Figura 2-23. La parte izquierda

93

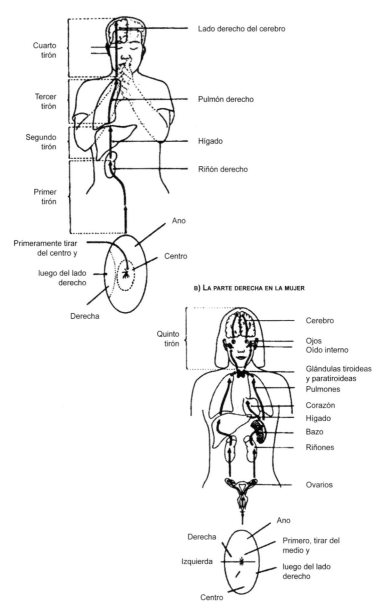

A) LA PARTE DERECHA EN EL VARÓN

Lado derecho del cerebro

Cuarto tirón

Tercer tirón — Pulmón derecho

Segundo tirón — Hígado

Riñón derecho

Primer tirón

Ano

Primeramente tirar del centro y — Centro

luego del lado derecho

B) LA PARTE DERECHA EN LA MUJER

Derecha

Quinto tirón

Cerebro

Ojos
Oído interno

Glándulas tiroideas y paratiroideas

Pulmones

Corazón

Hígado

Bazo

Riñones

Ovarios

Ano

Derecha — Primero, tirar del medio y

Izquierda — luego del lado derecho

Centro

Figura 2-24. La parte derecha

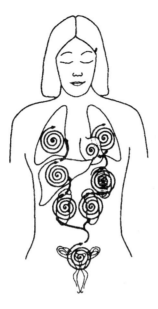

Figura 2-25. Envolver los órganos, rodeándolos con energía Chi

grueso, el riñón derecho, la glándula adrenal derecha, el hígado, la vesícula biliar, el pulmón derecho y el hemisferio derecho del cerebro [Figura 2-24(a) y (b)].

Al contraer las diferentes zonas del ano, se puede enviar más energía Chi a los órganos y a las glándulas relacionadas, incrementándose los efectos del masaje (Figura 2-25).

Precauciones

Esta es una advertencia para los practicantes que sufran de hipertensión, inestabilidad emocional, dolores de pecho o de corazón o de cualquier otra enfermedad grave.

1. Quienes sufran de hipertensión deberán consultar con un médico antes de poner en práctica los ejercicios de

la Camisa de Hierro. Nunca deberán agotarse al efectuar los ejercicios o las respiraciones.

2. Las mujeres no deben poner en práctica los ejercicios respiratorios de la Camisa de Hierro durante el período menstrual, pero sí pueden practicar la meditación Chi de pie y la respiración ósea. Las mujeres embarazadas no deberán practicar la respiración condensada de la Camisa de Hierro, únicamente la respiración energética y la meditación de pie.

3. Es importante asegurarse de que el diafragma está bajo antes de practicar estos ejercicios, a fin de evitar acumulaciones de energía en el corazón y de facilitar el flujo de la Órbita Microcósmica.

4. Tras practicar las posturas, al enviar la energía hacia abajo, asegúrate de colocar la lengua en el cielo de la boca a fin de recoger toda la energía de la cabeza (el canal gobernador). Hay que tomar la energía de la cabeza, bajarla por el plexo solar y almacenarla en el ombligo.

3

Práctica de
las posturas

Existe una estrecha relación entre un flujo de Chi desbloqueado y fuerte y un buen alineamiento estructural. Al igual que con otros ejercicios taoístas, la práctica adecuada de la Camisa de Hierro, logra una mejora extraordinaria en la salud estructural, al incrementar el flujo de Chi. La comprensión total de las interrelaciones estructurales del cuerpo es algo inherente a la Camisa de Hierro.

Muchas personas han desarrollado serias distorsiones estructurales debido a malos hábitos en las posturas, y carecen del sentido natural del alineamiento correcto del cuerpo. Si esas distorsiones se llevan a la práctica de la Camisa de Hierro, se perderá gran parte de su efectividad y los malos hábitos se perpetuarán. Por consiguiente, lo primero que hay que hacer es corregir los problemas que necesiten corrección.

Desarrollo de la postura del Caballo
de la Camisa de Hierro, con una pared

El siguiente ejercicio explica cómo se usa una pared para alinear nuestro cuerpo perfectamente en la postura del Caballo de la Camisa de Hierro, utilizada en el «Abrazo del Árbol», manteniendo las posturas de la Urna Dorada y del Fénix. Estas posturas se describen más adelante en este mismo capítulo.

Esta postura con la pared es una variante de la postura de entrenamiento estructural contra una pared, descrita en el capítulo 4. A medida que avances en tu práctica, irás desarrollando la facultad de notar cuál es el alineamiento correcto y serás capaz de seguir los mismos principios sin necesidad de la pared, aunque de vez en cuando decidas practicar con ella con una finalidad de comprobación. Cuando ya se posee la habilidad de la postura correcta, el empleo ocasional de la pared te permitirá aumentar la longitud de tu columna vertebral durante la práctica.

Esta postura de la pared puede usarse para practicar el alineamiento en sí mismo, y también junto con los ejercicios respiratorios utilizados en el «Abrazo del Árbol» y en otros ejercicios de condensación. Practicar la totalidad del ejercicio con la respiración condensada, mientras se está junto a la pared, te dará la seguridad de poder mantener el alineamiento correcto en la mucho más dinámica situación de la condensación y de la circulación de la energía.

En un principio, la aplicación de algunos de estos detalles puede parecer difícil o poco clara. Sin embargo, a medida que tu cuerpo se vaya abriendo, poco a poco serás capaz de aplicar cada detalle de una manera fácil y natural. Al ser estos principios una aplicación de las características del diseño básico de su estructura corporal, a medida que la práctica va progresando, tu cuerpo se sentirá cada vez más a gusto con estas rutinas.

Secuencia de la práctica del uso de la pared, en la postura del Caballo de la Camisa de Hierro (Figura 3-1)

Separación entre los pies

Mantente erguido, con el pie izquierdo a unos centímetros de la pared. El pie debe estar derecho, con el segundo dedo apuntando hacia delante, o bien con el talón ligeramente girado hacia fuera. Para medir la distancia adecuada entre ambos pies, toca la rodilla derecha con el talón del pie izquierdo. Coloca la parte carnosa del dedo grueso del pie derecho en línea con la misma parte del correspondiente dedo del pie

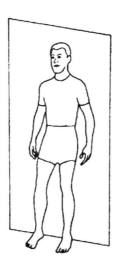

Figura 3-1. Utilización de la pared

izquierdo, de modo que ambos estén a la misma distancia de la pared. Ahora, manteniéndote de pie, gira el pie derecho sobre el dedo gordo. Ambos talones estarán entonces a la misma distancia de la pared, y los pies tendrán la separación correcta.

Alineamiento de los pies

Primeramente, has de notar que tienes un contacto firme con la tierra a través de la parte carnosa de los dedos gordos de ambos pies. Después separa los dedos gordos abriendo un poco los pies. Equilibra el peso del cuerpo sobre la totalidad del pie distribuyéndolo sobre los siguientes puntos: la parte carnosa del dedo gordo, la parte carnosa de los dos últimos dedos y el centro del talón (Figura 3-2). Los dedos deben permanecer relajados sin apretar el suelo. Recuerde que los pies son la base de tu postura. A medida que estos detalles se van volviendo naturales, tu práctica se fortalecerá y experimentarás una mayor integración cuerpo-mente. La correcta alineación de los pies es la base del entendimiento.

Distancia de la pared

Los pies deben hallarse a la distancia correcta de la pared, de forma que al colocar la columna vertebral pegada a ella, no se sienta que uno se cae hacia atrás. Es decir, que si de pronto quitaran la pared, no nos cayésemos para atrás.

Enraizamiento con los pies

Al practicar las partes del «Abrazo del Árbol» y del «Enraizamiento» que exigen que nos aferremos fuertemente a la tierra con los dedos de los pies, hay que sentir que sus

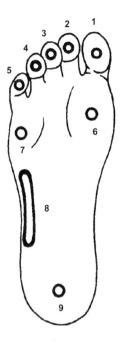

Figura 3-2. Los nueve puntos del pie

garras comienzan en la punta de los dedos, no en los propios dedos. Cuanto más se haga hincapié en el hecho de agarrarse, especialmente con el dedo gordo del pie, mejor será el enraizamiento, ya que se estará usando el pie de una manera mucho más completa e integrada.

Rodillas

Dobla las rodillas de modo que las rótulas caigan exactamente sobre los dedos gordos del pie. Pero no más allá. Se pueden doblar un poco menos, pero es mejor llegar hasta dicho punto a fin de asegurar la máxima fuerza.

Pelvis

Primero coloca la parte baja de la columna vertebral pegada firmemente contra la pared, todo el tiempo que puedas sin sentir incomodidad. Luego coloca tus manos sobre la parte superior de los muslos, en el lugar donde éstos se unen con la pelvis. Al mantener la parte baja de la columna pegada a la pared, apreciarás que el tendón que pasa por la parte frontal del muslo, un poco hacia el interior, está muy tenso. Ahora gira ligeramente la pelvis, de forma que la parte baja de la columna se separe de la pared. Sentirás que dicho tendón se relaja. Apenas se podrá colocar la mano plana entre la parte baja de la columna y la pared. Ello incrementará el pliegue existente en la unión entre la pelvis y el muslo. Continúa sintiendo que el hueso sacro está tirando de la columna hacia abajo.

Inclinación de la pelvis

Al continuar con tu práctica de la Camisa de Hierro y centrar tu atención en la zona sacra, has de efectuar la inclinación de la pelvis. Esto se lleva a cabo empujando con fuerza contra la pared con la zona sacra, manteniendo al mismo tiempo otros detalles estructurales. Al empujar con fuerza contra la pared, la columna se arqueará un poquito más y se sentirán los músculos del sacro muy duros. Cuando esto ocurra, es muy importante sentir que se está también tirando del sacro hacia abajo a lo largo de la pared (Figura 3-3). Si esto se hace correctamente, se sentirá una gran fuerza alrededor del sacro, al arquear sólo un poquito más la parte baja de la columna.

La parte central de la espalda

Al objeto de asegurarnos de que esta alineación de la pelvis no produce un arqueo en la parte media de la columna vertebral, es preciso mantener la posición inclinada de la pelvis, empujando hacia atrás con suavidad pero también con firmeza la parte trasera de las últimas costillas, elevándolas ligeramente al mismo tiempo que se las presiona contra la pared. De esta manera se sentirá que la parte central y baja de la espalda se alarga (Figura 3-3).

Cabeza, cuello y parte alta de la espalda

Permanece en la postura de la pelvis inclinada y pega todo lo que puedas la parte superior de la columna contra la

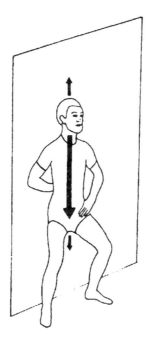

Figura 3-3. La inclinación de la pelvis

pared, sin sentir agotamiento. Mantén la cabeza como si fuese suavemente empujada hacia atrás desde el labio superior, siendo al mismo tiempo levantada desde la coronilla (Figura 3-3). En el caso de muchas personas, la cabeza mantenida en esta posición no tocará la pared. Ello se debe a una excesiva curvatura de la parte alta de la columna, que puede eliminarse practicando el Puente de Hierro, el Arqueo de la Espalda y la Suspensión de la Puerta. (El Puente de Hierro se describe más adelante en este capítulo, mientras que el Arqueo de la Espalda y la Suspensión de la Puerta aparecerán en el capítulo 4).

Empuje sobre el punto T-11

Cuando se lleva la energía Chi al centro de la energía adrenal (punto T-11, situado en la parte superior de los riñones, lugar donde se hallan las glándulas adrenales y donde termina también la caja torácica por la espalda) y se condensa sobre la zona de los riñones, es necesario inclinarse hacia adelante y empujar hacia atrás la zona del T-11. Para sentir esta zona mientras trabajamos con la pared, simplemente mantén esa zona firmemente presionada contra el muro, girando toda la espalda de ahí hacia arriba de modo que se separe del mismo, manteniendo al mismo tiempo todos los demás principios del alineamiento. Practicando de este modo contra la pared, se podrá sentir claramente esta presión, lo mismo que al practicar con un compañero que empuje sobre dicho punto.

Hombros

Coloca los brazos en cualquiera de las posiciones descritas que aparecen en los primeros cuatro ejercicios de la

Camisa de Hierro en este capítulo. Luego coloca los omóplatos firmemente contra la pared, de forma que toda la zona de ambos omóplatos esté en contacto firme con el muro. Ahora gira los hombros hacia adelante, sintiendo que los omóplatos se separan de la pared hasta que sólo la columna y, a ser posible, la zona entre los bordes internos de los omóplatos, permanezca apoyada contra el muro.

Cabeza y cuello (C-7, base del cuello y C-1, base del cráneo)

Tras girar los hombros hacia adelante, empuja hacia atrás suavemente pero con firmeza sobre el punto C-7, la vértebra de la base del cuello, y sobre el C-1, vértebra de la base del cráneo. Al hacer esto el mentón se retraerá. Al llevar el Chi a estos dos puntos se deberá bajar el mentón, llevándolo hacia el pecho. Aunque se empuje con fuerza, ninguno de ambos puntos tocará la pared. Hasta que alcances este punto del ejercicio, empuja hacia atrás con menos fuerza (especialmente en el caso del C-7) para asegurarte de que el alineamiento de la parte superior de la columna y del cuello sigue siendo correcto (Figura 3-4). Si se hace correctamente el empuje hacia atrás del C-7 tras haber girado los hombros hacia adelante, los hombros se redondearán y se notará que se han «colocado» en su lugar.

«Bloqueando» la estructura

Mantén firmes las rodillas y no las muevas. Al concentrarse en las rodillas se notará como si al mismo tiempo fuesen empujadas hacia dentro y hacia fuera. Empújalas hacia fuera. Percibirás un efecto espiral desde las rodillas hasta el suelo, como si las piernas fuesen tornillos que se van a introducir en

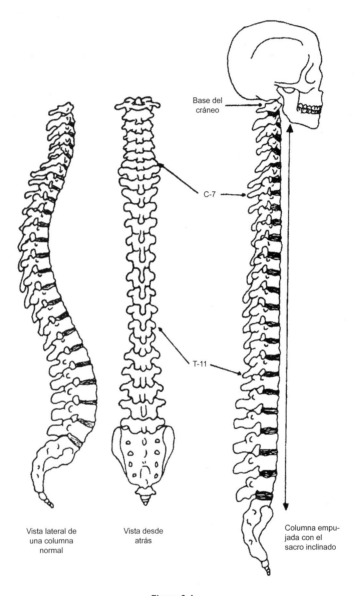

Base del
cráneo

C-7

T-11

Vista lateral de
una columna
normal

Vista desde
atrás

Columna empu-
jada con el
sacro inclinado

Figura 3-4

la tierra. Al practicar el «Abrazo del Árbol», hay que bloquear los brazos de modo semejante, aunque sin moverlos. Siente como si los codos al mismo tiempo fueran empujados y tirados, como si los brazos fueran tornillos que son atornillados desde el antebrazo. Se puede sentir también este efecto de bloqueo de los codos y de las rodillas imaginando que estamos reforzando dichas articulaciones, pero sin hacerlo realmente. Al bloquear estas articulaciones se aumenta mucho la fuerza, la estabilidad y el flujo del Chi. Practica la postura de la pared y el «Abrazo del Árbol» durante cierto tiempo hasta que estés seguro de poder mantener la posición correctamente.

Resumen de la práctica del uso de una pared para efectuar el alineamiento básico de la postura del Caballo de la Camisa de Hierro

1. Pies: Medir la distancia adecuada entre ambos pies y entre los pies y la pared. Alinearlos.
2. Parte baja de la espalda: Apoyarse contra la pared con la parte baja de la columna plana, a ser posible.
3. Cabeza/Cuello/Parte alta de la espalda: Colocar hasta donde se pueda, la parte superior de la columna plana sobre la pared, manteniendo la cabeza como si fuera empujada hacia atrás desde el labio superior, y al mismo tiempo tirando de ella hacia arriba desde la coronilla. La parte posterior de la cabeza puede tocar o no el muro.
4. Pelvis: Girar la pelvis hacia atrás hasta que el tendón tenso se sienta más relajado. Notas cómo el sacro tira de la columna hacia abajo.

5. Parte media de la espalda: Pegar las últimas costillas con firmeza a la pared, luego estirarlas ligeramente hacia arriba.

6. Brazos/Hombros: Situar los brazos en la postura de uno de los primeros cuatro ejercicios de la Camisa de Hierro. Aplanar los omóplatos contra la pared. Girar los hombros hacia delante sintiendo cómo los omóplatos se separan de la pared hasta que sólo la columna y tal vez, si ello es posible, la zona comprendida entre los bordes interiores de los omóplatos, toca la pared. Cerrar los codos y las rodillas.

7. Pecho: Asegurarse de que los músculos del pecho están relajados. El pecho permanecerá como hundido.

8. Cabeza/Cuello: Suavemente pero con firmeza, empujar hacia atrás el punto C-7 y la base del cráneo. Estirar la cabeza como si tiraran desde la coronilla hacia arriba. La parte posterior de la cabeza no toca la pared.
   Alineamientos especiales durante los ejercicios:

9. Enraizamiento con los pies: «Agarrar» la tierra con los pies, cogiéndola con la parte carnosa de los dedos de los pies, especialmente con la parte carnosa del dedo gordo; los demás dedos seguirán automáticamente esta acción.

10. Inclinación de la pelvis: Girar la pelvis hacia atrás al mismo tiempo que el sacro desciende pegado a la pared. Sentir cómo los músculos del sacro empujan firmemente contra la pared.

11. Presión sobre el T-11: Pegar la zona del T-11 firmemente contra la pared, al mismo tiempo que se separa de ella todo el resto de la parte superior de la espalda.

Posición inicial para todos los ejercicios: el abrazo del árbol

En este apartado vamos a describir cuidadosamente y con todo detalle las posturas del Abrazo del Árbol paso a paso. Daremos la secuencia en que se debe practicar, y que te proporcionará una visión completa, que podrás seguir sin distracción. Primero practica y luego une todos los pasos. La parte final es un resumen de la secuencia y de la práctica (utiliza la Posición del Caballo, con la ayuda de la pared, para mejorar tu estructura).

El Abrazo del Árbol (explicación del proceso)

El Abrazo del Árbol es la postura práctica más importante. Reúne muchas estructuras corporales y muchos tendones (canales del Chi) formando con ellos un solo sistema. Al principio puede parecer difícil, algo así como componer un rompecabezas. Sin embargo, empiezas paso a paso, practicando cada uno de ellos hasta haberlos dominado, pasando luego al siguiente, verás que es bastante fácil. Cuando domines la postura del caballo en la pared, te parecerá mucho más sencilla la práctica del Abrazo del Árbol.

La posición correcta

En todas las posturas de la Camisa de Hierro, la distancia entre los pies debe ser igual a la longitud de la parte baja de la pierna, que va desde la rodilla a la punta de los dedos del pie [Figura 3-5(a)]. Tal vez los principiantes deseen separar un

a) Hallando la separación entre los pies

b) Enraizando los pies

c) Enraizamiento incorrecto. Vista frontal

d) Enraizamiento incorrecto. Vista lateral

Figura 3-5. Abrazando al árbol. Enraizamiento

poco más los pies, pero la distancia mencionada proporciona más rápidos resultados [Figura 3-5 (b), (c) y (d)].

Enraizamiento de los pies

Como ya se ha dicho anteriormente, el enraizamiento es una práctica muy importante dentro del sistema del Tao, que comienza en el plano físico, y posteriormente se convierte en una práctica espiritual. Al igual que los cimientos de un edificio, la práctica del enraizamiento constituye una base sólida sobre la que más tarde se podrá construir y que permitirá que todo el edificio se mantenga en pie mucho más tiempo.

Se trata de someterse a la fuerza de la gravedad, manteniendo al mismo tiempo un alineamiento estructural óseo que sostenga al cuerpo en posición vertical.

Las plantas de los pies (K-1) son los puntos por donde la energía de la Madre Tierra penetra en nuestro organismo.

Cuando las plantas están abiertas y se hallan conectadas al suelo, podemos sentir como «chupan». La energía curativa pasa al cuerpo a través de las plantas de los pies alimentando los órganos y las glándulas.

Al igual que las raíces de un árbol, los pies soportan la totalidad de nuestra estructura (Figura 3-6). Es muy importante distribuir el peso del cuerpo de una manera sólida, repartido sobre toda la planta del pie. Nosotros dividimos el pie en nueve partes, o nueve bases: (1) dedo gordo del pie, (2) segundo dedo, (3) tercer dedo, (4) cuarto dedo, (5) dedo pequeño del pie, (6) parte carnosa mayor, (7) parte carnosa menor, (8) borde externo y (9) talón (Figura 3-7).

Se debe sentir que estas nueve partes están en contacto con el suelo. Observa y comprueba cuáles de estas partes

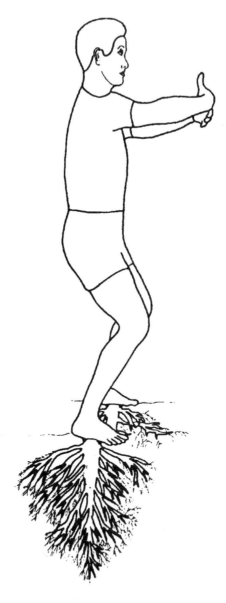

Figura 3-6. Sintiéndose enraizado a la tierra

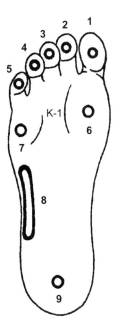

Figura 3-7. K-1 y los nueve puntos del pie

están demasiado tensas o soportan una presión excesiva; ello puede acarrear que el cuerpo pierda su alineación y que la columna vertebral se incline hacia un lado. Mantener durante cierto tiempo un defectuoso alineamiento del cuerpo puede originar problemas en la médula o en los discos de la columna.

El dedo gordo del pie está conectado con los tendones del dedo pulgar (Figura 3-8) y los dedos pequeños del pie se hallan en conexión con los tendones de los meñiques (Figura 3-9), así todos los tendones del cuerpo están conectados entre sí, aumentando el poder de enraizamiento. Al girar ligeramente los pies hacia adentro, apuntando con los dedos gordos hacia delante, la conexión con los pulgares de las manos queda reforzada. Manteniendo esta postura, imagina que posees raíces que penetran en la tierra.

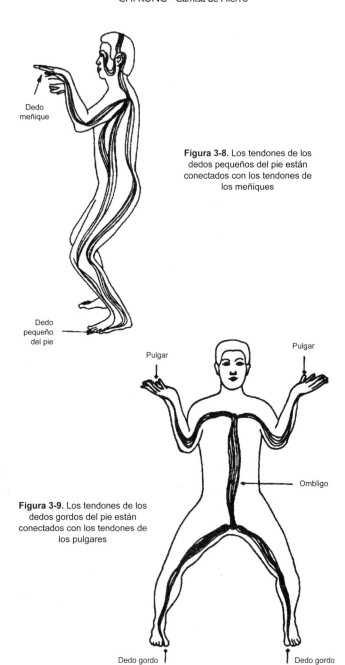

Figura 3-8. Los tendones de los dedos pequeños del pie están conectados con los tendones de los meñiques

Dedo meñique

Dedo pequeño del pie

Pulgar

Pulgar

Ombligo

Figura 3-9. Los tendones de los dedos gordos del pie están conectados con los tendones de los pulgares

Dedo gordo

Dedo gordo

Si en esta postura levantamos del suelo los dedos y la parte carnosa del pie, podremos ser derribados fácilmente.

Dentro de la vertiente espiritual del enraizamiento, es importante saber que al igual que existe una Madre Tierra, hay también un Padre Cielo. Son muchos los que aspiran a elevarse a sí mismos hasta un nivel superior, a fin de llenarse de energía espiritual. Todo aquel que quiera llegar alto deberá asegurarse de que su base, su enraizamiento, es bueno. Esta conexión entre Cielo y Tierra es algo primordial en la práctica del Tao. En los niveles elevados, la energía básica de la Madre Tierra es tan importante como la espiritual del Padre Cielo.

La Figura 3-10 de la (a) a la (g) te dará una visión panorámica de la postura del Abrazo del Árbol.

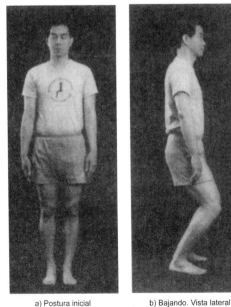

a) Postura inicial   b) Bajando. Vista lateral   c) Bajando. Vista frontal

Figura 3-10. Postura del Abrazo del Árbol

d) Abrazando el Árbol. Vista frontal

e) Abrazando el Árbol. Vista lateral

f) Abrazando el Árbol. Vista trasera

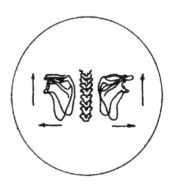

g) Girando los omóplatos

Figura 3-10 (continuación)

Estiramiento de la columna [Figura 3-11(a), (b) y (c)]

Al sentir el Chi en el ombligo, dobla despacio y ligeramente las rodillas, tirando de la columna hacia abajo y estirando la cabeza hacia arriba como si estuviese enganchada a una cuerda. Mantén derecha la columna. Siente la columna colgada de arriba y el sacro empujando hacia abajo a fin de ayudar a prolongar la columna y a mantener los discos separados. Poco a poco, su talla aumentará. Este prolongamiento

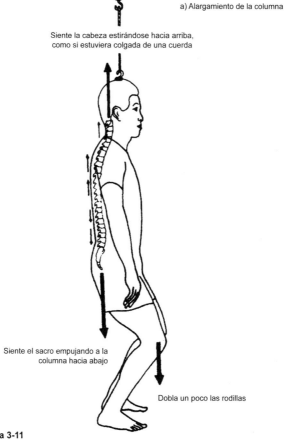

a) Alargamiento de la columna

Siente la cabeza estirándose hacia arriba, como si estuviera colgada de una cuerda

Siente el sacro empujando a la columna hacia abajo

Dobla un poco las rodillas

Figura 3-11

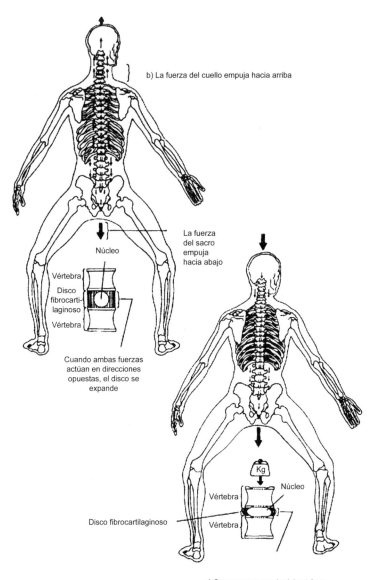

b) La fuerza del cuello empuja hacia arriba

La fuerza del sacro empuja hacia abajo

Núcleo

Vértebra

Disco fibrocartilaginoso

Vértebra

Cuando ambas fuerzas actúan en direcciones opuestas, el disco se expande

Disco fibrocartilaginoso

Kg

Núcleo

Vértebra

Vértebra

c) Como consecuencia del estrés y de la presión ejercida por el peso del cuerpo sobre el cordón espinal, el disco se comprime

Figura 3-11 (continuación)

permite la expansión del sistema nervioso y el líquido espinal, favoreciendo una más libre circulación del Chi. Mire hacia el frente y dé un paso lateral con el pie izquierdo para lograr la posición estándar.

Tres círculos del Chi

Primer círculo: Conexión del brazo con el omóplato

Levanta los brazos formando con ellos un círculo, como si estuvieras sosteniendo una gruesa pelota de playa o bien un árbol, muy suavemente. Los dedos deben quedar ligeramente separados, con una distancia de sólo unos centímetros entre las puntas de los dedos de ambas manos. El cuello (C-7) constituye una encrucijada muy importante, donde se reúne tanto la energía como los tendones más potentes del cuerpo. Gradualmente se sentirá cómo el Chi se extiende partiendo del C-7 hacia la parte externa del brazo, por el dedo medio, por la palma, y se sentirá cómo salta del dedo medio de la mano derecha al dedo medio de la mano izquierda y desde el pulgar derecho al pulgar izquierdo.

Los codos descienden, girando hacia adentro, y se siente como si para lograr dicha posición tuvieran que resistir a una fuerza que tirara de ellos hacia abajo y hacia adentro. Imagina que alguien empuja hacia adentro la parte externa de tus codos y tú, por tu parte, tienes que ejercer una presión hacia fuera para mantenerlos en esta postura. Siente en el antebrazo una fuerza espiral, como un tornillo girando en el sentido de las agujas del reloj; ello hará que la muñeca, el codo y el brazo queden conectados. Relaja los hombros. Haz que los músculos de tu cuello desciendan. Para que esta conexión se

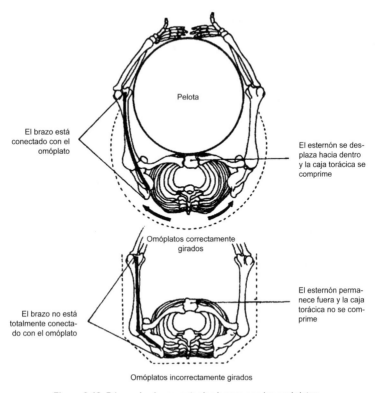

Figura 3-12. Primer círculo: conectar los brazos con los omóplatos

efectúe y se transmita hacia abajo, los músculos trapecios, que conectan la parte trasera del cuello con la parte posterior de los hombros, deben estar perfectamente relajados (Figura 3-13). Concéntrate en la columna vertebral, ejerciendo presión con su estructura ósea hacia el sacro, hacia las rodillas y, finalmente, hacia los pies y la tierra

Hay que presionar hacia abajo sobre la estructura ósea, no sobre los músculos. Dicha presión se transmite a través de la columna, al sacro y a las caderas, tensando las piernas y los pies. Se debe llegar a sentir que la estructura ósea está conectada

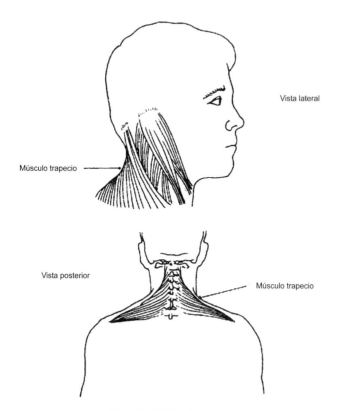

Vista lateral

Músculo trapecio

Vista posterior

Músculo trapecio

Figura 3-13. Músculo trapecio

al suelo, enraizada, como si nos hubieran salido raíces que nos unieran con la tierra (Figura 3-14).

Colócate en posición erguida, con los pies juntos y siente cómo el peso del cuerpo se distribuye equitativamente por todo el pie. Relaja el cuello, los hombros y el pecho. Lleva gradualmente tu atención al ombligo y envía hacia allí la energía Chi hasta que experimentes una cálida sensación de plenitud en dicho punto.

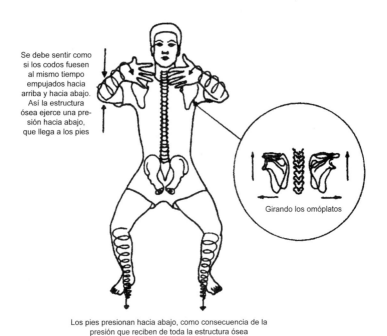

Se debe sentir como si los codos fuesen al mismo tiempo empujados hacia arriba y hacia abajo. Así la estructura ósea ejerce una presión hacia abajo, que llega a los pies

Girando los omóplatos

Los pies presionan hacia abajo, como consecuencia de la presión que reciben de toda la estructura ósea

Figura 3-14. Presión hacia abajo de la estructura ósea

Segundo círculo: Conexión de los omóplatos con la columna [Figura 3-15 (a), (b) y (c)]

Coloca los pulgares hacia arriba, de modo que la energía fluya entre ambos pulgares conectándolos con los dedos gordos del pie; así los dos meridianos tendo-musculares quedarán unidos y la estructura frontal de huesos, tendones, tejido conjuntivo y músculos, se tensará formando una unidad [Figura 3-15 (a)].

Une tus manos y dedos con los omóplatos y con el hueso craneal, empujando los tendones de los pulgares hacia fuera del cuerpo y los de los dedos meñiques hacia ti. Siente la acción espiral girando en el sentido de las agujas del reloj al empujar al omóplato lateralmente [Figura 3-15 (b)].

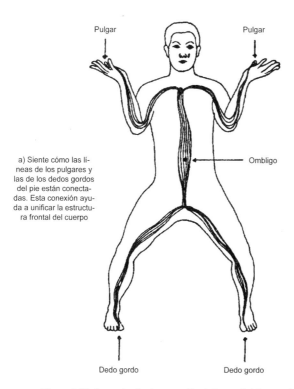

Pulgar

Pulgar

a) Siente cómo las líneas de los pulgares y las de los dedos gordos del pie están conectadas. Esta conexión ayuda a unificar la estructura frontal del cuerpo

Ombligo

Dedo gordo

Dedo gordo

Figura 3-15. Segundo círculo: conexión de los omóplatos con la columna

Al igual que con la pared, siente como si los bordes internos de los omóplatos permaneciesen pegados a dicha pared, estando los omóplatos unidos a la parte trasera de la caja torácica. Esto permitirá que la fuerza se transmita desde los omóplatos a la caja torácica, lo que a su vez transferirá al C-7 o punto de intersección energética, a la columna, al sacro, a las rodillas, y a los pies. Del mismo modo la fuerza también puede transmitirse desde la tierra a los pies, las rodillas, las caderas, el sacro, la columna, los omóplatos y, por último, a las manos. Dado que los omóplatos, pese a estar muy cerca de la columna, no están conectados con ella, la fuerza no puede

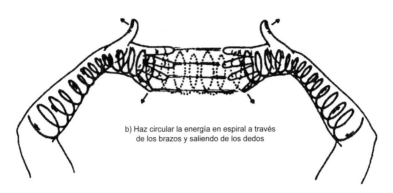

b) Haz circular la energía en espiral a través de los brazos y saliendo de los dedos

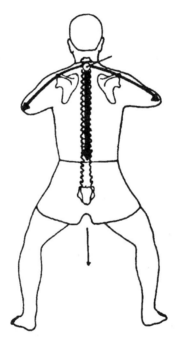

c) Estira como un arco desde el C-7 hasta los pulgares, conectando las manos, los omóplatos y la columna

Figura 3-15 (continuación)

transferirse entre ellos, salvo que se practique el estiramiento correcto.

Al practicar esta postura, sentirás un tirón de fuerza semejante a la tensión de un arco, desde el punto C-7 hasta los pulgares. Al bajar y presionar los codos hacia adentro, se sentirá todavía más la tensión del arco. Al estirar los omóplatos y los tendones de la columna conectándolos [Figura 3-15 (c)], la espalda se redondea y el pecho se hunde. Nota cómo se hunde el pecho. El esternón baja presionando la glándula timo, importantísima para el rejuvenecimiento y para todo el sistema inmunológico (Figura 3-16). Mantener activa esta glándula incrementa enormemente el flujo de la energía Chi.

Todo esto ayuda a activar la bomba craneal (Figura 3-17). Descansa y siente las pulsaciones de la cabeza. Al unir el poderoso meridiano tendo-muscular con el ombligo se

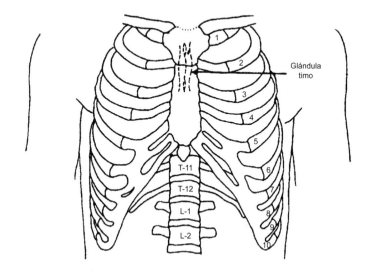

Figura 3-16. La glándula timo desempeña un papel importantísimo en el rejuvenecimiento y en todo el sistema inmunológico

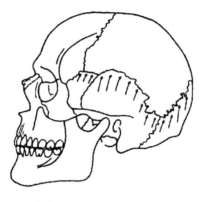

La bomba craneal se activa durante el
segundo círculo, al respirar profundamente y producirse micromovimientos en los
huesos del cráneo

Figura 3-17. La bomba craneal

conecta la línea frontal de energía Chi con la estructura ósea
y la caja torácica [Figura 3-15 (a)]. Así se ayuda a trasladar
hacia abajo la energía. Esto constituye el Segundo Círculo.

El Abrazo del Árbol refuerza los músculos de los pulgares y de los dedos gordos del pie, al igual que todos los tendones existentes a lo largo de dicho meridiano. Los pulgares
y los dedos gordos desempeñan un papel primordial en el
enraizamiento.

Al reforzar estos meridianos tendo-musculares que se
unen en el ombligo, todos los músculos, tendones, huesos, y
tejido conjuntivo quedan unidos, incrementando la estructura ósea del cuerpo y mejorando la postura corporal.

Las malas posturas son causadas por la debilidad de los
tendones, de los músculos y del tejido conjuntivo; todo ello da
lugar a que los huesos pierdan su alineamiento con facilidad.

Tercer Círculo: Conexión de la mano, omóplato y columna con el sacro (Figura 3-18)

Esta conexión se realiza empujando hacia afuera la curva del C-7 desde el esternón, enderezando la curva natural de la columna y bloqueando las caderas. Ello estirará la columna como un arco tenso, juntando la columna, el C-7, los omóplatos, los hombros, los brazos, los codos y las manos en una unidad. Empuja el sacro hacia afuera como si estuviera presionando contra un muro, manteniendo igual las caderas. Los huesos de las caderas y el sacro se pueden separar. Cuando puedas separar y mover el sacro, podrás activar la bomba sacra, lo que es de vital importancia para ayudar a circular el

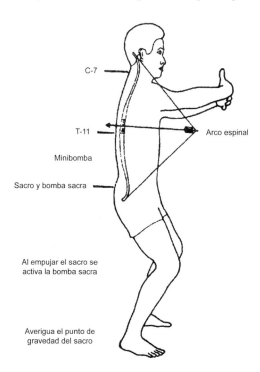

Figura 3-18. Tercer círculo: conexión de las manos, omóplatos y columna al sacro

Chi (Figura 3-19). Sentirás la conexión de la columna, los omóplatos y el sacro. Deberás hallar y ajustar el punto de gravedad del sacro entre los pies.

La mayor energía cinética del cuerpo humano se genera en la articulación de las caderas, a la cual están unidos los músculos más gruesos (psoas). Sin embargo, si no puedes abrir la pelvis y diferenciar ambos lados (diferenciación pélvica), el poder de la articulación de las caderas queda limitado a sólo dos direcciones. La simple postura de mantenerse en pie sobre una pierna sin caer hacia el lado, requerirá de un sentido interno que halle el ángulo adecuado de la pelvis y el correspondiente ajuste de la columna vertebral. La sensación de «vacío» en un lado sólo puede producirse si nos sentimos basados, apoyados y alineados sobre el otro lado (vacío y plenitud: Yin-Yang).

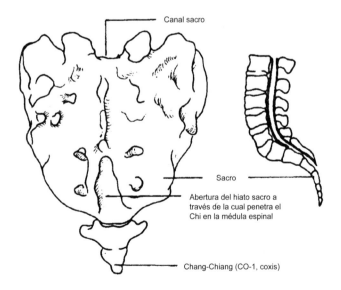

Canal sacro

Sacro

Abertura del hiato sacro a través de la cual penetra el Chi en la médula espinal

Chang-Chiang (CO-1, coxis)

Figura 3-19. La bomba sacra

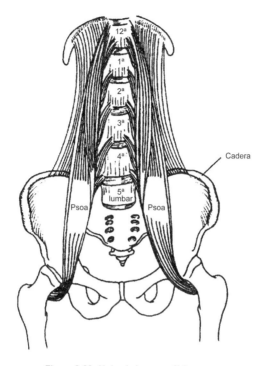

Figura 3-20. Abriendo la zona pélvica

Redondea la zona pélvica como un arco curvado. Girando ligeramente los dedos gordos del pie, de forma que los segundos dedos señalen directamente hacia delante, tus pies quedarán sobre una circunferencia imaginaria. Gradualmente esto abrirá la zona de la ingle, permitiendo que la presión del Chi llene esta zona como si en ella se hallase una pelota.

La articulación de la cadera depende sinérgicamente de otras dos articulaciones: las rodillas y los tobillos.

Las rodillas, los tobillos y los pies son las conexiones más cercanas a la tierra. El Abrazo del Árbol requiere de un exacto alineamiento de las articulaciones de la rodilla y del tobillo. El alineamiento más importante es el de la unión de la tibia (hueso de la espinilla) sobre el hueso del tobillo, pues de él depende la estabilidad de todo lo que se halla más arriba. Baja y abre las rodillas un poco, girándolas ligeramente hacia afuera como si fuese a montar a caballo. Siente un movimiento espiral hacia abajo, como si tus piernas fueran tornillos penetrando en la tierra; a este fin, presiona firmemente sobre los pies, sintiendo cómo toda la fuerza del cuerpo se traslada a los tobillos, los pies y la tierra (Figura 3-21). Siente la estructura ósea. Las rodillas deben sentirse como si a un tiempo fueran empujadas hacia adentro y hacia afuera. Bloquea las rótulas.

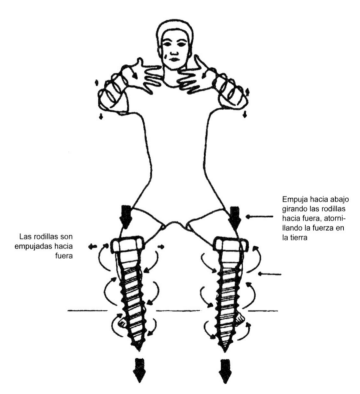

Empuja hacia abajo girando las rodillas hacia fuera, atornillando la fuerza en la tierra

Las rodillas son empujadas hacia fuera

Figura 3-21. Atornillar la fuerza en la tierra

Si el alineamiento es oblicuo, las fuerzas que atraviesan el pie no se distribuyen de manera homogénea.

La articulación de las rodillas no debe situarse sobre los dedos gruesos del pie ya que a algunas personas esto les provocará dolor de rodilla, impidiéndoles continuar. Si tienes problemas en tus rodillas con la postura del caballo, tú mismo debes juzgar hasta dónde debes llegar. Será conveniente practicar mucho algunas de las posiciones. Sin embargo, se debe tener en cuenta que la causa del dolor no siempre se halla en el punto en el cual sentimos dicho dolor.

Dobla la lengua hacia atrás hasta tocar la parte posterior del cielo del paladar [Figura 3-22 (a)]. Si ello te resulta difícil, coloca simplemente el extremo de la lengua en las encías traseras de los dientes superiores [Figura 3-22 (b)]. Así se deberá sentir la totalidad de la estructura corporal como un todo, desde los pies, tobillos, rodillas, caderas, sacro, columna vertebral, omóplatos, brazos, codos y manos.

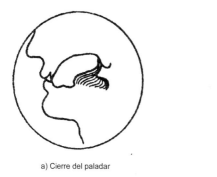

a) Cierre del paladar

b) La lengua toca detrás de los dientes

Figura 3-22. Posiciones de la lengua

Los ojos como ayuda para dirigir el Chi

Los taoístas consideran a los ojos como las ventanas del alma, y como una poderosa herramienta para absorber y dirigir el Chi hacia el cuerpo.

Dirige los ojos hacia las puntas de los dedos de ambas manos. Mantenlos fijos a fin de dirigir el flujo del Chi, y muy abiertos, mirando hacia la punta de los dedos, tratando de conectar el Chi entre dichos dedos y viendo al mismo tiempo la punta de tu nariz. Deja que los oídos oigan el interior del cuerpo, la zona del ombligo (Figura 3-23). Esto te hará sentir centrado, tranquilo y en paz.

Comienzo de la respiración energética (Respiración abdominal e inversa)

Concéntrate en un punto situado cinco centímetros por debajo del ombligo y dos centímetros hacia el interior, hasta sentir alguna actividad del Chi en dicha zona. Cuando ello ocurra comienza a respirar, a ser posible con la respiración energética, tal como se describió en el capítulo 2; esto se lleva a cabo inspirando primeramente hacia la parte baja del abdomen (la zona por debajo del ombligo). Siente los lóbulos inferiores de los pulmones empujando hacia abajo la pared abdominal, al llenarse de aire. Siente el bajo abdomen y el perineo creciendo por todos lados como una pelota, luego expulsa con fuerza el aire por la nariz. Al expulsar el aire, siente como si una pelota rodase hacia arriba por tu pecho (Figura 3-24). Baja el esternón y presiona sobre la glándula timo. Al mismo tiempo tira hacia arriba de los órganos sexuales y del ano. Al espirar, el abdomen queda pegado a la columna. Descansa. Cada inspiración y espiración de este tipo constituyen una unidad.

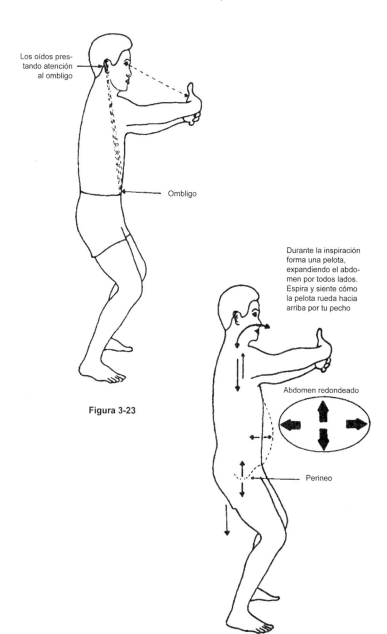

Los oídos pres-
tando atención
al ombligo

Ombligo

Figura 3-23

Durante la inspiración
forma una pelota,
expandiendo el abdo-
men por todos lados.
Espira y siente cómo
la pelota rueda hacia
arriba por tu pecho

Abdomen redondeado

Perineo

Figura 3-24. Respiración energética

Primera fase

a. Efectúa entre nueve y dieciocho respiraciones energéticas. Recuerda que la respiración debe originarse en el bajo abdomen, cuatro o cinco centímetros por debajo del ombligo. Puedes colocar tu mano en la zona abdominal a fin de asegurarte que la respiración se inicia allí.

b. En la última inspiración, sé consciente de cómo se vacía el abdomen, empujando hacia adentro y hacia arriba, tras la parte frontal de las últimas costillas. Esto reforzará el músculo psoa. Espira una vez más y relaja el diafragma hacia abajo. Poco a poco irás sintiendo cómo el diafragma presiona a las glándulas adrenales (Figura 3-25). No endurezcas el abdomen. Contrae el perineo y comienza el proceso condensado de la Camisa de Hierro.

c. Poder del perineo: inspira un diez por ciento de tu capacidad mediante una aspiración corta originada en el ombligo; usa el ombligo para empujar el aire y para tirar hacia arriba de los órganos sexuales (los hombres tiran hacia arriba de los testículos y el pene, las mujeres del útero apretando la vagina). Mantén los abdominales en la misma posición que adoptaron al espirar, sintiendo presión en la parte alta del abdomen (Figura 3-26).

d. Inspira otro diez por ciento tirando hacia arriba del lado izquierdo del ano. Lleva el Chi al riñón izquierdo y envuelve el riñón y las glándulas adrenales con Chi (Figura 3-27). Al principio tal vez no te darás cuenta, pero tras practicar un poco, notarás que algo quiere salir hacia afuera por debajo de la parte posterior de la caja torácica. Es una sensación poco habitual. Inspira de nuevo hacia el lado derecho del ano y lleva el Chi hasta envolver el riñón derecho.

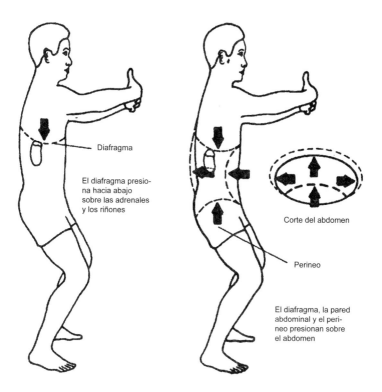

Diafragma

El diafragma presiona hacia abajo sobre las adrenales y los riñones

Corte del abdomen

Perineo

El diafragma, la pared abdominal y el perineo presionan sobre el abdomen

Figura 3-25. Relaja el diafragma hacia abajo

Figura 3-26. El poder del perineo

Los riñones son los primeros órganos que se deben ejercitar. El punto K-1, primer punto de ambos riñones, se halla en la planta de los pies y es de una importancia primordial en el enraizamiento. Si los riñones están fuertes, los huesos también lo estarán, ya que los riñones controlan los huesos y el Chi de los huesos. Cuando se domine el proceso de condensación de los riñones, es decir, el envolverlos en Chi, fácilmente se podrá hacer lo mismo con los ovarios, la próstata, las glándulas adrenales, el hígado, el bazo, los pulmones, el corazón y la glándula timo (Figura 3-28).

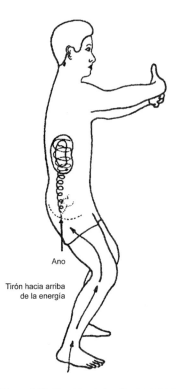

Figura 3-27. Envolviendo los riñones con energía

e. Concéntrate en el ombligo y haz circular el Chi en dicha zona nueve veces en la dirección de las agujas del reloj, sobre una superficie de ocho centímetros de diámetro, y posteriormente nueve veces en sentido contrario a las agujas del reloj, condensando el Chi en una bola (Figura 3-29). Utiliza tu mente y los movimientos oculares para crear una dirección circular, moviendo los ojos en círculo (Figura 3-30). Primero mueve los ojos en el sentido de las agujas del reloj comenzando por abajo, luego hacia la izquierda, luego arriba, luego a la derecha y luego abajo de nuevo, así nueve veces; acto seguido haz circular el Chi en

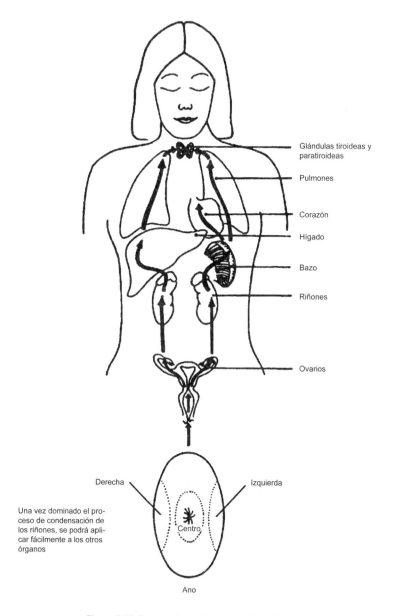

Glándulas tiroideas y paratiroideas

Pulmones

Corazón

Hígado

Bazo

Riñones

Ovarios

Derecha

Izquierda

Centro

Una vez dominado el proceso de condensación de los riñones, se podrá aplicar fácilmente a los otros órganos

Ano

Figura 3-28. Proceso de condensación de los riñones

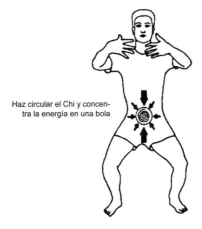

Figura 3-29. Creando una bola de energía

Usa la mente y los ojos para hacer circular la bola de energía nueve veces en el sentido de las agujas del reloj y nueve veces en sentido opuesto

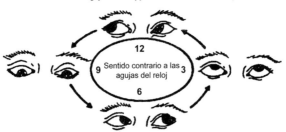

Figura 3-30. Haciendo circular la bola de energía

el sentido opuesto a las agujas del reloj, moviendo los ojos de abajo a la derecha, luego arriba, luego a la izquierda y de nuevo abajo, así nueve veces.

Deberás comenzar en el ombligo y efectuar círculos de ocho centímetros de diámetro, mientras piensas que esta actividad va concentrando el Chi del cuerpo en dicho lugar, formándose una bola cada vez menor, que al final se quede retenida en el ombligo. Efectúa lentamente nueve vueltas. Concéntrate y recoge su energía cuando sientas que se ha generado Chi. El Chi deberá condensarse en una bola muy densa y pequeña.

Existen nueve puntos en los que se deberá condensar y circular el Chi (Figura 3-64). Más adelante podrás condensar, almacenar y extraer el Chi de estos puntos de poder. Estos puntos son de una enorme utilidad, tanto en la práctica energética como espiritual del Kung Fu.

Es muy importante mantener bajo el diafragma. Acuérdate de comprobarlo tocando el esternón y el estómago. Sentirás el diafragma bajo cuando se distinga fácilmente del estómago.

f. Inspira otro diez por ciento. Si sientes que ya no puedes inspirar más, espira un poquito e inspira de nuevo. Aplana el abdomen y lleva el Chi a la zona del bajo abdomen. La zona debajo del ombligo ya parecerá llena, pero no obstante mantén la parte superior del abdomen plana, a fin de reducir al máximo el espacio del Chi, aumentando de este modo su presión. Como hemos mencionado anteriormente, esta sensación se origina a causa de la presión ejercida por el diafragma sobre los órganos contenidos en el abdomen. La presión entre la pared muscular externa del abdomen, que se mantiene plana, y el diafragma que empuja hacia abajo desde arriba, comprime los órganos abdominales. Al tirar hacia arriba del diafragma urogenital y pélvico y al mismo tiempo de los órganos sexuales y del ano, se lleva todavía más energía hacia la zona del bajo abdomen. Es allí donde el Chi se condensa en una bola de energía. Esa bola de energía elimina desechos y limpia las toxinas del sistema, ayudando a la circulación sanguínea y linfática en dicha zona y almacenando el exceso de Chi entre las capas de tejido conjuntivo (Figura 3-31). Recuerda: al ocupar el Chi dicho espacio, es imposible que la grasa se acumule también allí.

g. Al inspirar un diez por ciento más de su capacidad total, el diafragma presionará hacia abajo todavía más, y tú serás ahora más consciente de la capacidad y contenido de tu

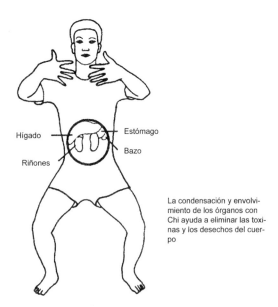

La condensación y envolvimiento de los órganos con Chi ayuda a eliminar las toxinas y los desechos del cuerpo

Hígado

Estómago

Bazo

Riñones

Figura 3-31. Envolvimiento y condensación de los órganos

bajo abdomen [Figura 3-32 (a)]. Las mujeres serán conscientes de la zona donde reposan los ovarios. Mantén la respiración hasta que la necesidad te obligue a inspirar.

Este es el momento en el que puedes trabajar sobre tus pies y coxis, ambos muy importantes como fuentes energéticas. Quienes ya hayan efectuado la Órbita Microcósmica experimentarán en este punto un rápido progreso.

h. Inspira un diez por ciento de tu capacidad total. Ahora deberás concentrarte en los órganos sexuales.

Con la práctica te será más fácil dirigir el Chi con la mente, controlándolo cada vez mejor. Condensa el Chi en una bola compacta. Mantén esta energía en la parte baja del abdomen, donde podrás incrementarla utilizando tu mente y el proceso de condensación.

i. Inspira un diez por ciento más de tu capacidad, llevándolo al Hui Yin (perineo) a fin de activar el poder del perineo. Empuja el perineo hacia arriba, concentra y condensa el Chi en la zona del perineo, formando con él una bola [Figura 3-32 (b)]. Concéntrate de nuevo en el perineo. Con la práctica llegarás a sentir cómo éste empuja hacia abajo. Sentirás un gran canal que va del ombligo, a través del abdomen hasta el perineo, conectándolos con Chi. Mantén la respiración mientras te sientas a gusto.

j. Ahora espira y relaja todo el cuerpo, enviando la energía hacia abajo, a través de las piernas, hasta la tierra (Figura 3-33). Regula tu respiración con la respiración energética. Inspira más, espira menos. Al espirar empuja hacia arriba el perineo (incluyendo los órganos sexuales y el ano). Sé consciente del centro de las palmas de tus manos y del centro de las plantas de los pies. Utiliza la mente para sentir

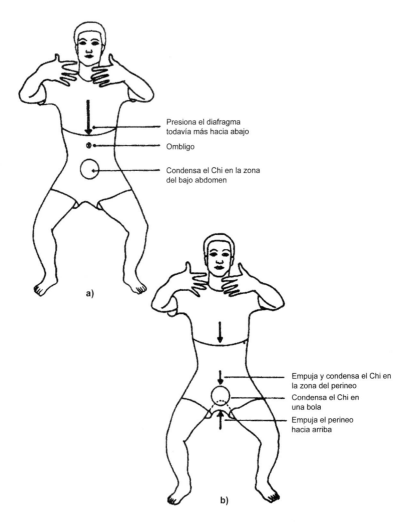

Presiona el diafragma
todavía más hacia abajo

Ombligo

Condensa el Chi en la zona
del bajo abdomen

a)

Empuja y condensa el Chi en
la zona del perineo

Condensa el Chi en
una bola

Empuja el perineo
hacia arriba

b)

Figura 3-32. Condensando el Chi

cómo las palmas y las plantas «respiran». Coordina tu respiración con las palmas de las manos y las plantas de los pies, respirando simultáneamente. Con la respiración del proceso de condensación las palmas y las plantas se abrirán fácilmente. Poco a poco sentirás como si las palmas y

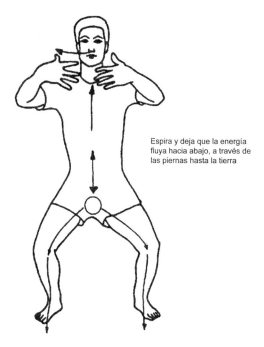

Espira y deja que la energía fluya hacia abajo, a través de las piernas hasta la tierra

Figura 3-33. Envía la energía a la tierra

las plantas respirasen (Figura 3-34). El ojo izquierdo deberá mirar a la palma izquierda; el ojo derecho, a la palma derecha. En la frente, sobre las cejas y un poquito más arriba de ellas se halla lo que los taoístas consideran otro ojo, el llamado «Ojo Celestial». Siente el Chi fluir desde las palmas a la frente y al mismo tiempo siente cómo el «Ojo Celestial» envía Chi a las palmas de tus manos.

Ahora espira y relaja todo el cuerpo llevando el Chi a través de la parte posterior de las piernas, hasta la planta de los pies, y centra tu atención en dicho punto. Concéntrate en las plantas, hasta que sientas cómo la energía desciende hacia la tierra. Poco a poco ve aumentando la energía que va a la tierra y siente como si te crecieran raíces

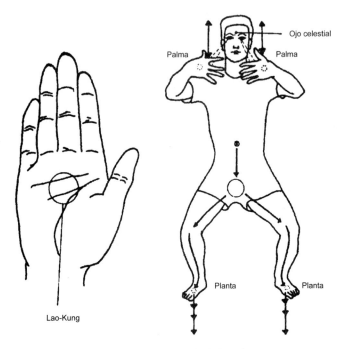

Figura 3-34. Siente la respiración de las palmas
de las manos y de las plantas de los pies

que penetraran en la tierra, centímetro a centímetro. Siente el flujo del Chi desde el ombligo al perineo, a la parte posterior de las rodillas, a las plantas de los pies y al suelo. Conviértete en un flujo de energía.

k. Cuando sientas que estás enraizado al suelo, estarás unido a la inagotable fuente de energía de la Madre Tierra (Figura 3-35). Percibe la energía amorosa y curativa que emana de la tierra, y que entra a través de las plantas de sus pies, elevándose por la parte frontal de las piernas centímetro a centímetro. Continúa así hasta que la totalidad de su cuerpo se haya llenado de esa «energía amorosa y curativa». Mantén y condensa el Chi en el perineo hasta que sientas la necesidad de respirar. Espira y haz la respiración energética, a fin de regular tu aliento.

Al final de cada fase, una vez se ha terminado de condensar el Chi, es muy importante mantenerse tranquilo, relajando los músculos de todo el cuerpo. Se deberá mantener esta postura todo el tiempo posible, aumentándolo gradualmente cada vez, a ser posible. La respiración condensada de la Camisa de Hierro crea una tremenda presión de Chi, que ahora puedes dirigir utilizando tu mente (Figura 3-36). En este momento ya sentirás el flujo de energía en la Órbita Microcósmica. Utiliza tu mente para dirigir la energía hacia

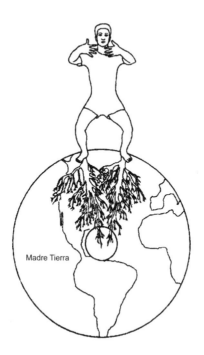

Figura 3-35. Conexión con la inagotable fuente de energía de la Madre Tierra

arriba y hacia abajo, fluyendo de unos dedos a otros, por las piernas hacia abajo, y de nuevo hacia arriba.

Al principio, puede ser que al practicar la Camisa de Hierra estés muy nervioso y tenso, al igual que ocurría cuando aprendiste a montar en bicicleta. Sin embargo, cuando hayas practicado un poco y sepas cómo mover y condensar la energía, utilizarás mucho más tu control mental con total confianza y tu esfuerzo muscular irá disminuyendo paulatinamente.

Cada vez que concluyas una fase y no vayas a continuar con la siguiente, deberás recoger el Chi en el ombligo. Estando erguido, de pie, toca con tu lengua el paladar y coloca las palmas de las manos sobre el ombligo. Los hombres deben poner la palma derecha directamente sobre el ombligo,

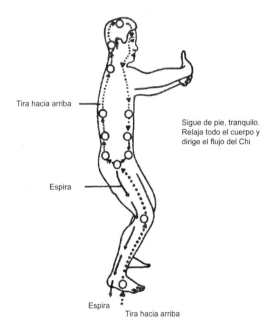

Tira hacia arriba

Sigue de pie, tranquilo. Relaja todo el cuerpo y dirige el flujo del Chi

Espira

Espira

Tira hacia arriba

Figura 3-36. Dirigiendo el flujo del Chi

y cubrirla con la izquierda. Las mujeres pondrán la izquierda sobre el ombligo y la cubrirán con la derecha (Figura 3-37). Concéntrate un momento en el ombligo, sintiendo la energía generada por el Chi Kung. Mientras estás de pie, practica el proceso de respiración ósea que se describirá más adelante.

Practica la primera fase durante una semana o dos, hasta que domines el movimiento del Chi desde el ombligo al K-1 en las plantas de los pies, y también la respiración de las palmas y de las plantas; cuando lo hayas logrado, continúa.

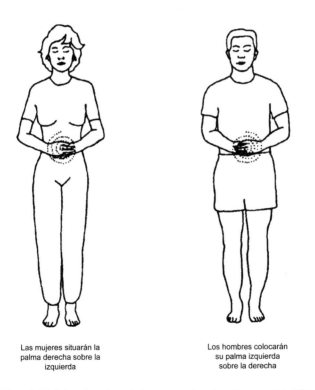

Las mujeres situarán la palma derecha sobre la izquierda

Los hombres colocarán su palma izquierda sobre la derecha

Figura 3-37. Coloca las palmas de las manos sobre el ombligo y recoge el Chi

Segunda fase

Comienza con la primera fase y procede con lo siguiente:

a. Presiona las plantas de los pies contra el suelo, como si se adhiriesen al mismo por succión. Los dedos del pie forman parte de una línea de tendones y. por lo tanto, participan en el flujo de energía. Para aprovechar esta circunstancia, presiona todos los dedos de los pies firmemente contra el suelo, pero manteniéndolos planos, sin que se eleven por las articulaciones. Al concentrarte en las plantas de los pies, tal vez sientas que se calientan, o tal vez las notes frías. Inspira un diez por ciento y coordina el aliento, aspirando la energía de la tierra a través de tus plantas. Inspira un diez por ciento, usando el proceso de respiración condensada descrito en la primera fase (Figura 3-38). Tira de la energía hacia arriba, hacia los órganos sexuales, hacia el diafragma urogenital, el diafragma pélvico, los lados izquierdo y derecho del ano, los riñones y el diafragma. Siente como si estuvieras chupando de la tierra. Siente cómo la energía de la tierra penetra por tus plantas y sube hacia arriba a través de los huesos de las piernas y de las rodillas. La energía de la tierra puede sentirse fría o cosquilleante, aunque algunas personas la sienten cálida.

b. Utilizando el punto K-1 de las plantas de los pies como centro, haz que circule el Chi nueve veces en el sentido de las agujas del reloj, desde el centro hasta una distancia de ocho centímetros, y luego nueve veces en sentido contrario a las agujas del reloj, hasta llegar de nuevo al punto K-1 (Figura 3-40). De nuevo, usa la mente en coordinación con los movimientos oculares para ayudar a que circule la energía.

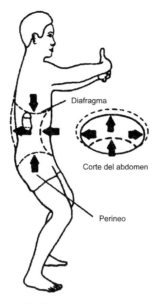

Figura 3-38. Empuja y baja todo el diafragma

Figura 3-39. Lleva la energía
del ano hacia los riñones

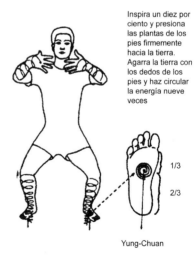

Inspira un diez por ciento y presiona las plantas de los pies firmemente hacia la tierra. Agarra la tierra con los dedos de los pies y haz circular la energía nueve veces

Figura 3-40. Usa el punto K-1, situado
en el centro de las plantas de los pies,
como centro

c. Inspira y lleva la energía desde los dedos gordos de los pies hasta las rodillas. Cierra la rótula y tensa las piernas girando las rodillas hacia afuera, manteniendo firmes los pies [Figura 3-41 (a)]. Siente como si las piernas se estuvieran atornillando al suelo [Figura 3-41 (b)]. Imagina que alguien empuja tus piernas hacia adentro mientras tú te esfuerzas empujando hacia afuera. Esto unirá el sacro con las rodillas, y las rodillas con los tobillos y los pies. Esta acción también activa y alinea la parte baja de los tendones. Recuerda que los pies apuntan hacia adentro y las rodillas empujan suavemente hacia afuera. Concéntrate en ellos hasta que sientas que la energía se acumula allí. Cuando ello ocurra, no hagas circular la energía.

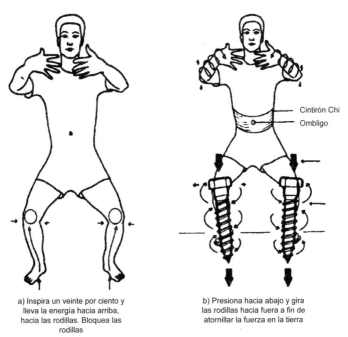

a) Inspira un veinte por ciento y lleva la energía hacia arriba, hacia las rodillas. Bloquea las rodillas

b) Presiona hacia abajo y gira las rodillas hacia fuera a fin de atornillar la fuerza en la tierra

Figura 3-41. Atornillando la fuerza en la tierra

Cuando sientas la necesidad de respirar, espira un poquito. Tanto la inspiración como la espiración son algo muy personal, por lo tanto cada uno debe ajustarlas a sus propias necesidades.

d. Inspira un diez por ciento, coordinando la respiración con el tirón de los órganos sexuales y del ano, así llevarás la energía a través de las rodillas a los glúteos y al perineo (Hui Yin) al mismo tiempo; siente que la energía que sale de la tierra penetra por las plantas de los pies y, pasando por las rodillas, llega al perineo. Inspira y concentra más energía en el perineo. Utiliza tus ojos como ayuda para hacer circular la energía Chi nueve veces en el sentido de las agujas del reloj y nueve veces en sentido contrario, sobre el perineo, en un círculo de siete u ocho centímetros de diámetro (Figura 3-42).

Envía cada vez más energía al perineo desde el ombligo, y continúa sintiendo que también asciende desde las piernas. Con el tiempo, sentirás la existencia de un flujo, semejante a agua, que llega al Hui Yin desde arriba y desde abajo como por un tubo. También se comprenderá por qué a los puntos K-1 situados en las plantas de los pies también se les denomina «el manantial burbujeante».

Espira y normaliza tu aliento con la respiración energética (Figura 3-43). Relájate y recoge la «energía amorosa» de todos los órganos. Para crear dicha energía puedes comenzar la sonrisa en los ojos. Llévala luego hacia abajo, por el rostro, elevando imperceptiblemente las comisuras de la boca, y sigue sonriendo internamente a todos los órganos: el corazón, los pulmones, el hígado, el páncreas, el bazo, los riñones y los órganos sexuales (Figura 3-44).

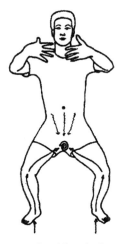

Tira de los órganos sexuales y del ano. Inspira un diez por ciento
llevándolo al perineo. Haz circular la energía nueve veces en sentido de las agujas del reloj y nueve veces en sentido contrario

Figura 3-42. Extrae la energía de la tierra, condénsala y hazla circular en el perineo

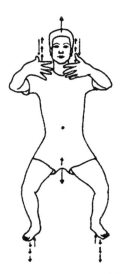

Espira e inspira. Regula la respiración coordinándola con las palmas de las manos y las plantas de los pies

Figura 3-43. Respiración energética

Recuerda: es muy importante mantenerse tranquilo y relajar los músculos de todo el cuerpo. Siente fluir la energía por la Órbita Microcósmica (Figura 3-45). Recuerda también que después de cada fase, si no vas a continuar con la siguiente, deberás recoger el Chi en el ombligo. Permaneciendo erguido, toca el paladar con la lengua y coloca las palmas de las manos sobre el ombligo. Los hombres pondrán la derecha directamente sobre el ombligo, y la cubrirán con la izquierda. Las mujeres situarán la izquierda sobre el ombligo y la cubrirán con la derecha (Figura 3-46). Concéntrate en el ombligo durante unos instantes, y siente la energía generada por el Chi Kung. Mientras estás de pie, practica el proceso de respiración ósea que se describirá más adelante.

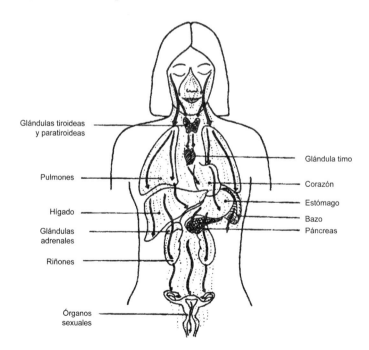

Figura 3-44. Sonriendo internamente a los órganos

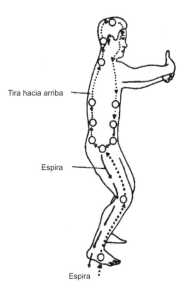

Tira hacia arriba

Espira

Espira

Figura 3-45. De pie, tranquilo y en la posición del Abrazo del Árbol, siente el flujo de energía en la Órbita Microcósmica

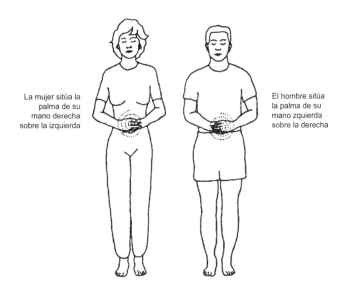

La mujer sitúa la palma de su mano derecha sobre la izquierda

El hombre sitúa la palma de su mano zquierda sobre la derecha

Figura 3-46. Colocación de las palmas de las manos sobre el ombligo para recoger la energía

Cuando hayas dominado las fases que hemos llamado primera y segunda, continúa con la siguiente.

Tercera fase

Comienza repitiendo las fases primera y segunda, y luego continúa con lo siguiente:

a. Una vez normalizada la respiración, espira y aplana el estómago. Inspira un diez por ciento usando el proceso de respiración concentrada tal como se describió en la primera fase. Inspira hacia la parte frontal y central del ano y, al mismo tiempo, tira hacia arriba de la parte trasera del ano a fin de que pueda dirigir el Chi hacia el sacro [Figura 3-47 (a) y (b)].

Ejerce presión sobre el sacro, presionando fuertemente sobre el suelo e inclinando el sacro hacia atrás sin mover las caderas. Esto activará la bomba sacra (Figura 3-48). Puedes practicar poniendo la espalda contra una pared y presionando el sacro hasta tocarla, como ya se describió en la sección 1 de este capítulo. Hazlo de una manera gradual, sin forzar. Al ir desarrollando poco a poco el músculo psoas, así como los tendones y los músculos de la cadera y del sacro, serás capaz de mover el sacro separadamente (Figura 3-49). Con este movimiento se activa la bomba sacra, que ayuda a mejorar el flujo de fluido espinal y a abrir el sacro para que en él pueda penetrar el Chi. Ello incrementará enormemente la circulación del líquido espinal. Cuando esto se domine, ya no hará falta recurrir a la pared. Utiliza el alineamiento de la pared cuando practiques el Abrazo del Árbol.

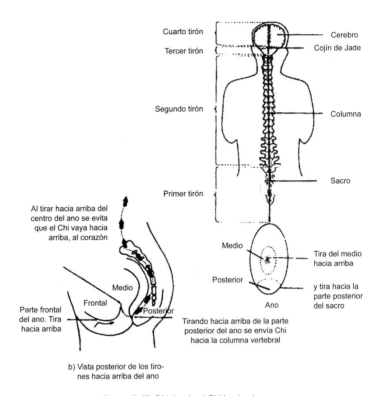

Cuarto tirón

Tercer tirón

Segundo tirón

Primer tirón

Cerebro

Cojín de Jade

Columna

Sacro

Al tirar hacia arriba del centro del ano se evita que el Chi vaya hacia arriba, al corazón

Medio

Frontal

Posterior

Parte frontal del ano. Tira hacia arriba

Medio

Posterior

Ano

Tira del medio hacia arriba

y tira hacia la parte posterior del sacro

Tirando hacia arriba de la parte posterior del ano se envía Chi hacia la columna vertebral

b) Vista posterior de los tirones hacia arriba del ano

Figura 3-47. Dirigiendo el Chi hacia el sacro

b. (1) Lleva más energía (energía de los riñones) desde el K-1 en las plantas de los pies, al coxis y al sacro. Inspira, tirando hacia arriba de los lados izquierdo y derecho del ano y también de la parte posterior. Tira hacia arriba, hacia el coxis y hacia el sacro, condensando el Chi en los riñones [Figura 3-50 (a)]. Siente cómo la zona de la espalda que rodea los riñones sale hacia fuera. Concéntrate en dicha zona, inclina el sacro y haz circular la energía desde dicho lugar hacia el sacro, primero nueve veces en el sentido del reloj y luego nueve veces en sentido contrario, concentrándola en el sacro, en un círculo de 7 u 8 cm de

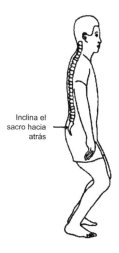

Inclina el
sacro hacia
atrás

Figura 3-48. Activando la bomba sacra

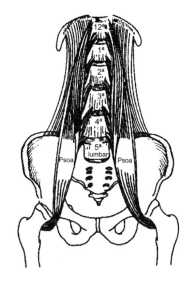

Figura 3-49. La inclinación del sacro
ayuda a desarrollar los músculos psoas

diámetro, utilizando los ojos para dirigir la circulación
[Figura 3-50 (b)]. Siente cómo el Chi se ha recogido en
dicho lugar. La sensación producida por la energía Chi es
muy diferente para cada persona, incluso una misma persona puede sentirla de manera distinta en ocasiones diversas. Origina una amplia gama de sensaciones: frío, calor,
cosquilleo, vibración, entumecimiento, o cualquier combinación de éstas o de otras sensaciones. Pero siempre se
identifica fácilmente, pues se trata de una sensación que
no se experimenta comúnmente. Puede presentarse también dolor o sensaciones extremas.

En este punto estimo conveniente advertir que lo que se
experimenta al efectuar estos ejercicios es algo muy real.
Aquí no existe visualización ni imaginación. Lo que se
siente es realmente la acumulación de energía y su

A) Vista lateral   B) Vista posterior

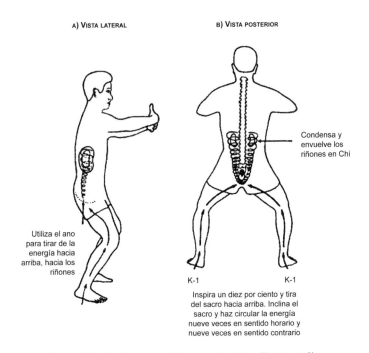

Condensa y
envuelve los
riñones en Chi

Utiliza el ano
para tirar de la
energía hacia
arriba, hacia los
riñones

K-1   K-1

Inspira un diez por ciento y tira
del sacro hacia arriba. Inclina el
sacro y haz circular la energía
nueve veces en sentido horario y
nueve veces en sentido contrario

Figura 3-50. Condensando el Chi y envolviendo los riñones con él

desplazamiento de un órgano a otro. En algunas personas la energía se mueve por su cuenta, siguiendo ciertas vías y deteniéndose en los lugares que más adelante describiremos. Si esto te ocurriera a ti, sería una prueba evidente de que verdaderamente existe el Chi y de que lo único que hay que hacer es seguir adelante.

(2) Cuando sientas el Chi en el sacro, inspira un diez por ciento y empuja el Chi hasta el punto T-11 inclinando dicho punto (las glándulas adrenales Chi Kung CO-6) hacia atrás [Figura 3- 51(a)]. Esto empujará la parte baja de la espalda enderezando la curva. Utiliza de nuevo una pared como guía. No fuerces tu columna, se debe ejercer una presión suave, hasta sentir que la columna se va enderezando. Esto

abrirá la Puerta del Centro de la Vida (lumbares 2 y 3), justo a la altura del ombligo. A medida que la columna se endereza, la acción bombeante se incrementará y el Chi fluirá fácilmente como a través de un tubo recto. Al empujar con la parte baja de la espalda y enderezar la curva, se está estirando muy fuertemente el músculo psoa. Ello reforzará enormemente la parte baja de la espalda y conectará el sacro y el C-7 en un solo arco. Lleva el Chi al T-11, concéntralo en dicho punto y hazlo circular en espiral hacia afuera en el sentido de las agujas del reloj, en un círculo de 7 u 8 cm de diámetro. Hazlo nueve veces y luego nueve veces más en sentido contrario, volviéndolo a

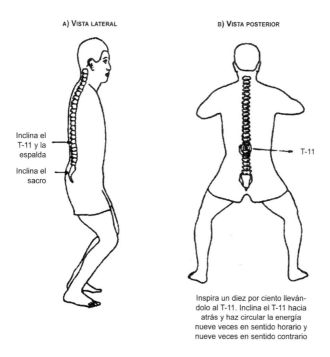

A) VISTA LATERAL

B) VISTA POSTERIOR

Inclina el T-11 y la espalda

Inclina el sacro

T-11

Inspira un diez por ciento llevándolo al T-11. Inclina el T-11 hacia atrás y haz circular la energía nueve veces en sentido horario y nueve veces en sentido contrario

Figura 3-51. Inclinación del T-11

concentrar en dicho punto [Figura 3- 51(b)]. El tiempo necesario para lograr que el sacro y el T-11 se unan en un solo canal puede oscilar desde menos de una semana a casi un mes.

Es importante recordar que cada vez que comiences a inspirar y condensar, debes empezar en el ombligo, reuniendo el Chi y llevando la energía concentrada al Hui Yin. Luego, hay que aspirar la energía de la tierra, trayéndola desde las plantas de los pies al Hui Yin y unirla con la energía procedente del ombligo, antes de llevarla al coxis, al T-11 y hacia arriba. Con la práctica, este proceso cada vez durará menos, hasta que finalmente sólo será cuestión de unos instantes.

c. Inspira y lleva el Chi del T-11 al C-7 (Figura 3-52). Empuja desde el esternón a fin de inclinar el C-7 hacia atrás. Oculta el mentón, cierra los dientes [Figura 3-53(a)], aprieta las sienes [Figura 3-53(b)] y el hueso occipital, y presiona la lengua con firmeza contra el cielo de la boca (Figura 3-53). Esto creará una tensión similar a la de un arco tenso un instante antes de soltar la flecha, como ya hemos dicho anteriormente [Figura 3-54(a)].

Todo el cuello quedará conectado a la columna y al sacro y también a las piernas y a los tobillos [Figura 3-54 (b)]. Al pasar la energía del sacro al C-7 se produce el mayor empuje de fuerzas internas (El C-7, el T-11 y el sacro son conocidos como las «estaciones de la fuerza interna»). Cuando hayas desarrollado y sientas la fuerza en el C-7 serás capaz de ejercer dicha fuerza. A este proceso en su conjunto se le denomina autoajuste de la bomba craneal y tiene como resultado la activación de dicha bomba (Figura

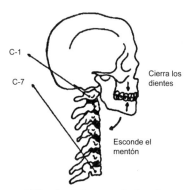

C-1

C-7

Cierra los
dientes

Esconde el
mentón

a) Cierra los dientes y esconde el mentón

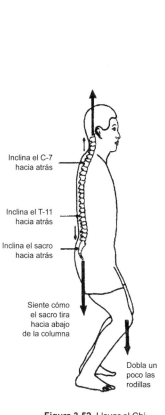

Inclina el C-7
hacia atrás

Inclina el T-11
hacia atrás

Inclina el sacro
hacia atrás

Siente cómo
el sacro tira
hacia abajo
de la columna

Dobla un
poco las
rodillas

Figura 3-52. Llevar el Chi
del T-11 al C-7

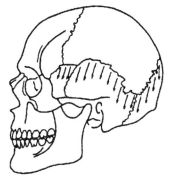

b) Aprieta los huesos de las sienes

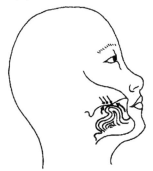

c) Presiona con firmeza la lengua
contra el cielo de la boca

Figura 3-53

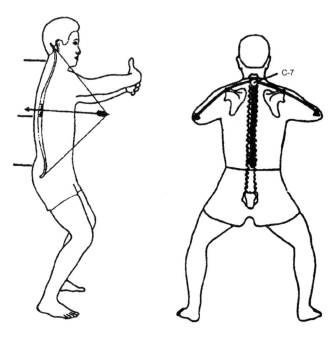

a) Crea una tensión similar a la de un arco a punto de disparar la flecha

b) Al empujar desde el esternón al C-7, la columna y los hombros quedan conectados

Figura 3-54

3-55). Al activarse la acción de la bomba craneal se activa también el poder cerebral. Haz circular la energía nueve veces en el sentido de las agujas del reloj y nueve veces en sentido inverso sobre el C-7. Siente cómo la energía Chi llega a los omóplatos, los brazos, las manos y los dedos. Sentirás que el Chi comienza a fluir desde el pulgar y los demás dedos de una mano, a los dedos de la otra. Utiliza los ojos para, mirando a los pulgares, dirigir el Chi hacia ellos.

d. Si ya no tienes aliento y no puedes seguir, espira un poco e inspira de nuevo. Si no puedes hacerlo, simplemente espira y lleva el Chi a la coronilla, omitiendo el Yu Chen

(Cojín de Jade, BL-9 o base del cráneo). Si puedes continuar, lleva el Chi al Yu Chen y hazlo circular nueve veces en sentido horario y nueve veces en sentido inverso, como ya hiciste anteriormente con otros puntos, hasta que sientas cómo se está desarrollando el Chi en dicho lugar (Figura 3-55).

e. Inspira y lleva al Chi hasta la coronilla (Figura 3-55), sede de la glándula pineal, ubicada en la cúspide de la cabeza, con ayuda de los ojos que miran hacia arriba [Figura 3-56 (a)]. Concéntrate en el Pai Hui, en la coronilla, y haz circular de nuevo la energía nueve veces en sentido horario y nueve veces en sentido inverso, usando la mente y los ojos,

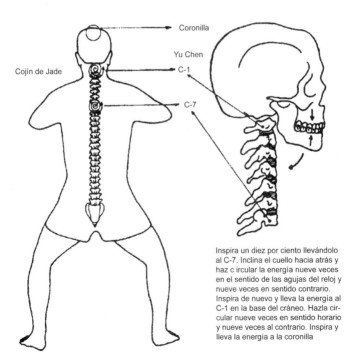

Inspira un diez por ciento llevándolo al C-7. Inclina el cuello hacia atrás y haz circular la energía nueve veces en el sentido de las agujas del reloj y nueve veces en sentido contrario. Inspira de nuevo y lleva la energía al C-1 en la base del cráneo. Hazla circular nueve veces en sentido horario y nueve veces al contrario. Inspira y lleva la energía a la coronilla

Figura 3-55. Autoajuste de la bomba craneal

hasta que se sienta la energía en dicho lugar [Figura 3-56 (b)]. Siente cómo la energía fluye del sacro a la Puerta de la Vida, al T-11, al C-7, al hueso occipital y a la coronilla, al estar todos ellos unidos formando un solo canal. Si estás agotado, puedes espirar. Normaliza tu respiración.

f. Asegúrate de que la lengua esté arriba, tocando al cielo de la boca [Figura 3-57 (a)]. Lleva la energía al ojo central, y concéntrate en ese punto durante un momento mientras respiras con normalidad hasta que sientas la energía en dicho punto [Figura 3-57 (b)]. Luego lleva la energía al paladar, donde la lengua servirá como interruptor uniendo

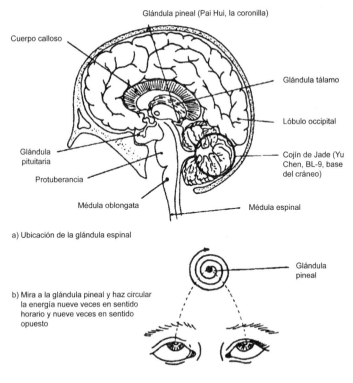

Glándula pineal (Pai Hui, la coronilla)

Cuerpo calloso

Glándula tálamo

Lóbulo occipital

Glándula pituitaria

Protuberancia

Cojín de Jade (Yu Chen, BL-9, base del cráneo)

Médula oblongata

Médula espinal

a) Ubicación de la glándula espinal

Glándula pineal

b) Mira a la glándula pineal y haz circular la energía nueve veces en sentido horario y nueve veces en sentido opuesto

Figura 3-56. Circulación de la energía en la glándula pineal

el Canal Gobernador con el Canal Funcional. Lleva el Chi a la garganta, al corazón y al plexo solar (Chung Wan, CO-12), hazlo circular nueve veces en ambas direcciones hasta que sientas la energía en ese lugar [Figura 3-57 (c)]. Utiliza los ojos para ayudarte en dicha circulación.

g. Por último, lleva la energía al ombligo [Figura 3-58 (a)]. Concéntrate en ese punto hasta que sientas que el Chi baja hasta él. Presta atención y mira hacia adentro. Siente la sensación del flujo del Chi en un movimiento circulatorio, desde el ombligo al perineo, a las plantas de los pies, a las rodillas, al perineo de nuevo, al sacro, a la columna, a la coronilla, al tercer ojo, a la garganta, al corazón y al ombligo

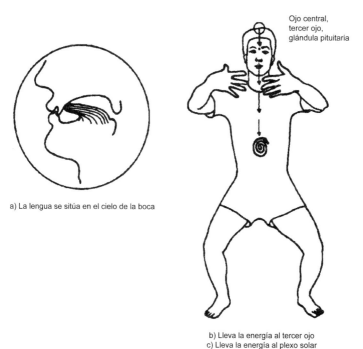

a) La lengua se sitúa en el cielo de la boca

Ojo central, tercer ojo, glándula pituitaria

b) Lleva la energía al tercer ojo
c) Lleva la energía al plexo solar

Figura 3-57

[Figura 3-58 (b)]. Cuando sientas que el círculo está funcionando bien, simplemente déjalo fluir por su cuenta. Siente el ombligo caliente y repleto de Chi.

En esta fase final, recuerda mantenerte en pie, tranquilo y con todos los músculos del cuerpo relajados, todo el tiempo que puedas. Mantenerse simplemente en pie, experimentando el fluir de esta poderosa energía entre diez y quince minutos, hará que el tiempo necesario para dominar las

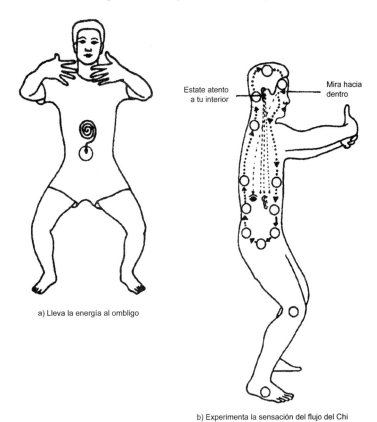

a) Lleva la energía al ombligo

Estate atento a tu interior

Mira hacia dentro

b) Experimenta la sensación del flujo del Chi

Figura 3-58

166

técnicas de la Camisa de Hierro se reduzca entre una y tres horas. Creará una enorme presión de Chi y tu mente condensará y dirigirá su flujo. Siente cómo la energía fluye en la Órbita Microcósmica.

Permanece de pie y erguido, sigue tocando con la lengua el paladar y coloca las palmas de tus manos sobre el ombligo. Los hombres situarán la palma de la mano derecha sobre el ombligo, y la cubrirán con la izquierda. Las mujeres pondrán sobre su ombligo la palma de la mano izquierda y la cubrirán con su derecha (Figura 3-59). Concéntrate en tu ombligo durante un momento, sintiendo la energía generada por el Chi Kung. Mientras permaneces de pie, practica el proceso de la respiración ósea que se describe a continuación.

Proceso de la respiración ósea

El proceso de la respiración ósea deberá practicarse inmediatamente después de clncluir la primera fase, la segunda fase, y por último, después de la tercera y última fase de este ejercicio, a fin de llevar la energía de nuevo al ombligo. En esos momentos, tu cuerpo estará lleno de energía. El proceso de la respiración ósea puede practicarse en la postura del Abrazo del Árbol o en cualquier otra en la que te encuentres en ese momento.

La respiración ósea, o compresión de los huesos, es un método para «limpiar la médula» eliminando la grasa depositada allí a fin de que en su lugar pueda ser absorbida y depositada la energía creativa (sexual), que ayudará a que la médula ósea vuelva a desarrollarse (Figura 3-60). En este proceso aprovechamos el Chi generado por la Camisa de Hierro I,

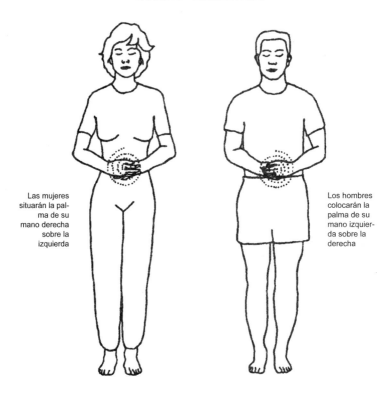

Las mujeres situarán la palma de su mano derecha sobre la izquierda

Los hombres colocarán la palma de su mano izquierda sobre la derecha

Figura 3-59. Permanece de pie y sitúa las palmas de tus manos sobre el ombligo

absorbiéndolo en los huesos, e incrementando de este modo enormemente la circulación de Chi en ellos.

Al aumentar la circulación del Chi, éste fluye libre mente por los huesos y la sangre, transportando los nutrientes y el oxígeno necesario y circulando libremente por todo el cuerpo. La tensión en los músculos que rodean a los huesos disminuye. Los huesos se vuelven fuertes y sanos ya que la médula, principal productor de los glóbulos sanguíneos, ahora tiene espacio para crecer.

Médula ósea

En la cavidad ósea se produce grasa

Cavidad ósea

Figura 3-60. Médula ósea

La práctica de este proceso requiere algún tiempo. Es muy importante que al practicar la respiración ósea te encuentres totalmente relajado, sin tensión alguna.

La respiración ósea consta de dos fases:

(1) Inspira y espira como si lo hicieses a través de los dedos de las manos y de los pies. En la primera fase del proceso de la respiración ósea, usando el poder de la mente y de los ojos, la energía exterior es respirada a través de las puntas de los dedos de las manos y de los pies, a través de las manos y de los brazos, hasta el cráneo, y luego de nuevo hacia abajo a través de la columna vertebral y las piernas (Figura 3-61). Al respirar hacia una zona en concreto se siente algo especial. Algunas personas experimentan una especie de entumecimiento, otras una sensación de plenitud, otras un cosquilleo o bien «algo diferente» en sus huesos. Algunos sienten más en las piernas. Al inspirar por los dedos la sensación suele ser de frescor. Al

espirar, cálida. Siente en el interior de sus huesos. No importa lo que sientas, la finalidad de la respiración ósea es limpiar la grasa almacenada en la médula, para dejar espacio a la energía positiva, creativa (sexual) que permitirá a los huesos reconstruir su médula.

(2) Inspira y espira del mismo modo a través de los dedos de los pies. En la segunda fase, inspira por los dedos de los pies y luego, gradualmente, lleva la respiración a los huesos de los muslos. Tras inspirar, aguanta la respiración, pero no hasta que te sientas mal. Luego espira de nuevo a través de los dedos de los pies. La segunda vez, inspira hasta las piernas y hasta las caderas, luego espira desde las piernas. Cuando lo hayas hecho, lleva la respiración a través de las piernas hasta el sacro. Aquí deberás sentir cómo surge la energía por la espalda y a través de todo el sistema nervioso. Respira hasta la espalda. En este punto la respiración deberá ser bastante prolongada.

Finalmente, al llevar la respiración a las piernas y a la espalda, respira también a través de los dedos de las manos, llevándola a los brazos y hombros, al C-7 y a la cabeza.

Ten en cuenta que la energía se absorbe y se envía con más efectividad en ciertos puntos como son los dedos de los pies, de las manos, los codos, las rodillas, el sacro, el C-7, la Puerta de la Vida, los hombros y la punta de la nariz (Figura 3-62).

Ejercicio de poder

Este ejercicio supone una forma diferente de incrementar el flujo del Chi en los huesos, eliminando las toxinas y los

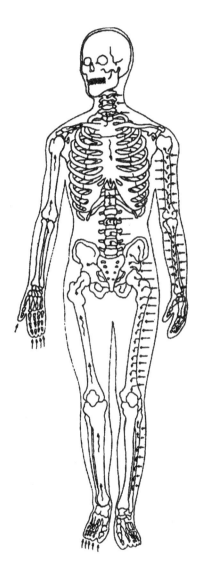

Figura 3-61. Utiliza el poder de la mente y de la vista para respirar el Chi a través de la punta de los dedos de las manos y de los pies, y llévalo hacia los brazos y piernas, la columna vertebral y el cráneo

materiales de sedimento y de desecho, así como las emociones negativas que se han almacenado en los músculos.

En esta vida de estrés, la contaminación y diversos productos químicos se van acumulando en nuestro sistema y se depositan en ciertos órganos. En el sistema taoísta, creemos que las emociones positivas y negativas también se almacenan en los órganos. Cuando los órganos se encuentran llenos de toxinas, sedimentos, residuos y excesivas emociones negativas, estas sustancias se desbordan en los músculos, que reciben el desbordamiento de cada órgano, como un tanque de vaciado. Si no sacudimos los músculos incrementando el flujo de Chi y eliminando así los elementos y las emociones indeseables, los músculos se hallarán muy tensos, y transmitirán esta tensión a los huesos. Como consecuencia de ello, la persona experimentará constantemente la sensación de estrés.

Una vez eliminadas las emociones negativas, las positivas disponen de mayor espacio para crecer. Las emociones positivas hacen que los músculos estén relajados. Seguidamente presentamos una relación de los diferentes músculos y de las emociones que en ellos se almacenan. Esta información nos ha sido facilitada por Larry Short, maestro americano del sistema tibetano denominado Ney Kung, práctica similar y procedente de la misma fuente que el Chi Kung.

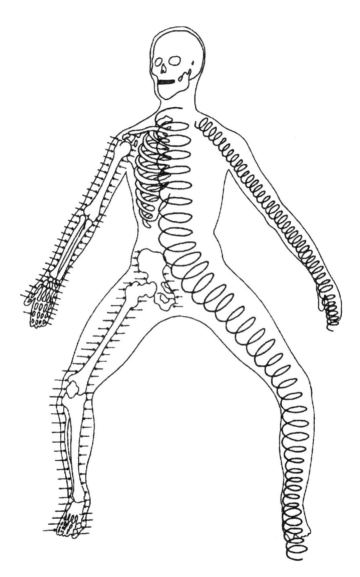

Figura 3-62. En técnicas más avanzadas, aprenderás a respirar a través de la piel para concentrar el Chi en los huesos y envolverlos con él

MÚSCULOS Y EMOCIONES NEGATIVAS Y POSITIVAS ASOCIADAS

MANOS
– Miedo a cometer errores
+ Metas

ANTEBRAZOS
Músculos braquiorradiales, flexores y extensores del antebrazo.
Se corresponden con el meridiano del estómago.
– Rechazo
– Miedo al castigo
+ Aceptación
+ Reconocimiento del camino a seguir

BRAZOS
Se corresponden con el estómago y el bazo
Bíceps, tríceps, deltoides
– No puedo hacerlo
– Debilidad, miedo a no ser capaz
+ Puedo hacerlo
+ Fuerza, capacidad
+ Responsabilidad

OMÓPLATOS
Se corresponden con el triple calentador
– Miedo a correr riesgos. No se desea ningún riesgo
– Cobardía
+ Vitalidad, poder radiante, fuerza vital, acción que responde bien
+ Valor

SCM ESCALENO Y MÚSCULOS DEL CUELLO
Corresponden al estómago
Los músculos trapecios superiores se corresponden con los riñones
– Culpabilidad
– Miedo
+ Capacidad de respuesta
+ Expresividad
+ Aceptación de riesgos

PIES
Se corresponden con la columna
– Miedo a ser uno mismo
+ Realizar proyectos, dejar huella en el mundo

PARTE BAJA DE LAS PIERNAS, PANTORRILLAS
Se corresponden con las glándulas adrenales y con el triple calentador
– Dudas, temor a seguir adelante
+ Preparación, planificación

PARTE SUPERIOR DE LAS PIERNAS, CUÁDRICEPS
Se corresponden con el intestino delgado
– Falta de apoyo
+ Sensación de apoyo

CADERAS, MÚSCULOS PSOA, MÚSCULOS ILIACOS
Se corresponden con los riñones
– Miedo (glúteos)
– Infidelidad, deslealtad
+ Lealtad, cumplimiento

SACRO, PIRIFORMES
Se corresponden con el aparato circulatorio y con los órganos sexuales
– Inseguridad
+ Seguridad, base sólida, estabilidad

LUMBARES, SACROESPINALES
Se corresponden con el bazo
– Miedo de que se aprovechen de uno. Miedo a ser engañado
+ Habilidad, valor, capacidad para hacerse cargo de cualquier situación

DORSALES Y CAJA TORÁCICA
Se corresponden con el bazo
– Miedo, cobardía, huida
+ Capacidad para llevar algo a cabo

COSTILLAS
Se corresponden con los pulmones
– Pena y aflicción
+ Vitalidad, apertura

CERVICALES
Se corresponden con los extensores del cuello
– Cansancio, inoportunidad
+ Claridad

CRÁNEO
Se corresponde con la respiración

CABEZA
Se corresponde con las sienes
– Miedo a no entender
+ Conciencia del entorno, presencia de ánimo, estar aquí y ahora

MANDÍBULA
Se corresponde con el estómago
– Frustración, repulsión
+ Saber lo que se quiere y lo que se necesita

OCCIPITALES
Se corresponden con la parte posterior del cráneo
– Dejadez, lamentaciones
+ Inspiración

ESTERNÓN Y MÚSCULOS PECTORALES
– Odio, resentimiento
+ Apertura, valor, dignidad

El ejercicio de poder, también llamado tensión dinámica, tonifica enormemente los músculos del cuerpo con unos pocos minutos de práctica diaria en lugar de largas horas de esfuerzos (Figura 3-63). Con esta práctica se ejercita equilibradamente cada músculo, sin agotarlo. Se han llevado a cabo estudios que demuestran que unos pocos minutos diarios de esta práctica logran un magnífico tono muscular.

Si estás cansado de permanecer de pie, descansa y camina unos momentos, y luego vuelve a la postura practicada en el Abrazo del Árbol, o simplemente continúa con el proceso de la respiración ósea.

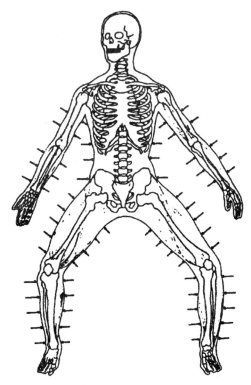

Figura 3-63. La tensión dinámica tonifica los músculos del cuerpo, logrando la compresión de músculos y huesos

(1) Relaja los músculos de las manos. Luego utiliza la mente para tensarlos, tensando los músculos del decúbito y radio (huesos del antebrazo) con firmeza. Mantén estos músculos tensos entre 30 y 60 segundos. Espira con fuerza por la boca, luego relaja los músculos y los hombros. Siente cómo la corriente del Chi se lleva de los músculos las tensiones tóxicas y las emociones negativas, tales como el temor al castigo. Siente las emociones positivas, como el reconocimiento del camino a seguir, entrando en tus músculos junto con la fuerza vital.

(2) Relaja los músculos del brazo. Inspira y pega los músculos del brazo al húmero (hueso del brazo). Tensa todos los músculos del brazo. Mantenlos así de 30 a 60 segundos. Espira y relájalos. Libérate del miedo a no poder hacer algo. Libérate de las debilidades. Libérate de las sensaciones de pérdida y culpabilidad. Deja que las emociones positivas entren en dichos músculos. Siente que puedes. Siente que eres fuerte, que eres capaz y que puedes asumir responsabilidades.

(3) Relaja las piernas. Inspira y contrae los músculos que rodean la tibia y el peroné, y fíjalos a dichos huesos. Mantenlos así entre 30 y 60 segundos y luego espira. Espira y relaja los músculos, desprendiéndose de las toxinas y de las emociones negativas acumuladas, tales como las dudas y la indecisión. Deja que las emociones positivas se alojen en estos músculos, emociones como la disposición a crecer y a mejorar. Sé consciente del Chi que se genera.

(4) Relaja los muslos. Inspira y tensa los músculos que rodean al fémur, y fíjalos a ese hueso durante un tiempo entre 30

y 60 segundos. Espira y relaja los músculos. Despréndete de la sensación de falta de apoyo, deja que crezca la sensación de apoyo. Sé consciente del flujo del Chi entre huesos y músculos.

(5) Relaja el cuello. Inspira y tensa los músculos del cuello, de la cabeza y los cervicales, y mantén esa tensión entre 30 y 60 segundos. Relájate y abandona la culpabilidad y el miedo. Siente el positivo crecimiento de la expresividad, de la responsabilidad y de la disposición a correr riesgos.

(6) Relaja el tronco, especialmente la espina dorsal y el pecho. Inspira y tensa firmemente los músculos que rodean la columna vertebral, las vértebras dorsales y lumbares, así como el sacro y también la caja torácica y el pecho. Mantén esta tensión entre 30 y 60 segundos. Luego relaja la totalidad de la columna y de la caja torácica. Al relajarte abandona los miedos a que se aprovechen de ti o a que te engañen. Elimina la cobardía y el deseo de huir. Abandona la tristeza, la aflicción y el cansancio. Deja que las emociones positivas del valor, de la apertura y de la habilidad para lograr lo que se desees, se desarrollen.

(7) Tras haber practicado bien durante una o dos semanas, puedes efectuar los ejercicios del 1 al 6 de una vez, comenzando por las manos y terminando en la caja torácica. Mantén siempre la tensión durante un tiempo entre 30 y 60 segundos y luego relájate por completo. Siente los músculos y los huesos separados unos de otros.

(8) Cuando termines el ejercicio, mantente erguido y coloca la palma de tu mano en el ombligo. Los hombres pondrán la palma derecha sobre el ombligo, y la cubrirán con la izquierda y las mujeres, la palma izquierda, y la cubrirán

con la derecha. Estate tranquilo durante unos instantes y siente el fluir del Chi. Luego concéntrate en recoger la energía en el ombligo. Al principio puedes utilizar la mano como ayuda para reunir la energía.

(a) Los hombres harán circular la energía en espiral, en el sentido de las agujas del reloj, efectuando 36 revoluciones, con cuidado de no ir más allá del diafragma ni por debajo del hueso púbico. Si se hace circular más allá del hueso púbico, la energía se escapará. Una vez completadas las 36 vueltas en el sentido horario, efectúe 24 revoluciones en el sentido opuesto, en espiral cada vez menor, para terminar recogiendo toda la energía en el ombligo.

(b) Las mujeres deberán hacer lo mismo, pero comenzando a hacer circular la energía en el sentido opuesto a las agujas del reloj, también en espiral hacia afuera, y luego en espiral hacia adentro hasta recogerla en el ombligo, ahora en el sentido horario.

Dedica una semana o dos a esta práctica. Repasa la meditación de la Órbita Microcósmica para la circulación del Chi, detallada en el capítulo 2 de este libro.

Una vez adquirida la práctica suficiente, podrás usar sólo la mente para efectuar este ejercicio.

Al terminar, camina. Si sientes el pecho tenso, o algún tipo de congestión, barre suavemente el pecho o la zona afectada con las manos, hacia abajo, a fin de eliminar el Chi.

(c) Una vez dominado este circuito, tardarás mucho menos tiempo en completarlo como preparación para la postura del Abrazo del Árbol. Después lleva la energía hasta el Pai Hui (coronilla). Cuando la energía llegue ahí, sentirás como si algo te estuviera empujando hacia arriba desde dicho punto.

Postura del Abrazo del Árbol
(Procedimiento práctico)

El ejercicio (Figura 3-64)

Cuando hayas practicado bien y comprendas cada una de las partes de los ejercicios previos, podrás proceder a efectuar la práctica que seguidamente describimos:

a. Adopta la postura del caballo. Desciende un poco las caderas, manteniendo la espalda derecha y las piernas separadas con la separación habitual (distancia de la rodilla al pie). Gira los dedos de los pies hacia adentro de modo que los pies queden sobre una circunferencia imaginaria. Las rodillas están dobladas y la zona de la ingle, relajada y abierta.

b. Extiende los brazos hacia delante a la altura de los hombros, como si estuvieses rodeando el tronco de un árbol, con las palmas de las manos mirando hacia ti. Los dedos de ambas manos están separados aproximadamente la anchura del rostro, con los pulgares apuntando hacia arriba. Siente como si estuvieses sosteniendo ligeramente una pelota entre tus manos.

c. Sitúa la lengua en el paladar. Respira profundamente nueve o dieciocho veces, de modo que al espirar cada vez, el abdomen se contraiga y el diafragma torácico suba hacia el pecho, comprimiendo los pulmones y tirando de los

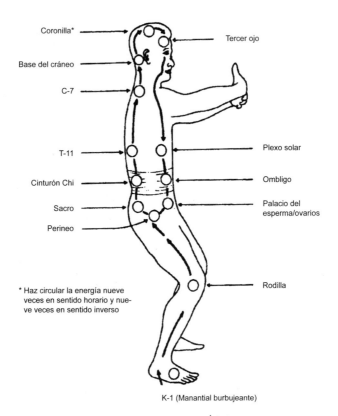

Coronilla*
Tercer ojo
Base del cráneo
C-7
T-11
Plexo solar
Cinturón Chi
Ombligo
Sacro
Palacio del esperma/ovarios
Perineo

* Haz circular la energía nueve veces en sentido horario y nueve veces en sentido inverso

Rodilla

K-1 (Manantial burbujeante)

Figura 3-64. Abrazando al Árbol

órganos sexuales hacia arriba. Al inspirar, el diafragma torácico desciende, comprimiendo el abdomen de forma que se siente que el perineo se desplaza hacia fuera.

d. Tras haber espirado 9, 18 o 36 veces, inspira un diez por ciento de tu capacidad total, llevándolo al nivel del ombligo, mientras mantienes el abdomen plano. Tira hacia arriba de los órganos sexuales, o cierra la vagina con fuerza, y tira también del ano, cerrándolo. Inspira de nuevo y tira hacia arriba de las partes izquierda y derecha del ano, llevando el Chi a los riñones. Condensa y envuelve los riñones en Chi, luego haz circular la energía en el ombligo, nueve veces en sentido horario y nueve veces en sentido inverso, recogiendo la energía en dicho punto y efectuando después una pausa hasta que sientas la necesidad de respirar de nuevo.

e. Inspira un diez por ciento de tu capacidad total, llevándola a unos siete centímetros por debajo del ombligo o, en las mujeres, al palacio de los ovarios. Condensa el Chi en esta zona. Inspira hacia el bajo abdomen; en los hombres hacia el palacio del esperma, y mantenlo ahí hasta que sientas la necesidad de respirar. Inspira un diez por ciento más de tu capacidad total llevándola al perineo y mantenla todo lo que puedas cómodamente. Puedes seguir inspirando y condensando mientras te sientas bien. Algunas veces podrás espirar un poquito a fin de, seguidamente, inspirar más. Al principio, comienza inspirando menos aire en un corto período de tiempo. Cuando ya tengas cierta práctica, podrás alojar más aire y durante un tiempo mayor.

f. Espira y envía la energía por la parte posterior de las piernas hacia el suelo. Los pies se llenarán de energía y sentirás las palmas de las manos y las plantas de los pies «respirar». Respira con las palmas de las manos y las plantas de los pies. Regula tu aliento.

g. Ejerce cierta presión, especialmente en los dedos gordos del pie. Siente que estás «chupando» energía de la tierra a través de los «Manantiales burbujeantes» de las plantas de los pies (puntos K-1). «Agarra» el suelo con los pies. Inspira y lleva la energía a la tierra. Recoge energía de la tierra circulando en el punto K-1 nueve veces en el sentido del reloj y otras nueve en sentido contrario. Contrae los músculos del ano y de la ingle y tira hacia arriba de los testículos o de la vagina y del ano. Lleva la energía por la parte frontal de las piernas a las rodillas, mantén el Chi en las rodillas y bloquéalas girándolas ligeramente hacia fuera. Lleva la energía a los glúteos curvando la parte superior del muslo y luego llévala al perineo. Mantén allí el Chi y hazlo circular nueve veces en sentido horario y nueve veces al contrario. Espira y regula el aliento mediante la respiración energética entre nueve y dieciocho veces, y continúa sintiendo cómo las palmas de las manos y las plantas de los pies respiran.

h. Inspira un diez por ciento, tirando hacia arriba de los lados izquierdo y derecho del ano y condensando la zona de la espalda y los riñones.

i. Contrae la parte posterior del ano a fin de llevar el Chi hacia el sacro. Tira hacia arriba de los testículos o de la vagina. Presiona sobre el sacro y llévalo hacia atrás, pero no inclines las caderas. Ello empujará la parte baja de la espalda (vértebras lumbares) hacia afuera, enderezando la columna. Inspira un diez por ciento de tu capacidad y condensa el Chi en el sacro. Recoge la energía en dicho punto, y hazla circular mentalmente nueve veces en sentido horario y nueve veces más al contrario. Continúa contrayendo el ano.

j. Inspira de nuevo un diez por ciento de tu capacidad. Lleva el Chi hacia el T-11 e inclina la espalda hasta una posición derecha. Recoge la energía en dicho punto y hazla circular nueve veces en sentido horario y otras nueve al contrario, en un círculo de siete u ocho centímetros de diámetro.

k. Inspira un diez por ciento de tu capacidad y condensa más energía en toda la espalda. Continúa tensando el ano y la ingle, tira de los testículos hacia arriba o presiona la vagina, tensa el cuello, hunde el esternón, y empuja desde éste para inclinar el C-7 hacia atrás.

l. Esconde el mentón a fin de bloquear el cuello, manteniendo relajado el pecho. Con esta acción, la energía pasará del sacro al C-7. Condensa el Chi en el C-7 y hazlo circular nueve veces en sentido horario y luego nueve veces al contrario. Esto activará la bomba craneal situada en la base del cráneo (el Cojín de Jade o C-1) que funciona en equipo con la bomba sacra para mover el líquido cerebroespinal hacia arriba a través de la columna, activándolo igualmente en el cerebro.

m. Con el cuello todavía tenso, inspira, condensando la energía en el Cojín de Jade. Recójela allí, y hazla circular nueve veces en sentido horario y nueve veces en sentido inverso.

n. Inspira un diez por ciento y llévalo a la coronilla. Para, vuelve ambos ojos hacia arriba y mira internamente hacia la zona de la glándula pineal, haciendo circular la energía nueve veces en sentido horario y nueve veces más en sentido inverso, hasta perder el aliento. Espira despacio. Relaja el cuello, el ano, la ingle y el diafragma urogenital. Mantén la lengua en el paladar.

o. Regula el aliento mediante la respiración energética, pero espira más e inspira menos. Concéntrate en el tercer ojo. Lleva la energía hacia abajo por la lengua, a través de la garganta, el corazón y el plexo solar. Recógela en el plexo solar, y hazla circular nueve veces en sentido horario y otras nueve en sentido inverso.

p. Con los dedos de los pies extendidos, abre ligeramente las rodillas de modo que puedas sentir la fuerza en la articulación de los tobillos. Ello te permitirá agarrar el suelo con los pies y sentir las plantas presionando sobre la tierra. Obliga a la energía a fluir hacia abajo, ejerciendo una presión dinámica sobre las partes carnosas grande y pequeña del pie y en los bordes externos, como si existiera un eje que fuese desde la parte externa de los tobillos hasta los dedos gordos del pie. Asegúrate de que ninguno de los nueve puntos del pie pierde contacto con el suelo.

q. Permanece de pie, tranquilo. Siente cómo sale la energía de la tierra, cómo sube por tus piernas y pasa por la columna, por el C-7, por la base del cuello, los brazos, las glándulas pituitaria y pineal y luego hacia abajo por la parte frontal del cuerpo hasta el ombligo. Siente calor en el ombligo y sigue haciendo circular la energía todo el tiempo que quieras.

r. Practica el proceso de respiración ósea.

s. Practica el ejercicio de poder.

t. Permanece erguido, sigue con la lengua en el paladar y recoge la energía en el ombligo (Figura 3-65).

u. Camina despacio y respira con normalidad. Empuja el pecho hacia abajo con las palmas de las manos a fin de prevenir cualquier congestión que pudiera originarse en dicho lugar. Camina a fin de distribuir el Chi y dar a los músculos cansados la posibilidad de recuperarse (Figura 3-66).

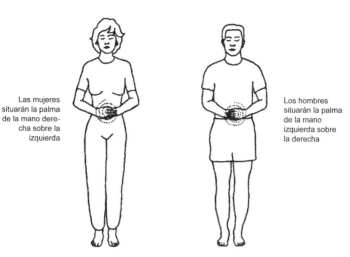

Las mujeres situarán la palma de la mano derecha sobre la izquierda

Los hombres situarán la palma de la mano izquierda sobre la derecha

Figura 3-65. Coloca las palmas de las manos sobre el ombligo a fin de recoger la energía

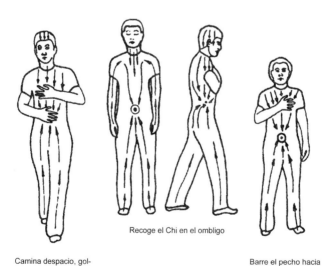

Recoge el Chi en el ombligo

Camina despacio, golpeando el pecho hacia abajo

Barre el pecho hacia abajo con las palmas de las manos

Figura 3-66

Deja el abdomen blando. Recuerda que la suavidad origina energía. Se dice que lo blando da lugar a lo fuerte. Por tanto, mantén los músculos en una tensión suave.

Con el tiempo, serás capaz de efectuar la postura del Abrazo del Árbol en dos respiraciones: una por delante hacia abajo y la otra por detrás hacia arriba. Con más práctica, y si estás perfectamente relajado, podrás hacerla con sólo una respiración. Esta postura refuerza las líneas (los meridianos) tendo-musculares que van desde los pulgares a los dedos gordos del pie.

Seguramente ya habrás descubierto que todos los ejercicios de la Camisa de Hierro refuerzan el cuerpo y generan confianza.

Resumen del Abrazo del Árbol
(Figura 3-67)

1. De pie, con los pies separados entre sí la distancia de la rodilla al dedo gordo, presiona el sacro hacia abajo, gira los omóplatos, relaja el pecho, mantén la cabeza erguida, sitúa los brazos como si fueras a rodear con ellos a un árbol, mantén los pulgares hacia arriba y relaja los dedos, sin que lleguen a tocarse.

2. Practica la respiración abdominal baja nueve o diez veces. Al hacer la respiración abdominal, haz hincapié en la inspiración redondeando el abdomen y la espiración aplanándolo por todos lados. Siente cómo los órganos sexuales suben y bajan con la respiración.

3. Espira, aplana el estómago. Baja el diafragma.

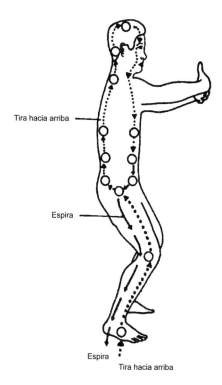

Tira hacia arriba

Espira

Espira

Tira hacia arriba

Figura 3-67. Circulación de la energía en la postura del Abrazo del Árbol

4. Inspira, tensa el perineo y el ano tirando hacia arriba de la parte central del ano, y luego de los lados izquierdo y derecho. Nota cómo sube la energía Chi hasta ambos riñones y se concentra ahí. Tira hacia arriba de los órganos sexuales (recuerda que el músculo anal tiene una estrecha relación con todos los órganos y glándulas). Condensa la energía en el ombligo sin expandir el abdomen. Mantén el pecho relajado y el abdomen blando y haz circular la energía en espiral, nueve veces en el sentido de las agujas del reloj y otras nueve en sentido contrario, haciendo un círculo de 7 u 8 cm de diámetro.

5. Respira hacia el abdomen medio, sin hacer circular la energía en espiral, simplemente concentrándola.

6. Respira hacia el bajo abdomen, sin hacer circular la energía en espiral.

7. Respira hacia el perineo y siente cómo se desplaza hacia fuera.

8. Respira hacia las piernas y los pies penetrando unos 15 cm en el suelo. Siente cómo respiran las palmas de las manos y las plantas de los pies y usa la respiración del bajo abdomen.

9. Inspira, tensa el perineo y presiona las plantas de los pies sobre el suelo. Agarra la tierra con los dedos de los pies y haz circular la energía en espiral en los puntos de los riñones (K-1) sobre las plantas de los pies, nueve veces en sentido horario y otras nueve al contrario, moviendo ambas espirales simultáneamente en la misma dirección.

10. Inspira llevando la energía a las rodillas. Bloquéalas, sin efectuar espiral alguna.

11. Inspira hacia el perineo y haz circular la energía en espiral nueve veces en sentido horario y otras nueve a la inversa.

12. Espira. Regula el aliento y sé consciente de la respiración de las palmas de las manos y de las plantas de los pies.

13. Inspira hasta el sacro. Inclina el sacro hacia atrás condensando la energía y hazla circular nueve veces en sentido horario y otras nueve a la inversa; esto activará la bomba sacra.

14. Inspira hacia el punto T-11, inflando la zona de los riñones y presionando hacia afuera con la parte baja de la espalda a fin de enderezar la curva existente en dicho

lugar. Haz circular la energía nueve veces en sentido horario y otras nueve a la inversa.

15. Inspira hacia el punto C-7 enderezando la curva del cuello y bloqueándolo. Haz circular la energía en espiral nueve veces en el sentido horario y otras nueve a la inversa.

16. Inspira hacia el Cojín de Jade, cierra los dientes con fuerza y tensa los huesos temporales a fin de activar la bomba craneal. Haz circular la energía en espiral nueve veces en sentido horario y otras nueve a la inversa.

17. Inspira hacia la coronilla (glándula pineal) y haz circular la energía en espiral nueve veces en sentido horario y otras nueve a la inversa. Si te resulta imposible hacerlo todo con una sola respiración, puedes prescindir de la inspiración del Cojín de Jade, o bien efectuar una respiración extra cuando lo necesites, hasta que tu capacidad se haya desarrollado suficientemente.

18. Espira con la lengua sobre el paladar. Regula tu respiración.

19. Concéntrate en el tercer ojo hasta que sientas el Chi en ese punto. Lleva la energía al plexo solar y hazla circular en espiral, nueve veces en sentido horario y otras nueve a la inversa. Lleva el Chi al ombligo. Permanece de pie y tranquilo.

20. De pie, lleva la energía al ombligo, colocando tus manos en ese lugar y uniendo los pies. Relájate. Recoge la energía en la zona del ombligo. Cuando te sientas tranquilo, camina y barre con las manos la energía hacia abajo, en caso de necesidad.

21. Practica el proceso de la respiración ósea.

22. Practica el ejercicio de poder.

ENRAIZAMIENTO, RECOGIDA DE LA ENERGÍA CHI, ILUSTRACIÓN DE LAS POSTURAS

Práctica del enraizamiento

En el sistema del Tao Curativo, la práctica del enraizamiento es algo de primordial importancia. Podemos comparar el enraizamiento a los cimientos de un edificio. Cuanto más fuertes sean éstos, más alta se podrá construir la casa y más difícil será derribarla.

Una vez dominada la práctica del enraizamiento, sentirás al caminar, estar de pie, o sentado, que estás más conectado con la tierra (Figura 3-68). Te sentirás más estable y con una mente más práctica, menos «aérea». Muchos estudiantes del Tao Curativo, tras practicar durante un tiempo el enraizamiento, sienten que están mucho más equilibrados y que la calidad de sus actividades físicas ha mejorado, actividades tales como correr, esquiar, jugar al tenis o practicar yoga.

Los practicantes taoístas se preocupan mucho por el enraizamiento. Cuanto más se puedan enraizar en la Madre Tierra, más equilibrada será su energía. En la práctica avanzada, el enraizamiento es necesario para trabajar los canales del empuje y del cinturón. El Tai Chi, la Mano Curativa, y las prácticas espirituales elevadas, utilizan la energía de la tierra, así como la energía celestial, a fin de transformar la energía vital en energía espiritual, y hacer que nazca el alma y el espíritu. La energía de la tierra es la que ayuda al alma y al espíritu a crecer. El viaje astral necesita del enraizamiento y estas raíces terrenales ayudan al alma y al espíritu del mismo modo que la torre de control ayuda al lanzamiento de un cohete

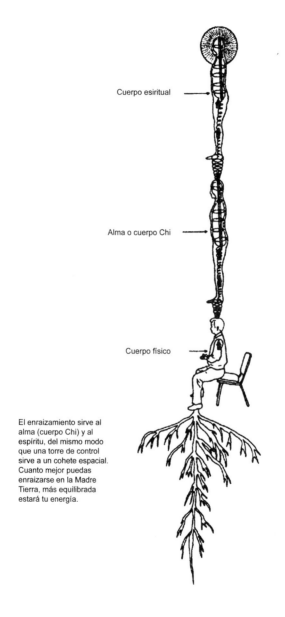

Cuerpo esiritual

Alma o cuerpo Chi

Cuerpo físico

El enraizamiento sirve al alma (cuerpo Chi) y al espíritu, del mismo modo que una torre de control sirve a un cohete espacial. Cuanto mejor puedas enraizarse en la Madre Tierra, más equilibrada estará tu energía.

Figura 3-68. El enraizamiento a la Madre Tierra

espacial. Los que tratan de llevar el Chi a la cabeza o de recibir la energía celestial, sin estar debidamente enraizados, se vuelven «aéreos» en lugar de lograr una sintonía con su experiencia.

Equilíbrate siempre, utilizando durante tu práctica ambos lados del cuerpo.

Para aprender el enraizamiento se necesitan dos personas: uno que empuje y otro que aguante. Este ejercicio mejorará mucho tu postura. A muchas personas les parecerá que uno de sus lados es más débil que el otro, o que la parte superior de su cuerpo, como por ejemplo, el cuello, es más débil que la parte inferior. Practica primero sobre el lado fuerte y luego con el débil, a fin de disponer siempre de una referencia que te permita mejorar el lado débil.

Poco a poco te irás sintiendo más fuerte y necesitarás de un esfuerzo menor para mantener tu postura estructural, pues habrás desarrollado músculos nuevos y habrás reforzado los tendones, los puntos de sujeción y el tejido conjuntivo, como una estructura única. Cuando te «enraíces» adecuadamente, sentirás como si chupases de la tierra, o como si tuvieras unas raíces profundas que penetran en ella. Ello es debido a que la estructura, como un todo, presiona hacia la tierra. Podrás sentir cómo la totalidad de la estructura ósea se hunde en la tierra.

Con la práctica podrás extraer energía de la tierra de una manera rápida y fácil. Para comprobar tu enraizamiento deberás hallar un compañero que pueda empujarte mientras mantienes la postura.

La postura

La finalidad del principio de enraizamiento de la Camisa de Hierro es alinear la estructura ósea con las articulaciones, para sentir que la totalidad del cuerpo se convierte en una pieza única. Cuando tengas la práctica adecuada, te situarás en la posición correcta de manera muy fácil. Ponte de pie, en la postura del Caballo de Hierro. En algunas ocasiones podrás separar un poco más los pies. Sin embargo, si los pies se hallan demasiado separados, tendrás que utilizar mucha fuerza muscular para mantener unida a la totalidad del cuerpo. Cuando se reciba el empuje, lo resistirán los músculos, destruyendo el alineamiento. Si los pies están demasiado juntos, se usará la fuerza de los tendones para mantener unida la estructura, afectando igualmente al alineamiento.

Cuando el compañero te empuje con fuerza, tu cuello deberá estar relajado a fin de que la fuerza no se concentre ahí y provoque dolor en ese lugar. Tu estructura ósea, los órganos internos, los tendones, los músculos y el tejido conjuntivo deben funcionar como un todo a fin de mantener la postura. Esto aumentará gradualmente tu fuerza interior.

El cinturón Chi

En la práctica del enraizamiento es muy importante concentrar el Chi en los órganos. Es de especial importancia envolver los riñones con Chi y unirlos con el K-1 (Manantial burbujeante) en una sola línea. El ombligo y ambos riñones deberán sentirse unidos, formando como un grueso cinturón [Figura 3-69 (a)]. La unión del ombligo, los costados del cuerpo, los dos riñones y el K-1 con energía Chi son algo básico en el principio del enraizamiento y se le denomina el «Cinturón Chi».

Sin el Cinturón Chi, que es la conexión más importante entre las articulaciones energéticas superiores e inferiores, la estructura y el Chi se pierden. Para reforzar el Cinturón Chi, condense en primer lugar Chi en los riñones y en el ombligo, expandiéndolo primero desde el riñón izquierdo hacia el costado izquierdo, luego hacia el frente y el ombligo. Condensa y envuelve el riñón derecho en Chi, y expándelo seguidamente hacia el costado derecho, y luego hacia el ombligo. Al expandirse el cinturón Chi, se conecta con el T-11 y con la Puerta de la Vida. El ombligo ahora se siente como un neumático totalmente inflado, metido dentro de un gran cinturón. Una vez experimentes el cinturón Chi, podrás lograr el enraizamiento muy fácilmente, sin necesidad de usar los músculos para mantener su estructura ósea unida. Así, el dominio del Cinturón Chi te ayudará a estar mucho más relajado durante tu práctica.

El principio del enraizamiento

a. Adopta la postura del Abrazo del Árbol.

b. Envía la energía hacia la zona del bajo ombligo.

c. Desciende mientras te sientas cómodo, separando un poco las rodillas para abrir la ingle.

d. Los dedos de los pies miran ligeramente hacia adentro. Cuando las rótulas están bloqueadas (la articulación de la rodilla está tensa), las rodillas se bloquean junto con la articulación del tobillo, en una posición semejante a la adoptada al sentarse en una silla de montar. Baja un poco apoyándote en las rodillas. Siente la conexión existente entre rodillas y tobillos y también con los pies. Siente que todo el peso de su cuerpo cae sobre la tierra. La fuerza pasa a través de tu estructura ósea [Figura 3-69 (b)]. Siente tus huesos como esponjas que absorben la fuerza y la dirigen hacia el suelo.

e. Las manos se hallarán al nivel de los hombros, con los codos caídos. Siente cómo la fuerza de los codos, al caer hacia abajo, presiona sobre toda la estructura ósea. Si los codos apuntaran hacia arriba se rompería la conexión con el poder de los tendones.

f. Alinea los hombros, une los omóplatos con la columna, redondea los omóplatos y hunde el pecho. Conéctalos mediante la articulación de la cadera, con las rodillas y tobillos.

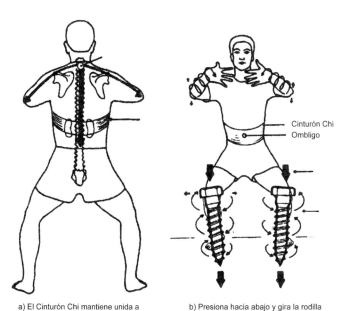

Cinturón Chi
Ombligo

a) El Cinturón Chi mantiene unida a toda la estructura corporal

b) Presiona hacia abajo y gira la rodilla hacia fuera a fin de atornillar la fuerza hacia el suelo

Figura 3-69. Principios del enraizamiento

Alinea hacia arriba la articulación de los hombros, empujando los pulgares hacia afuera y los meñiques hacia dentro, sintiendo el tirón de los tendones. La articulación de las muñecas está conectada a los hombros. Relaja el cuello, especialmente el músculo trapecio, a fin de que la conexión no alcance a la cabeza, la cual dará fuerza al cuello. En caso contrario, cuando tu compañero te empuje, te derribará. Si relajas el cuello y unes los hombros con la columna, la fuerza pasará a la tierra a través de la columna vertebral.

Para conectar la articulación del hombro con la columna deberás redondear los omóplatos, hundiendo el pecho, a fin de que la fuerza se transmita desde los hombros a los omóplatos. A continuación endereza el cuello, sacando el T-11. Mantén el sacro derecho, sin mover las caderas, hasta que sientas la columna como un arco tensado, lleno de fuerza. Todo se convierte en una línea. Cuando la zona de la ingle está abierta, las articulaciones de la cadera se unen con las rodillas y los pies, y todo el conjunto queda unido al suelo. Siente el Cinturón Chi ciñéndote el talle y manteniendo toda la estructura unida.

Práctica del enraizamiento

Disponer de un compañero que te pueda empujar, mejorará enormemente tu poder de enraizamiento, reforzando el tejido conjuntivo y la columna vertebral e incrementando el funcionamiento de las bombas sacra y craneal.

Sitúate en la posición del Abrazo del Árbol y condensa el aire como ya se ha explicado. El compañero deberá empujar (no golpear) con el puño contra tu sacro, el T-11, el C-7 y la base del cráneo, respectivamente. Es muy importante que estos cuatro centros se refuercen y queden formando una línea. Si no están alineados, existirán demasiadas líneas inconexas y la fuerza ejercida por el compañero no se desplazará hacia la tierra de manera adecuada.

La columna vertebral alberga al sistema nervioso, que conecta a todas las demás partes del cuerpo. La columna está formada por numerosos huesos, que permanecen juntos gracias a músculos, tendones y tejido conjuntivo. La mayoría de los ejercicios no tienen a la columna como objetivo único; sin embargo, sí debemos señalar que el Chi Kung Camisa de Hierro ha sido diseñado para reforzar toda la estructura ósea, y especialmente la columna vertebral. Son muchas las personas que tienen una columna débil, lo que les provoca mala postura corporal, problemas respiratorios y órganos débiles. Los órganos débiles son la causa original de la debilidad de la columna vertebral. Las malas posturas constituyen un círculo vicioso: los órganos se mantienen débiles ya que el Chi no puede circular adecuadamente a través de los diversos sistemas corporales. La Camisa de Hierro (1) protege a los órganos que generan el vital Chi, (2) los recarga mediante la condensación, (3) hace circular el Chi por la columna y refuerza el sistema nervioso, y (4) crea un espacio para almacenar la energía Chi y quema grasa.

Reforzando la bomba sacra (Figura 3-70)

El sacro constituye una bomba de vital importancia, pues envía el Chi a la columna vertebral. Sitúate en la postura del Abrazo del Árbol. Sé consciente de tu sacro, envuélvelo en Chi, establece el Cinturón Chi, y haz que tu compañero apoye el puño contra tu sacro. Muy despacio, inclina el sacro

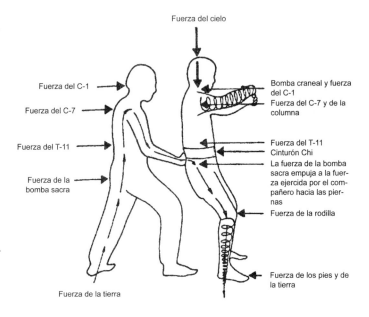

Fuerza del cielo

Fuerza del C-1

Fuerza del C-7

Fuerza del T-11

Fuerza de la bomba sacra

Fuerza de la tierra

Bomba craneal y fuerza del C-1

Fuerza del C-7 y de la columna

Fuerza del T-11
Cinturón Chi

La fuerza de la bomba sacra empuja a la fuerza ejercida por el compañero hacia las piernas

Fuerza de la rodilla

Fuerza de los pies y de la tierra

Figura 3-70. La fuerza ejercida por el compañero se transmite a la tierra a través de la estructura ósea, gracias a la fuerza de la bomba sacra

hacia atrás, empujando contra el puño de tu compañero, con un mínimo movimiento de la cadera. Haz que tu compañero te empuje todo lo que puedas aguantar sin caerte, y que vaya aumentando gradualmente el empuje hasta que tu zona sacra se vuelva más potente. Mantén esta postura durante uno o dos minutos. Respira con normalidad.

Sé consciente de cómo la fuerza ejercida por tu compañero se transmite desde el sacro a las piernas, los pies y los dedos de los pies. También puedes hacer fuerza desde los dedos de los pies, fuerza que pasará desde los pies a los tobillos, las piernas y el sacro.

Cuando el compañero deje de ejercer su presión, descansa un momento y siente que tu sacro está abierto y que el Chi está fluyendo hacia arriba por la columna.

Cuando ya hayas avanzado más en la práctica, podrás estar muy relajado. No hay necesidad de condensar. Simplemente siente cómo pasa la fuerza y nota cómo asciende la fuerza de la tierra y ofrece resistencia a la otra, a través de los huesos. No te inclines hacia tu compañero.

Reforzando el T-11

El punto T-11 es la décima vértebra torácica o dorsal (lugar de las glándulas adrenales y de los riñones), está considerado por los taoístas como una bomba que ayuda a impulsar la energía hacia la parte superior del cuerpo. Adopta la postura del Abrazo del Árbol, y envuélvelo en Chi como ya sabes. El compañero empujará entonces el T-11 con su puño y a la vez tú empujarás hacia atrás con esa zona de la columna. El trabajo debe hacerlo la columna, no la totalidad del cuerpo (Figura 3-71). No te inclines hacia tu compañero.

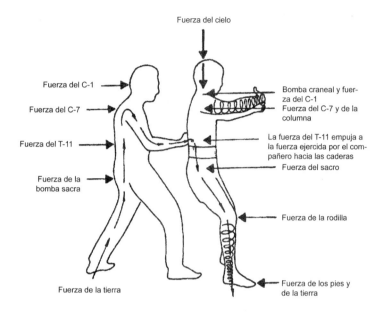

Figura 3-71. La fuerza ejercida por el compañero se transmite a la tierra a través de la estructura ósea, por la fuerza del T-11

Reforzando el C-7

El C-7, o la séptima vértebra cervical, está considerada como el punto en el que se reúnen todos los tendones del cuerpo. Reforzando este punto, se refuerzan los tendones, el tejido conjuntivo y el cuello. El C-7 es además el punto de cruce de la columna vertebral con la línea de poder de las manos.

Adopta la postura del Abrazo del Árbol y condensa el Chi como ya hemos descrito. Tu compañero empujará con la palma de su mano (no con el puño) contra el C-7 y al mismo tiempo tú presionarás hacia atrás con el C-7. Mantén esta posición todo el tiempo posible (Figura 3-72). El compañero

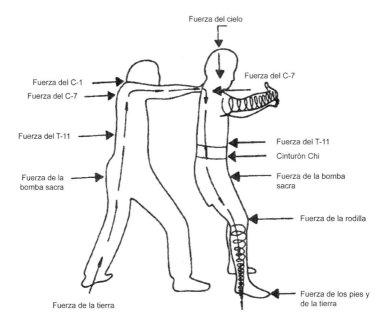

Figura 3-72. La fuerza ejercida por el compañero se transmite
a la tierra a través de la estructura ósea, por la fuerza del C-7

deberá coordinar contigo el momento en que decidís aflojar la presión.

Reforzando la bomba craneal

Desde tiempos inmemoriales los taoístas consideraban la bomba craneal de vital importancia para la circulación de la energía por todo el cuerpo. Ya hemos mencionado que durante la respiración tienen lugar minúsculos movimientos en las juntas de los ocho huesos del cráneo. Los movimientos del cráneo estimulan la producción y el funcionamiento del líquido cerebroespinal, que rodea tanto al cerebro como a la médula espinal. Este líquido cerebroespinal es vital para el buen funcionamiento del sistema nervioso en todo el cuerpo.

Reforzando la bomba craneal se aumenta la energía y se alivian diversas dolencias tales como dolores de cabeza, sinusitis, problemas de visión y dolores de cuello. Adopta la postura del Abrazo del Árbol y condensa la presión del Chi. Cierra los dientes, tensa el cuello, contrae el cráneo apretando los músculos que rodean la cabeza y presiona la lengua con fuerza contra el cielo de la boca a fin de activar los huesos del cráneo. Empuja hacia atrás al mismo tiempo que tu compañero empuja con la palma de su mano sobre el C-1, en la base del cráneo, (el compañero deberá usar la palma, no el puño) (Figura 3-73).

Creando el enraizamiento

Práctica de los lados izquierdo y derecho

Sitúate en la postura del Abrazo del Árbol y condensa la energía Chi como ya se ha explicado. Tu compañero estará de pie, a uno de tus lados, y colocará una mano en tu hombro y la otra en tu cadera. Tu compañero te empujará con suavidad, incrementando la presión gradualmente hasta llegar a toda su fuerza. Si estás bien enraizado, la fuerza del empujón se transmitirá a los pies y a la tierra a través de tu estructura ósea (Figura 3-74). Si has aprendido a absorber y dirigir la energía a través de la estructura ósea hacia las plantas de los pies, podrás recibir la potente energía curativa originada por la mezcla de tu propia energía, la energía de tu compañero y la energía de la tierra. Con la práctica ya te habrás acostumbrado al flujo de energía que baja hasta los pies y la tierra y que luego sube de la tierra, a través de los pies, de nuevo hasta ti. Durante todo este tiempo, «agarra» la tierra con tus pies.

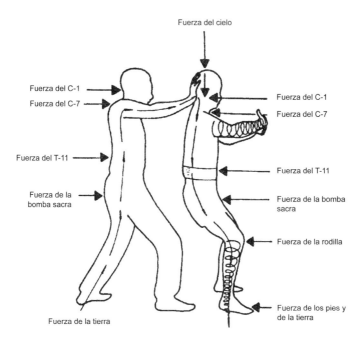

Fuerza del cielo

Fuerza del C-1

Fuerza del C-7

Fuerza del C-1

Fuerza del C-7

Fuerza del T-11

Fuerza del T-11

Fuerza de la bomba sacra

Fuerza de la bomba sacra

Fuerza de la rodilla

Fuerza de los pies y de la tierra

Fuerza de la tierra

Figura 3-73. La fuerza ejercida por el compañero se transmite
a la tierra por el C-1 a través de la estructura ósea

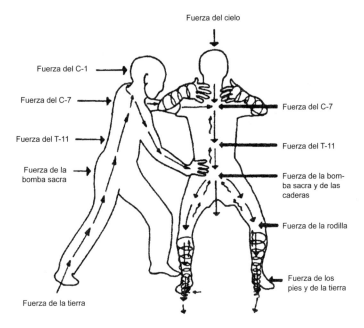

Figura 3-74. La fuerza ejercida por tu compañero se transmite a la tierra a través de la estructura ósea, por las prácticas de enraizamiento de los lados izquierdo y derecho

Haz que tu compañero te empuje en primer lugar por el lado izquierdo y a continuación por el derecho. Efectúa la respiración energética y adopta de nuevo la postura inicial. Que tu compañero empuje ahora el lado derecho. Al principio te sentirás agarrotado y tenso. Tendrás que utilizar el proceso de la respiración condensada, aguantando la respiración a fin de mantener tu estructura unida. A medida que vayas progresando y seas capaz de condensar y controlar la energía, ya no tendrás que aguantar la respiración, puesto que ya podrás mantener la estructura y el enraizamiento de una manera relajada sin condensar y sin tensar los músculos en absoluto. Si los hombros no están conectados con la columna, podrán hacerte caer (Figura 3-75).

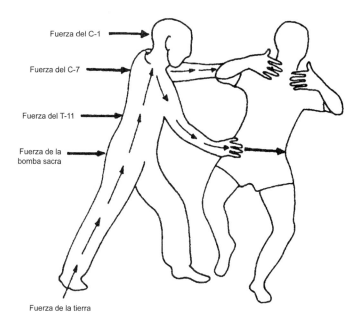

Fuerza del C-1

Fuerza del C-7

Fuerza del T-11

Fuerza de la bomba sacra

Fuerza de la tierra

Figura 3-75. Si no se está enraizado, la fuerza no pasa a través de la estructura y el cuerpo puede ser derribado

Enraizamiento frontal

Se trata principalmente de entrenar la estructura frontal para que se enraíce más profundamente en el suelo, especialmente las manos, las costillas, la parte frontal de las piernas, las plantas y los dedos de los pies. Para muchas personas resulta muy difícil efectuar cualquier tipo de enraizamiento. Tienes que sentir la fuerza ejercida por tu compañero pasar por el hombro, el omóplato, la columna, el sacro, la cadera y la pierna, todo unido en una sola línea.

En la postura del Abrazo del Árbol, tu compañero te empujará con las palmas de sus manos en las dos muñecas (Figura 3-76). El enraizamiento frontal no es fácil y requiere de una prolongada práctica. Al principio resulta bastante difícil, por lo que inicialmente se deberá aplicar sólo una pequeña presión, que se irá incrementando gradualmente. Esto abrirá los canales de las piernas y de las manos uniéndolos. El punto C-7 y la columna vertebral desempeñan un papel muy importante en el enraizamiento frontal.

Enraizamiento de la postura sobre una pierna

Mantente sobre una pierna, levanta el brazo opuesto y dóblalo. Hunde el pecho. Siente cómo los brazos y las piernas forman una sola línea, quedando conectados. Húndete un poco a fin de que toda la estructura ósea quede unida. Cuando tu compañero empuje, tú podrás enviar dicha fuerza hacia la tierra (Figura 3-77).

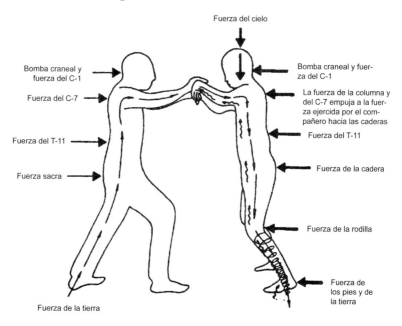

Figura 3-76. Empuje frontal y transmisión de la fuerza a la tierra

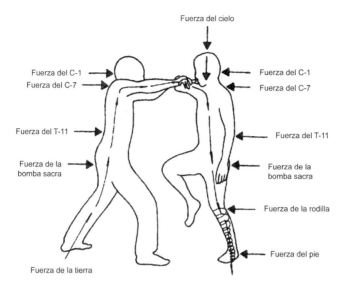

Figura 3-77. Postura sobre una pierna y transmisión de la fuerza a la tierra

Transmisión de la fuerza

El brazo, el omóplato, la columna y la pierna deberán formar una sola línea, al igual que una estaca clavada en el suelo (Figura 3-78). Si intentas empujar en el extremo libre, toda la fuerza que hagas se transmitirá a la tierra. Si el tejido conjuntivo y los tendones no son lo bastante fuertes, la estructura se descompondrá cuando se le empuje.

Enraizamiento contra diversas personas. Transmisión de la fuerza a la tierra a través de la estructura ósea

Cuando el compañero te empuje, no te inclines hacia él. Confía en su estructura y siente que su cuerpo forma una única y sólida pieza. Siente los huesos como esponjas que absorben la fuerza, y la trasladan a través de la estructura ósea a la tierra. Cuando sientas la fuerza, abre un poco las rodillas y

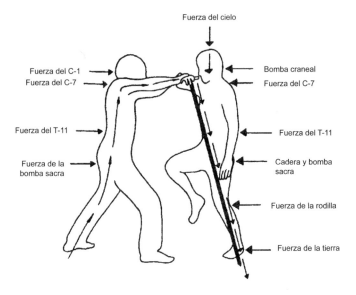

Fuerza del cielo

Fuerza del C-1
Fuerza del C-7

Bomba craneal
Fuerza del C-7

Fuerza del T-11

Fuerza del T-11

Fuerza de la
bomba sacra

Cadera y bomba
sacra

Fuerza de la rodilla

Fuerza de la tierra

Figura 3-78. La fuerza se transmite a través de la estructura ósea
al igual que lo haría a través de una estaca clavada en la tierra

siéntelas conectadas a la tierra. Siente cómo la energía se dirige hacia el suelo.

Cuando alguien te empuja, está transmitiéndote su fuerza. Cuando un compañero empuja, tendemos a contrarrestar
su fuerza empujando hacia fuera con los codos. Esto destru-
ye el alineamiento. Por ello, cuando sientas que la energía llega a ti desde el costado de tu cuerpo, mantén el codo bajo y
dirige la fuerza hacia el omóplato y hacia la columna vertebral.
De este modo, dicha fuerza no te hará perder el alineamiento.

Cuando hayas adquirido la práctica suficiente en el alineamiento de todas las articulaciones, independientemente
de la procedencia de la fuerza que te llegue, podrás redirigir-
la hacia la tierra en lugar de dejar que rompa tu alineamiento.

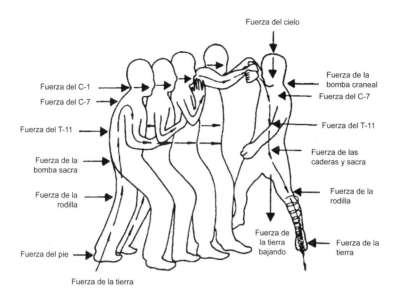

Fuerza del cielo

Fuerza del C-1

Fuerza del C-7

Fuerza del T-11

Fuerza de la bomba sacra

Fuerza de la rodilla

Fuerza del pie

Fuerza de la tierra

Fuerza de la bomba craneal

Fuerza del C-7

Fuerza del T-11

Fuerza de las caderas y sacra

Fuerza de la rodilla

Fuerza de la tierra bajando

Fuerza de la tierra

Figura 3-79. La fuerza de los compañeros se transmite a la tierra a través de la estructura ósea, porque el cuerpo está debidamente alineado con el suelo

El objetivo del enraizamiento es convertirte en algo semejante a una estaca. Una estaca tiene más fuerza cuando se la sitúa en un ángulo de 45 grados. Cuando se empuja el extremo de una estaca en un ángulo recto, la fuerza va directa al suelo. Si cuando llegue la fuerza, tu alineamiento corporal está unido a la tierra, ésta pasará a través de ti y penetrará en la tierra. La fuerza no está en la estaca, sino en la tierra que la sostiene. Naturalmente, esa estaca tendrá que ser fuerte para poder transmitir la fuerza recibida (Figura 3-79). El pie, la pierna y la rodilla pueden, todos ellos, ajustarse para convertirse en algo semejante a una estaca clavada en la tierra en un ángulo de 45 grados. Sea cual sea tu postura, siempre deberás tener en cuenta que tu cuerpo ha de estar alineado con el suelo, a fin de que la fuerza no se quede en las articulaciones, sino que pase a la tierra a través de los huesos (Figura 3-80).

Recogiendo la energía Chi tras la práctica

Prevención de posibles efectos secundarios

Después de cada práctica, mantente erguido y en silencio durante unos instantes. Concentra tu atención en el ombligo, y recoge el Chi en dicho punto. Al bajar el Chi, aprieta el pecho con las palmas de las manos, de arriba abajo. Esto evitará la congestión del pecho y del corazón, al igual que otros posibles efectos secundarios, como dolores en el pecho, dolor de cabeza o de ojos. Mueve las manos para liberarte de la congestión y camina un poco hasta que sientas que la energía ya se ha estabilizado.

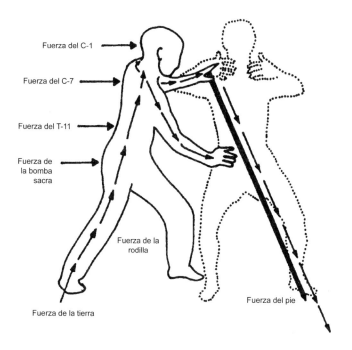

Figura 3-80. Cuando la fuerza se transmite a la tierra a través de la estructura ósea, es como si el compañero estuviera empujando una estaca firmemente clavada en el suelo

Tras practicar la Camisa de Hierro, efectúa la meditación de la Órbita Microcósmica, llamada también la meditación del «Despertar de la energía curativa», detallada en el capítulo 2. Durante la práctica de la Camisa de Hierro se genera una enorme energía, que tiende a ascender quedando atrapada en la cabeza y en el pecho, especialmente en el corazón. Con la práctica, serás capaz de dirigir la energía desde cualquier punto del cuerpo al ombligo y recogerla ahí (Figura 3-81). Al ir progresando en la Camisa de Hierro, la zona del ombligo se abrirá más, acondicionándose para el almacenamiento de energía, que después se podrá utilizar en prácticas espirituales.

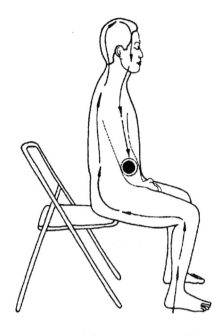

Figura 3-81. Recoge la energía en el ombligo

Posiciones de pie y sentado para recoger la energía

Al terminar de practicar la Camisa de Hierro, deberás sentarte y recoger la energía generada.

Siéntate en el borde de una silla, usando los huesos de sentarse hasta hallar ese delicado punto de equilibrio que te ayudará a mantenerte erguido [Figura 3-82 (a)]. Los hombres deberán sentarse con la suficiente separación para que el escroto cuelgue libremente. Las mujeres se sentarán también hacia adelante y tendrán los genitales cubiertos, a fin de evitar que se escape la energía. La espalda debe estar cómodamente recta y la cabeza ligeramente inclinada hacia adelante.

Toca con la lengua el paladar, y sitúa la palma de la mano sobre el ombligo [Figura 3-82 (b)]. Sonríe internamente a los órganos y lleva hasta ellos la energía. Haz circular la energía comenzando desde el ombligo, hasta el perineo y de nuevo arriba hacia el sacro, la columna y la coronilla, luego hacia abajo por el tercer ojo, la lengua, el corazón, el plexo solar y el ombligo. Hazlo varias veces y recoge el Chi en el ombligo, haciéndolo circular 36 veces en espiral hacia fuera y 24 veces hacia dentro.

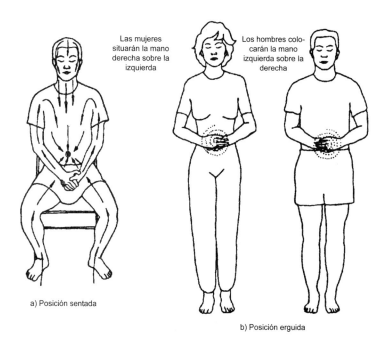

a) Posición sentada

Las mujeres situarán la mano derecha sobre la izquierda

Los hombres colocarán la mano izquierda sobre la derecha

b) Posición erguida

Figura 3-82. Posturas sentado y de pie, para recoger la energía en el ombligo

Ilustración de las posturas

Sosteniendo la Urna Dorada

La postura de Sostener la Urna Dorada fue diseñada para reforzar los dedos pulgar y meñique, y une ambos dedos en una línea que pasa sobre las orejas (donde se unen dos de los mayores huesos del cráneo), y luego desciende por los costados hasta los dedos pequeños de los pies [Figura 3-83 (a)]; otra une el hueso craneal al pecho, al ombligo y a los dedos gordos del pie [Figura 3-83 (b)]. Estas dos líneas son muy importantes para mantener la unión de la estructura ósea, los tendones y los músculos. Cuando se conectan, estos dos tendones emiten fuerza hacia los costados y hacia el frente. La

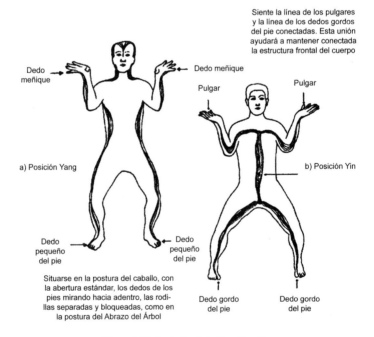

Siente la línea de los pulgares y la línea de los dedos gordos del pie conectadas. Esta unión ayudará a mantener conectada la estructura frontal del cuerpo

Dedo meñique

Dedo meñique

Pulgar

Pulgar

a) Posición Yang

b) Posición Yin

Dedo pequeño del pie

Dedo pequeño del pie

Situarse en la postura del caballo, con la abertura estándar, los dedos de los pies mirando hacia adentro, las rodillas separadas y bloqueadas, como en la postura del Abrazo del Árbol

Dedo gordo del pie

Dedo gordo del pie

Figura 3-83. Sosteniendo la Urna Dorada

postura de Sostener la Urna Dorada consta de dos fases: la posición Yang y la posición Yin.

Posición Yang

Sitúate en la postura del caballo, con la abertura de piernas estándar, los dedos de los pies señalando hacia adentro, las rodillas separadas y bloqueadas como ya se explicó en la postura del Abrazo del Árbol (Figura 3-84).

Dobla los brazos (como se indica en la figura) de modo que los codos queden colgando verticalmente, separados por la distancia existente entre los hombros y haciendo que los brazos formen con la espalda un ángulo de aproximadamente 45 grados y con los costados uno de 30 grados, mientras que las muñecas hacen uno de 90 grados. Para las dos posiciones

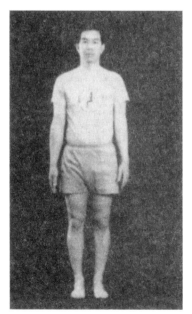

Figura 3-84. Sosteniendo la Urna Dorada. Posición Yang

de manos de la Urna Dorada, gira los hombros hacia adelante, luego siente como si presionaras con fuerza hacia arriba, pero sin mover realmente los brazos. El pecho se hunde en respuesta al tirón de los omóplatos. En la posición Yang las manos están separadas, con las palmas hacia abajo, ejerciéndose un tirón sobre los tendones de los dedos meñiques, de modo que el dorso de las manos forme un superficie plana sobre la que podrías sostener una gran «Urna Dorada» [Figura 3-85 (a)]. (La separación de los dedos, junto al tirón hacia fuera de los meñiques, genera una postura capaz de sostener un peso considerable). Las líneas de tendones utilizadas aquí conectan los dedos pequeños del pie y los meniques, y los refuerza a ambos. Los dedos meñiques son débiles y parecen carecer de utilidad; sin embargo, una vez reforzados, proporcionan energía a toda la estructura [Figura 3-85 (b)]. El

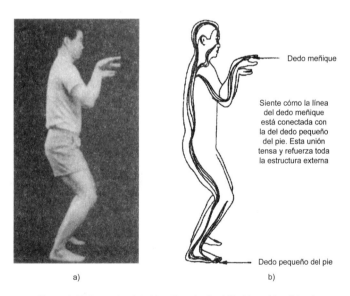

Dedo meñique

Siente cómo la línea del dedo meñique está conectada con la del dedo pequeño del pie. Esta unión tensa y refuerza toda la estructura externa

Dedo pequeño del pie

a)   b)

Figura 3-85. Sosteniendo la Urna Dorada. Posición Yang. Vista lateral

diagrama muestra el meridiano de los tendones del quinto dedo de la mano uniéndose al de los tendones del quinto dedo del pie. Esto tensa y refuerza toda la estructura exterior.

Práctica

En la postura de la Urna Dorada utilizamos una sola respiración, pero muchas inspiraciones. Esto quiere decir que hay que continuar inspirando hasta que ya no se pueda más; luego se espira. Todo esto se considera una sola respiración.

La lengua deberá estar todo el tiempo contra el paladar, para que la energía siga fluyendo de manera segura.

(1) Comienza haciendo la respiración energética entre nueve y dieciocho veces (Figura 3-86). Espira y aplana el estómago. Inspira y tira hacia arriba de los lados izquierdo y

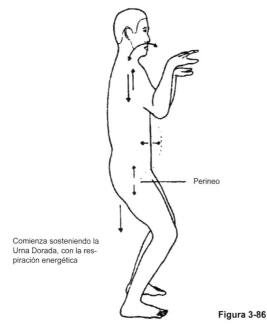

Perineo

Comienza sosteniendo la
Urna Dorada, con la res-
piración energética

Figura 3-86

derecho del ano. Lleva el Chi a los riñones, hazlo circular y envuélvelos en él.

(2) Inspira, condensa el Chi en la parte baja del abdomen, contrayendo el ano, y tira más hacia arriba del diafragma urogenital. Nota cómo sube la energía desde las plantas de los pies hasta el sacro.

(3) Inspira, condensando la respiración en los órganos sexuales. Inclina el sacro hacia atrás a fin de crear una succión y tira de la parte posterior del ano hacia el sacro.

(4) Inspira y condensa el Chi en el sacro. Inclina el sacro hacia atrás.

(5) Inspira y condénsalo en el T-11, inclinando o empujando el T-11 hacia atrás (puedes usar una pared como guía, empujando el T-11 hacia la pared), hasta que te sientas como un arco tenso. El poder del arco se siente en el T-11, que al ser empujado hacia atrás origina una tensión al unirse al C-7. Infla la espalda con presión del Chi, contrae el ano y tira hacia arriba del diafragma urogenital. Siente cómo sube la energía desde las plantas de los pies (K-1) al T-11. Siente una ancha franja de Chi ciñendo desde el T-11 a la Puerta de la Vida, y luego hacia el ombligo y el bajo abdomen.

(6) Inspira, contrae todavía más el ano y tira hacia arriba de los genitales, extrayendo más energía de los pies y llevándola a los riñones y al C-7 (Figura 3-87). Inclina el C-7 hacia atrás (usa una pared como guía, empujando el C-7 hacia la misma) hasta que sientas que el T-7 está conectado fuertemente al T-11 y al sacro. Siente toda la fuerza del arco tenso al estar todo el cuello saturado de Chi. Permanece así un momento.

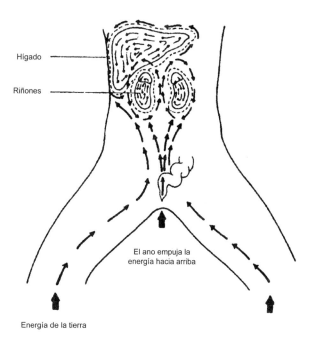

Hígado

Riñones

El ano empuja la
energía hacia arriba

Energía de la tierra

Figura 3-87. Extrae energía de los pies, condénsala
y envuelve con ella los riñones

(7) Inspira y tira hacia arriba aún más; tensa el cuello y aprieta los huesos del cráneo. Cierra los dientes y presiona la lengua contra el paladar. Inspira. Lleva la energía hasta la base del cráneo y aprieta todavía más los huesos craneales. Inclina el cuello hacia atrás (usa una pared como guía, empujando el cuello contra ella). Siente que el cuello y la base del cráneo tienen una fuerte conexión con el C-7, el T-11, el sacro, las rodillas y los pies, y siéntelos como si formaran un solo arco tenso de fuerza. Inspira más y lleva la energía a la cúspide de la cabeza (Figura 3-88). Párate un momento. Relájate. Prosigue con la postura Yin.

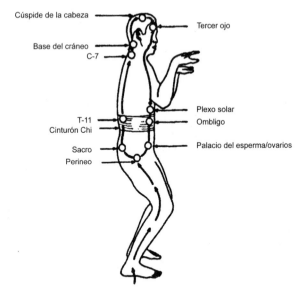

Figura 3-88. Flujo de la energía mientras se sostiene la Urna Dorada

Posición Yin

(1) Coloca las manos con las palmas hacia arriba y gíralas hacia fuera, de modo que los pulgares señalen hacia fuera y atrás, y las muñecas formen un ángulo de 90 grados. Siente la tensión de los tendones de las muñecas, bloquea los codos y las muñecas al girar las manos. Los codos caerán hacia abajo. Los omóplatos se redondearán. Al tensar los pulgares, se están tensando también los tendones. Esta es la posición Yin [Figura 3-89 (a) y (b)].

(2) Respira con normalidad. Deberás notar cómo fluye la energía hacia arriba, sobre la cabeza, luego por los brazos y hacia abajo por la parte frontal del cuerpo hasta el ombligo. Concéntrate en el plexo solar. Asegúrate de que la energía está fluyendo hacia abajo desde la lengua hasta

220

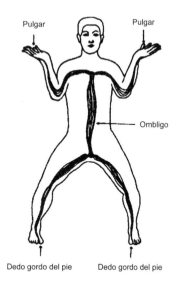

a) Sosteniendo la Urna Dorada. Posición Yin.
Vista frontal

b) Líneas de los pulgares y de los
dedos gordos del pie

Figura 3-89

el plexo solar y el ombligo, a través de la Órbita Microcósmica. Considera cada inspiración y espiración como un solo ciclo. Realiza nueve ciclos. Espira más e inspira menos. A esto se le denomina la respiración Yin. Ayudará a llevar la energía hacia abajo por la parte frontal mucho más fácilmente.

(3) Posición Yin, visión lateral (Figura 3-90). Cuando las líneas del pulgar y del dedo gordo del pie están unidas, conectan todos los músculos, tendones y huesos con la columna vertebral haciendo que actúen como una estructura única. Esto ayudará al poder del enraizamiento en la línea frontal de energía.

Figura 3-90. Sosteniendo la Urna Dorada. Posición Yin. Vista lateral

En la posición Yin el flujo va desde los pulgares hasta la parte alta de los brazos, y los dedos gordos del pie se conectan con las rodillas, el ombligo y los pulgares. Los pulgares están conectados con los pulmones y con los tendones que bajan por el cuerpo y por la parte frontal de las piernas hasta los dedos gordos del pie.

Sosteniendo la Urna Dorada. Práctica de enraizamiento

Tu compañero deberá presionar su muñeca con los dedos pulgar e índice, situando la otra mano en su cadera. Comienza con el lado izquierdo, y prosigue después con el derecho.

Enraizamiento

(1) Enraizamiento de la posición Yang: Sitúate en la posición Yang y envía energía al abdomen, la médula espinal y el

cuello. Siente la fuerza en la columna, como un arco tenso. Ahora, tensa las líneas de los tendones extendiendo los dedos meñiques hacia afuera, con fuerza. Que tu compañero trate de sacarte de esta postura, presionando gradualmente contra tu muñeca y tu cadera [Figura 3-91 (a)].

(2) Enraizamiento de la posición Yin: Con el cuerpo conectado en el enraizamiento de la posición Yang, gira las manos hacia arriba y así podrás traspasar la fuerza al suelo, a través de la estructura ósea. Los pulgares se hallarán unidos con los dedos gordos del pie. Deberás sentir cómo los pulgares van acumulando fuerza. Toda la línea frontal, que comienza con los pulgares y continúa por el brazo, la mano, la parte anterior de la cabeza, el oído, la axila, la parte delantera de la cadera, la pierna y el dedo gordo del pie, está conectada y ofrece resistencia a la fuerza ejercida por tu compañero. Dile a tu compañero que trate de sacarte de la posición incrementando gradualmente su presión sobre la muñeca y la cadera.

Empuje posterior y frontal

El empuje desde atrás refuerza la totalidad de la columna vertebral, los dedos meñiques y los dedos pequeños del pie, así como el tejido conjuntivo de la parte posterior del cuerpo. Vuelve a la posición Yang. Asegúrate de presionar hacia abajo los dedos de los pies, sintiendo que haces fuerza sobre los dedos pequeños de los pies y sobre los dedos meñiques de las manos. Haz que tu compañero te empuje por detrás mientras tú adoptas esta posición [Figura 3-91 (b)].

a) Empuje lateral

b) Empuje por detrás

c) El empuje frontal incrementará la fuerza de los pulgares y de los tendones

Figura 3-91. Empujes lateral, por detrás y frontal

Cuando los tendones se utilizan de manera adecuada, se requiere mucho menos esfuerzo para mantener la estructura correctamente. En la posición Yang, experimenta la sensación de apoyo a lo largo de toda la línea de tendones.

Espira y relájate. Comienza en la posición Yang. Condensa la energía en toda la espalda y en el cuello. Pasa a la posición Yin girando las manos hacia arriba y tirando de los pulgares hacia atrás. Siente la relación que se establece entre los pulgares y los dedos gordos del pie. Permanece atento a esta sensación mientras tu compañero te empuja, en la posición Yin.

RESUMEN DE «SOSTENER LA URNA DORADA»

Posición Yang

(1) En pie, con una separación entre los pies igual a la distancia entre rodilla y dedo gordo, deja caer los codos hacia abajo, mantén las manos abiertas a la altura de los hombros con las palmas hacia bajo, bloquea las muñecas, mantén las manos formando un ángulo de 45 grados con los antebrazos, tensa los dedos meñiques para sentir la energía en los dedos pequeños de los pies. (El meridiano de tendones y músculos que parte de los dedos meñiques pasa por los brazos, la parte lateral del rostro, alrededor de las orejas, desciende por la parte externa de los brazos, los omóplatos, el sacro, y por la parte externa de las piernas llega a los dedos pequeños de los pies).

(2) Respira hacia el ombligo (respiración del bajo abdomen)

(3) Espira, tira hacia arriba de los genitales, del perineo y del ano, bloqueando las rodillas y los pies.

(4) Inspira y condensa la energía en el ombligo.

(5) Inspira y condensa en el abdomen medio.

(6)   Inspira y condensa en el bajo abdomen.

(7)   Inspira, inclina el sacro y condensa ahí.

(8)   Inspira y condensa el punto T-11 y la zona de los riñones.

(9)   Inspira, bloquea el cuello, lleva la energía al punto C-7 e infla el cuello.

(10) Inspira hacia el Cojín de Jade, tensa el cráneo y los huesos temporales.

(11) Inspira y lleva el aire a la coronilla.

Posición Yin

(1)   Espira, gira las manos, con las muñecas bloqueadas, vigoriza los pulgares y lleva la energía hacia abajo. (La vía que parte de los pulgares pasa por la parte interna de los brazos, los huesos del cuello, los costados del esternón, el ombligo, la parte interna de ambos muslos, las piernas y los dedos gordos de los pies.)

(2)   Coloca las manos sobre el ombligo, une los pies y relájate.

(3)   Practica el proceso de la respiración ósea.

LA TORTUGA DORADA Y EL BÚFALO ACUÁTICO

Las personas con elevada presión sanguínea deberán consultar a un médico antes de llevar a cabo esta postura.

Esta postura energetiza los dedos de los pies y todos sus tendones, así como el tejido conjuntivo de los muslos, de las piernas y de la espalda, la médula espinal, el sacro, los riñones, las glándulas adrenales, el cuello y la cabeza,

Se le denomina también «Lomo de Tortuga». La espalda resulta energetizada como un globo inflado.

Entre los logros que se consiguen con esta postura se hallan todos los generados por la de mantenerse erguido sobre la cabeza, aunque con ésta no es sólo sangre lo que fluye hasta la cabeza, sino también el Chi, lo que hace más fácil dirigir y circular el flujo de sangre hacia abajo.

Tal vez sientas una tensión excesiva la primera vez que practiques la postura del Búfalo/Tortuga, debido a cierta debilidad en los muslos o a una excesiva rigidez en la articulación de la cadera, aunque no llegues a inclinarte excesivamente en la posición. Si este es tu caso, practica con una silla o una mesa delante de ti, sobre la cual puedas descansar los brazos. Este apoyo te permitirá trabajar de un modo gradual esta postura sin generar una tensión excesiva (Figura 3-92).

Es muy importante mantener la espalda recta y paralela al suelo. En un principio puede resultar difícil controlar esto.

Nota que la espalda está plana y paralela al suelo

Figura 3-92. Postura del Búfalo/Tortuga. Vista lateral

Practica frente a un espejo para ir desarrollando el sentido interno de esta postura.

La Tortuga Dorada metiéndose en el agua. Posición Yang

(1) Coloca las piernas en la postura estándar.

(2) Comienza con la respiración energética. Respira entre nueve y dieciocho veces, inspirando más y espirando menos. Al espirar mantén el abdomen plano junto a la columna.

(3) Inspira. Tensa los puños. Dobla los antebrazos sobre los brazos, redondea la espalda y hunde el pecho. Espira y dóblate hacia delante con la espalda recta, de modo que la línea que va del coxis a la cúspide de la cabeza sea horizontal al suelo (Figura 3-93).

(4) Mantén los antebrazos doblados sobre los brazos, descansando contra el pecho (Figura 3-94). Mantén las

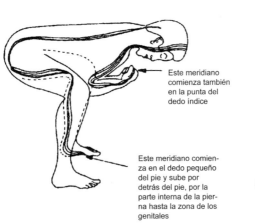

Este meridiano comienza también en la punta del dedo índice

Este meridiano comienza en el dedo pequeño del pie y sube por detrás del pie, por la parte interna de la pierna hasta la zona de los genitales

Figura 3-93. El meridiano tendo-muscular en la posición de la Tortuga

Figura 3-94. Posición de los antebrazos durante la Tortuga Dorada

axilas abiertas de modo que en ellas haya espacio suficiente como para alojar un huevo de paloma. Redondea los omóplatos. La espalda adopta así la forma de una tortuga, al tiempo que se energetiza con Chi.

(5) Bloquea el sacro y abre las rodillas de forma que notes el peso del cuerpo cayendo sobre las caderas, las rodillas, los pies y, finalmente, la tierra. La columna deberá permanecer horizontal a la tierra. Tira de la energía hacia la zona de la ingle, donde reside la energía sexual. Esconde el mentón y mantén el cuello firme en esta postura. Presiona los codos hacia la parte interior de las rodillas, mientras con ellas presionas hacia adentro a fin de equilibrar la fuerza. Ambas presiones deben tener la misma intensidad.

(6) Inspira un diez por ciento y lleva la energía a la región abdominal (ombligo). Aguanta hasta que pierdas el aliento.

(7) Inspira y condensa la energía en el bajo abdomen.

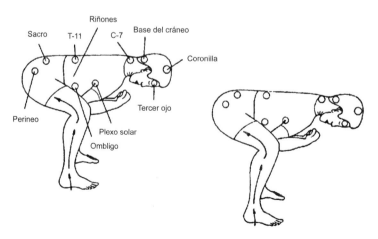

Figura 3-95. Condensación de la energía durante la Tortuga Dorada

a) Partiendo de la posición básica, con los bordes externos de los pies paralelos, ponte en cuclillas, colocando los codos entre las rodillas y uniendo las palmas de las manos Mantén la espalda lo más paralela posible al suelo y los ojos mirando hacia arriba. Presiona con los codos hacia las rodillas y resiste con éstas a dicha presión. Presiona y resiste durante dos segundos, luego deja de presionar y relájate

b) Engancha los dos codos por la parte trasera de los muslos, con los antebrazos detrás de las rodillas (Vista frontal)

c) Vista lateral

d) Agarra el antebrazo o el codo con la mano opuesta. Lleva la cabeza hacia abajo, al igual que las posaderas, permaneciendo como si mirases a la rabadilla. Esto es importante para proteger la espalda. Baja los omóplatos y deja que el T-11 sea el punto más elevado del cuerpo

e) Tira hacia arriba con vigor, forzando el T-11 y la parte media de la espalda hacia arriba, en contra de la resistencia presentada por los muslos, la cabeza y el sacro. Tira y resiste sólo durante dos segundos. Descansa

Figura 3-96. Estos ejercicios pueden hacerse desde la postura de la Tortuga Dorada. Para obtener mejores resultados, deberán realizarse en la secuencia indicada, repitiendo toda la serie tres veces

f) Suelta los brazos y llévalos a los costados, girando los antebrazos de forma que las palmas miren hacia el suelo. Tira al mismo tiempo de los omóplatos

g) Lleva los codos y la cabeza hacia arriba

h) Presiona vigorosamente hacia arriba con la cabeza, elevándola y mirando hacia delante, mientras presionas con el esternón hacia delante. Permanece así durante dos segundos y luego relájate (Vista lateral)

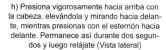

Esternón hacia afuera

i) Vista frontal

j) Cierra los brazos alrededor de una rodilla, agarrándote los codos por debajo de ella, mientras miras hacia el suelo

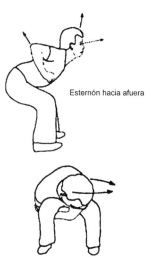

k) Sigue mirando hacia el suelo mientras tiras con las orejas y con la rabadilla hacia el lado opuesto a la rodilla que estás abrazando, mientras resistes a esta presión con dicha rodilla. Tras dos segundos, coloca las manos en el suelo, mueve la rabadilla para relajarte y luego repite el ejercicio en el lado opuesto. Mueve la rabadilla de nuevo para relajar la columna. Durante este ejercicio, la totalidad de la columna vertebral, desde la cabeza a la rabadilla, deberá formar una curva como la de la letra «C», paralela al suelo, y deberás sentir un tirón en los lados de la columna y en el cuello

Figura 3-96 (continuación)

(8) Inspira, condensa la energía en el perineo y tira de los órganos sexuales con más fuerza. Aspira la energía de la Madre Tierra, y llévala al perineo.

(9) Inspira, condensa la energía en el sacro e inclínalo. Tira hacia arriba de los órganos sexuales con mayor firmeza.

(10) Inspira, condensa la energía en el T-11, los riñones y la zona de las glándulas adrenales. Inclina el T-11. Siente la totalidad de la columna como un arco totalmente flexionado. Infla la parte inferior de la espalda con la presión del Chi y energetiza los riñones.

(11) Inspira, condensa la energía en el C-7. Tensa el cuello y los huesos craneales. Cierra los dientes.

(12) Inspira y lleva el aire a la cúspide de la cabeza (Figura 3-95).

Observa la figura 3-96 de la (a) a la (k), donde se muestran ejercicios adicionales, que han de realizarse utilizando la postura de la Tortuga Dorada.

El Búfalo Acuático. Posición Yin

(1) Tras condensar la energía en la cabeza, espira y mira ligeramente hacia arriba elevando un poco el cuello, relajando así la tensión. Extiende los brazos hacia abajo frente a ti con el dorso de las manos hacia adelante y la punta de los dedos tocando el perineo y el ano, o bien tocando el suelo. Mantén la ingle abierta (Figura 3-97).

(2) Practica el proceso respiratorio de la ingle abierta (Figura 3-98). Relájate manteniendo la lengua hacia arriba. Inspira menos y espira más, respirando directamente hacia la zona de la ingle. En esta posición, la ingle está abierta, y tú podrás respirar directamente hacia la

Figura 3-97. El Búfalo. Vista lateral derecha

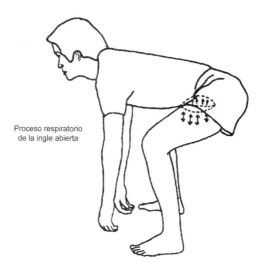

Proceso respiratorio
de la ingle abierta

Figura 3-98. El Búfalo. Vista lateral izquierda

parte baja del cuerpo, lo que energetizará enormemente los órganos sexuales y estimulará la circulación. Respira con facilidad y nota cómo desciende la energía hasta el ombligo y el perineo, activando y reforzando la circulación en la parte baja del abdomen. Los diafragmas urogenital y pélvico, que sostienen a los órganos sexuales, la vejiga y los intestinos grueso y delgado, resultarán también activados.

Una vez normalizada tu respiración, cierra los ojos. Vuelve lentamente a la postura erguida. Recuerda levantarte muy despacio para evitar vértigos. Permanece erguido. Genera algo de saliva y, tensando el cuello, trágala hasta el ombligo produciendo un sonido gutural. Siente la saliva disparada hacia abajo y cómo se quema con el poder del Chi. Normaliza la respiración y coloca las manos sobre el ombligo. Recoge el Chi en ese punto.

Practica la respiración ósea para absorber el Chi en los huesos. Medita en pie durante un momento. Si lo deseas, haz circular el Chi en la Órbita Microcósmica; luego camina un poco, estirando las piernas y barriendo el pecho hacia abajo con las manos.

Posición de la Tortuga. Práctica de enraizamiento

En la posición de la Tortuga, los codos se mantienen tensos, presionando contra los muslos, de forma que se puede sentir cómo la energía se concentra en la zona de la ingle. La columna está horizontal al suelo (Figura 3-99). Condensa el Chi a lo largo de toda la espalda. Haz que tu compañero se mantenga en pie en el lado izquierdo, colocando una mano en

Vista frontal

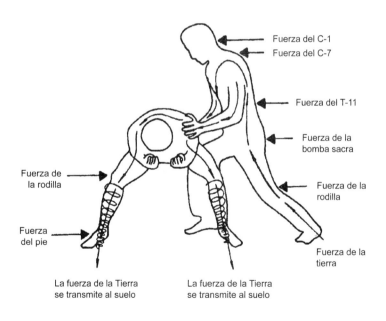

Figura 3-99. La Tortuga

235

Figura 3-100. Práctica del enraizamiento en la posición de la Tortuga Dorada. Postura del lado izquierdo

tu hombro y la otra en tu cadera (Figura 3-100). Cuando tu compañero te empuje, bloquea el sacro. Abre ligeramente las piernas y ajusta los pies, al objeto de alinear la fuerza ejercida por tu compañero hacia el suelo. Vuélvete uno con la tierra. Empuja gradualmente, incrementando la presión hasta donde puedas. Tu estructura ósea es como una esponja que absorbe la fuerza y la transfiere al suelo.

Cuando ya no puedas más, tu compañero deberá dejar de empujar. Cuando te habitúes a esta práctica y sientas tu estructura corporal como si fuera una sola pieza, sentirás cómo se relajan tus músculos sin necesidad de la respiración condensada. Simplemente concentrándote en el flujo del Chi y relajándote, toda la fuerza pasará a través de tu estructura ósea.

Cambia de lado y haz que tu compañero te empuje de un modo gradual (Figura 3-101). La finalidad no es derribarte, sino hacerte sentir la procedencia de la fuerza, para que la puedas redirigir hacia la tierra.

Figura 3-101. La Tortuga Dorada. Postura del lado derecho

Si la fuerza se ejerce de una manera gradual, podrás sentir hacia dónde se dirige dicha fuerza, lo que te permitirá realinear o relajar la parte del cuerpo correspondiente para permitir que la fuerza la atraviese libremente.

Equilibra siempre ambos lados, haciendo que tu compañero empuje por el lado izquierdo y luego por el derecho. Recuerda que, normalmente, un lado es más fuerte que el otro.

Cuando seas capaz de redirigir la fuerza desde cualquier parte de tu cuerpo, podrás comenzar a aprender a reabsorber dicha fuerza de la tierra. La fuerza ejercida por tu compañero, que es dirigida hacia la tierra, posteriormente puede ser reabsorbida desde la tierra, y entonces es mucho más poderosa que antes. Esta energía podrá utilizarse para la autocuración o bien para contrarrestar el empuje de tu compañero. En los niveles más elevados podrás transmitir esta fuerza a tu compañero, para sanarlo también a él.

Después de cada empujón, vuelve a la posición del Búfalo. El mentón hacia arriba, los hombros relajados, las manos cayendo cerca de la zona de la ingle, o tocando los órganos sexuales para reforzar la energía de los diafragmas pélvico y urogenital. Respira profundamente hacia la zona de la ingle para reforzar la energía sexual/creativa.

La postura de la Tortuga refuerza la columna y la totalidad de la espalda. Cuando el compañero te empuje desde la izquierda, notarás cómo pasa la fuerza por el hombro izquierdo, el omóplato, la columna y el omóplato derecho, luego desciende por la columna hasta la cadera, el muslo derecho, la pierna y el pie derechos, y el suelo. Al mismo tiempo, siente la respiración de la planta de sus pies, «agarrando» el suelo con los dedos.

Si la presión es excesiva, el pie izquierdo se levantará. Vuelve a poner el pie izquierdo en el suelo ejerciendo más presión en la cadera, hacia el muslo y la pierna.

El compañero deberá ser aproximadamente del mismo peso, estatura y fuerza que tú.

Postura de la Tortuga/Búfalo. Práctica del enraizamiento frontal

Tu compañero deberá colocar una mano en cada hombro tuyo empujando gradualmente a fin de reforzar el aspecto frontal de esta postura (Figura 3-102). Para mantener esta difícil posición, deberás sentir gradualmente la conexión de los hombros con los omóplatos, la columna, el sacro y las caderas. El enraizamiento frontal requiere de una práctica más prolongada. Los pies y las plantas de los pies aquí revisten una gran importancia. Con la práctica llegarás a mantener los pies en contacto firme con el suelo.

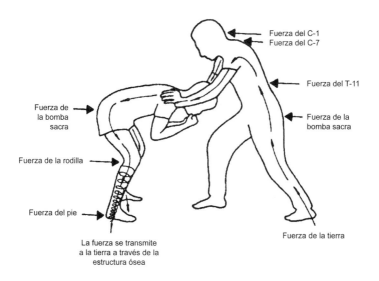

Fuerza del C-1
Fuerza del C-7

Fuerza del T-11

Fuerza de la bomba sacra

Fuerza de la bomba sacra

Fuerza de la rodilla

Fuerza del pie

La fuerza se transmite a la tierra a través de la estructura ósea

Fuerza de la tierra

Figura 3-102. Postura de la Tortuga/Búfalo. Práctica del enraizamiento frontal.

RESÚMENES DE LA TORTUGA DORADA
Y DEL BÚFALO ACUÁTICO

La Tortuga Dorada metiéndose en el agua (Posición Yang)

(1)   Coloca la lengua contra el cielo de la boca.

(2)   Practica la respiración del bajo abdomen, en pie.

(3)   Dóblate hacia adelante con la espalda derecha, dobla los brazos contra el cuerpo, mantén la línea de la espalda también en el cuello y cierra los puños.

(4)   Inspira y condensa en el ombligo.

(5)   Inspira y condensa en el abdomen medio.

(6)   Inspira y condensa en el bajo abdomen.

(7)   Inspira y condensa en el perineo.

(8)   Inspira y condensa en el sacro.

(9)   Inspira y condensa en el T-11.

(10) Inspira y condensa en el C-7.

(11) Inspira y condensa en el Cojín de Jade.

(12) Inspira y condensa en la cúspide de la cabeza.

(13) Inspira y condensa por toda la espalda.

El Búfalo Acuático emergiendo del agua (Posición Yin)

(1)   Espira y regula tu respiración.

(2)   Mira hacia arriba con la cabeza y los ojos, pero sin tirantez. Mantén la espalda nivelada y extiende los brazos con las manos hacia el suelo ligeramente detrás de ti o tocando la zona de la ingle. Mantén la misma posición de la espalda.

(3)   Practica la respiración del bajo abdomen mientras te concentras en la zona genital.

(4) Cierra los ojos y levántate poco a poco. Coloca las manos en la zona del ombligo y recoge la energía.

(5) Practica el proceso de la respiración ósea.

(6) Ejercita los músculos.

EL FÉNIX DORADO LIMPIA SUS PLUMAS

La posición del Fénix Dorado refuerza ambos lados de las costillas, desde las axilas hasta las caderas, y condensa la presión del Chi en los órganos más importantes. En el lado izquierdo condensa y envuelve en Chi el riñón izquierdo, el bazo, el pulmón izquierdo y el corazón. En el lado derecho, el riñón derecho, el hígado y el pulmón derecho (Figura 3-103).

La posición del Fénix también refuerza los dedos, los dedos de los pies, los tendones y la lengua (la cual constituye uno de los tendones más importantes del cuerpo) así como todos los demás tendones. Los dedos meñiques son muy pequeños pero pueden activar muchos tendones, especialmente en los costados del cuerpo.

Práctica

(1) En la postura del Caballo de la Camisa de Hierro [Figura 3-104 (a)], coloca los brazos a ambos lados del cuerpo. Practica la respiración energética para ventilar la energía.

(2) Levanta los brazos por ambos lados, girándolos de modo que las muñecas queden rectas [Figura 3-104 (b)]. Comienza a girar las palmas hacia arriba, acercándolas al cuerpo, como si guardaras algo debajo de los brazos. Los dedos meñiques estarán señalando hacia arriba, al techo

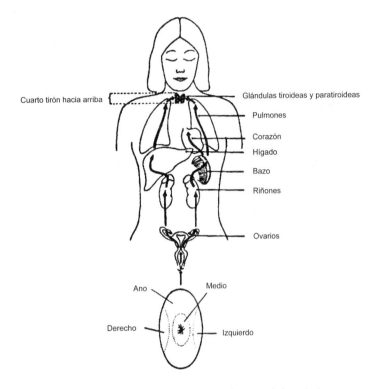

Cuarto tirón hacia arriba

Glándulas tiroideas y paratiroideas

Pulmones

Corazón

Hígado

Bazo

Riñones

Ovarios

Ano

Medio

Derecho

Izquierdo

Figura 3-103. Condensa y envuelve el Chi en los órganos más importantes

[Figura 3-104 (c)]. Nota el tirón de los tendones desde los brazos a las orejas, rodeándolas, y bajando por ambos costados hasta llegar a los dedos pequeños del pie. Los omóplatos permanecen redondeados. Los músculos del cuello y los trapecios permanecen relajados, a fin de que las manos y los brazos queden conectados. Los codos están doblados hacia el costado.

(3) Inspira mientras tiras hacia arriba de los lados izquierdo y derecho del ano, llevando la energía sexual desde los testículos/ovarios hasta los riñones. Condensa la energía en los riñones y en las glándulas adrenales, situadas en la

a) En la postura del caballo de la Camisa de Hierro, coloca los brazos a ambos costados. Practica la respiración energética para ventilar la energía

b) Levanta los brazos por ambos costados y gíralos un poco para que las muñecas estén derechas

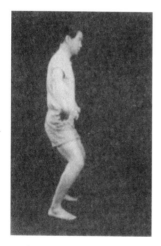

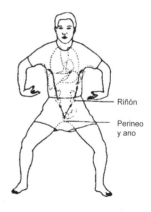

Riñón

Perineo y ano

c) Las palmas de las manos miran hacia arriba y están giradas hacia el cuerpo. Los dedos meñiques apuntan hacia arriba

d) Condensa la energía en los testículos/ovarios, en los riñones, luego en el bazo por el lado izquierdo y en el hígado por el derecho. Al seguir condensando y tirando de la energía hacia el corazón y los pulmones, sentirás que la caja torácica se desplaza hacia arriba y hacia fuera

Figura 3-104

e) Las palmas de las manos siguen
mirando hacia arriba

f) Vista lateral

g) Gira un poco las manos

h) Empuja desde el C-7 hundiendo el
esternón y presionando hacia la espalda

Figura 3-104 (continuación)

parte superior de los riñones, a la altura del plexo solar. Lleva las palmas de las manos hacia ambos costados, sintiendo la tensión y el tirón de los tendones de la parte interna del brazo, hasta los codos, los dedos meñiques y los dedos pequeños del pie.

(4) Inspira hacia las axilas, tirando de nuevo de la energía sexual de los testículos/ovarios hacia los riñones y más arriba hacia el bazo, en el lado izquierdo y hacia el hígado en el derecho. Mantén y condensa el Chi en los órganos y luego envuélvelos con él. Las palmas de las manos siguen mirando hacia arriba y los dedos meñiques apuntan hacia el techo. Inspira y cierra más las axilas, tirando de la energía sexual hacia el corazón y los pulmones. Llena los pulmones con Chi.

(5) Siente cómo toda la caja torácica y las axilas se desplazan hacia fuera, llenos de Chi [Figura 3-104 (d)].

(6) Cuando estés lo más cerca posible de las axilas [Figura 3-104 (e)] espira, manteniendo la contracción del ano y el tirón de los genitales. Gira un poco las manos. Pon las palmas mirando hacia arriba [Figura 3-104 (g)], tirando de los omóplatos, que están conectados a la tierra. Los antebrazos permanecen rectos. Los codos hacia atrás. Los puños cerrados. Las rodillas abiertas. Empuja desde el esternón al C-7 para sentir la fuerza que, procedente de la tierra, sube por las piernas, el sacro, la columna, los omóplatos y las manos [Figura 3-104 (h)]. Al empujar, extiende los brazos y espira utilizando el primer sonido curativo, el Sonido de los Pulmones «SSSSSSS» (la explicación detallada de los Seis Sonidos Curativos se halla en el libro *Sistemas taoístas para transformar el estrés en*

i) Empuja y extiende los brazos totalmente. Vista lateral

j) Vista frontal de los brazos totalmente extendidos

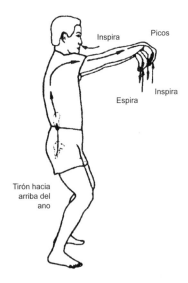

k) Une los dedos formando «picos»

l) Vista frontal del tirón de los «picos»

Figura 3-104 (continuación)

vitalidad). Desde las palmas de las manos hasta los pies, te sentirás como si fueras una sola pieza. Esto es lo que quiere decir la palabra «estructura».

(7) Cuando los brazos estén totalmente extendidos [Figuras 3-104 (i) y (j)], inspira y contrae la parte central del ano, tirando hacia arriba de los órganos sexuales. Nota el tirón en la punta de los dedos de ambas manos. Une todos los dedos de las manos en punta, presionándolas, ejerciendo más fuerza en los meñiques (que deberán estar en el centro, y todos los demás presionarán sobre ellos). Esta posición de los dedos se llama «pico» [Figura 3-104 (k)]. Siente cómo la fuerza del tirón en el ano y la fuerza en las puntas de los dedos se combinan formando una única fuerza.

(8) Inspira, tira de los «picos» hacia adentro, desde los codos, y contrae la parte central del ano [Figura 3-104 (1)]. Nota cómo la fuerza del ano y del órgano sexual empuja a los «picos».

(9) Inspira de nuevo, tira de los «picos» hacia el cuerpo y aprieta todavía más el ano y la zona de los genitales [Figura 3-104 (m)]. Mientras inspiras, tira de los codos y de las muñecas hacia el pecho con los «picos» apuntando hacia fuera.

(10) Espira al abrir los «picos», extiende los brazos hacia delante y separa los dedos [Figura 3-104 (n)]. Espira usando el Segundo Sonido Curativo, el Sonido de los Riñones «UOOOOOOO» y baja los brazos por delante, los talones de las manos marcan el camino de este movimiento, que se origina en los hombros [Figura 3-104 (o)]. Cuando los brazos lleguen a ambos lados de las

m) Vista parcial del tirón de los «picos»

n) Espira. Deshaga los «picos». Presiona los brazos contra la parte frontal del cuerpo

o) Vista frontal de los brazos presionando hacia abajo

Separación de los dedos

Separación de los pies

p) Los órganos sexuales están conectados con la lengua

Figura 3-104 (continuación)

caderas, bloquea los codos, mantén los dedos separados y gira las manos lateralmente a ambos lados, hacia fuera. Flexiona hacia fuera los tendones de los dedos, especialmente los meñiques y los pulgares. Separa los dedos de los pies, sobre todo los pequeños. Al mismo tiempo, saca la lengua todo lo que puedas, hacia el mentón [Figura 3-104 (p)]. Mírate la nariz. Siente la lengua y los órganos sexuales tirando hacia arriba, unidos en una sola línea. Finalmente, gira hacia dentro los dedos gordos del pie y los talones y luego mueve los pies uno hacia el otro mediante «pasitos» dados con los dedos gordos y los talones alternativamente, hasta que ambos pies estén juntos. Esto reforzará los tendones de los pies.

Repita los pasos (6) al (10). Sin embargo, ahora, sustituye el Sonido del Pulmón del paso (6) al empujar las palmas delante de ti por el Tercer Sonido Curativo, el sonido del Hígado «SHHHHHHHHHHH». Sustituye el sonido del Riñón del paso (10) al bajar los brazos por delante, por el cuarto Sonido Curativo, el Sonido del Corazón «HAUUUUUUUU». Repite los pasos seis al diez una vez más. Sustituye los Sonidos del Pulmón e Hígado del paso (6) por el Quinto Sonido Curativo, el Sonido del Bazo «HUUUUUUUUU». Reemplaza los Sonidos del Riñón y del Corazón del paso (10) por el Sexto Sonido Curativo, el Sonido del Triple Calentador: el Sonido «HIIIIIIIIII».

Deberás sentir conectadas las piernas, los tendones vertebrales, los omóplatos y los brazos.

(11) Separa los dedos y extiende los brazos (al separar los dedos ya se está utilizando el poder de los tendones).

Nota cómo sale la fuerza de los omóplatos. Relájate. Siente cómo se distribuye el Chi por todos los tendones de las manos, las piernas y la lengua. Recuerda que la lengua está conectada a los tendones.

Práctica del enraizamiento en el Fénix Dorado: siente cómo se transmite la fuerza desde la mano al suelo

Practica la postura del Fénix Dorado y extiende los brazos hacia fuera. Bloquea los codos y las muñecas. Redondea los omóplatos. Tira hacia arriba de la parte central del ano y de la zona de los genitales. Abre las rodillas. Siente que las palmas de las manos y los pies están conectados al suelo. Que tu compañero golpee con sus palmas las tuyas. Si estás bien conectado y con los músculos del cuello relajados, sentirás cómo la fuerza se transmite al suelo.

Práctica del levantamiento conectado

Este ejercicio requiere que se bloqueen las muñecas, con los hombros y los omóplatos conectados, mientras el compañero trata de levantarte hacia arriba. Hay que tener mucho cuidado, pues uno puede lastimarse.

Baja los brazos, los hombros y los omóplatos, mientras llevas las manos a los lados de los muslos. Coloca las palmas hacia abajo, lleva los codos hacia atrás, cierra las muñecas, redondea los omóplatos y siente la conexión con la columna vertebral. Que tu compañero sitúe una pierna entre las tuyas, con sus palmas contra las tuyas, y te levante (Figura 3-105). El compañero deberá ser de tu misma altura. Asegúrate de bloquear los codos, las muñecas y los omóplatos; de lo contrario, podrías lastimarte las muñecas o los omóplatos, y tu compañero no podrá levantarte.

El enraizamiento de los «picos»

Extiende los brazos y forma «picos», conectando los brazos con los omóplatos, la columna, las piernas y los pies. Que tu compañero te empuje las muñecas, y siente cómo la fuerza se transmite hacia el suelo (Figura 3-106).

Figura 3-106. Práctica del enraizamiento de los «picos»

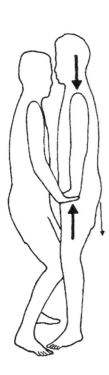

Figura 3-105. Práctica del levantamiento

Resumen del Fénix Dorado limpiando sus plumas

a. Practica la respiración del bajo abdomen, en posición erguida.

b. Sitúa los brazos delante del cuerpo, con los dorsos de las manos frente a frente. Inspira y haz que los brazos caigan por los lados, con los dedos apuntando hacia las costillas, y tira hacia arriba del perineo y del ano. Condensa en el tejido conjuntivo a ambos lados de las costillas y en los riñones. Inspira levantando las manos por los costados. Condensa el Chi y envuelve con él el hígado y el bazo. Inspira una vez más, levantando las manos más alto y condensa el Chi envolviendo con él los pulmones y el corazón.

c. Espira manteniendo cerrados el perineo y el ano mientras levantas las manos al nivel de los hombros. Mantén las muñecas flexionadas.

d. Inspira y tensa el perineo y el ano. Forma «picos» con los dedos y llévalos hacia los hombros. Repítelo dos veces más, levantando los «picos» un poco más cada vez.

e. Espira, afloja el perineo y el ano y baja los brazos mientras, al mismo tiempo, enderezas y bloqueas los codos y las rodillas. Cuando las manos estén abajo con las muñecas flexionadas, gíralas hacia afuera, hacia los lados de los muslos y separa los dedos de las manos y de los pies todo lo que puedas. Saca la lengua y tira hacia arriba del ano y de los órganos sexuales.

f. Recoge la energía Chi en el ombligo.

g. Practica el proceso de la respiración ósea.

EL PUENTE DE HIERRO

El Puente de Hierro fue diseñado para reforzar los tejidos conjuntivos de la parte frontal y trasera del cuerpo. Al
reforzar el tejido conjuntivo desde la pelvis hasta el cuello y a
ambos lados de la caja torácica, se incrementará en gran medida el flujo del Chi entre el tejido conjuntivo y tonificará los
músculos frontales y posteriores de manera considerable.

Al arquear la columna hacia atrás, se refuerza la parte
baja de la espalda, especialmente la región lumbar. Al tensar la
parte alta de la columna en dirección opuesta a la de su curva
natural, se ayudará a disminuir la frecuentemente excesiva
curvatura de dicha zona de la espalda, flexibilizando la articulación del hombro y abriendo el pecho. Lo más importante
que se debe recordar es que hay que doblar desde arriba y no
desde la cadera.

Puente de Hierro, en pie. Posición Yang

Esta postura creará una enorme cantidad de energía Chi
que subirá por la espina dorsal hasta la cabeza.

(1) Colócate en pie, con las rodillas derechas y los pies separados un paso. Para los principiantes es más conveniente colocar los pies de modo que los segundos dedos
apunten hacia delante. Si se giran los dedos de los pies
hacia fuera, se originará una compresión innecesaria en
la parte baja de la columna, incluso si las rodillas están
bloqueadas y los muslos y los glúteos firmes. Une los
pulgares y los índices formando un aro mientras los
dedos restantes permanecen unidos. Mantén las manos
rectas, abajo y ligeramente delante del cuerpo.

(2)   Comienza la respiración abdominal, espira y aplana el abdomen. Inspira todo lo que puedas. Lleva las manos hacia arriba y a la espalda, dobla los codos hacia atrás y sitúa las palmas hacia arriba [Figura 3-107 (a)]. Los dedos deberán estar a unos 5 cm, intenta subirlos hacia los omóplatos [Figura 3-107 (b)]. Esto abrirá el esternón, activará la glándula timo, la tiroides, la paratiroides y el tejido conjuntivo del pecho y de los costados.

(3)   Todas las tensiones existentes en el pecho y en el abdomen se pueden eliminar. Las caderas se mantendrán sobre los pies. Es muy importante arquear la parte alta y media de la espalda, no la cadera. Ello reforzará el tejido conjuntivo frontal. Un excesivo arqueo de la parte baja de la columna y de las caderas puede producir

a) Posición erguida   b) Vista posterior de esta posición con el
                                          detalle de los dedos

Figura 3-107. El Puente de Hierro

daños en los discos existentes entre las vértebras y también pinzamientos en los nervios. Además, si el arqueo del Puente de Hierro se efectúa principalmente en la parte inferior de la columna, se reforzará mucho menos el tejido conjuntivo de la parte frontal del cuerpo. Para mantener protegida la parte baja de la columna se deberá arquear la espalda con fuerza desde arriba, mientras se mantienen firmes los muslos y los glúteos. Al hacerlo, sentirás que estás forzando al sacro hacia abajo, minimizando la presión sobre la parte baja de la columna. Las rodillas deberán estar firmemente bloqueadas y derechas. Ello permitirá tensar con firmeza los muslos y los glúteos.

(4) Cierra los dientes. Al arquearte hacia atrás comienza por la cabeza. Inclina la cabeza hacia atrás desde la parte alta del cuello, hasta que sientas estirado el tejido conjuntivo de la parte delantera del cuello. No la dejes caer totalmente hacia atrás, pues eso es muy perjudicial para las vértebras del cuello. Si lo haces correctamente, sentirás que el cuello se está alargando hacia arriba, pese a estar inclinado hacia atrás. Si notas algún tipo de incomodidad, es que estás realizando la práctica de una manera incorrecta, o bien que estás estirando demasiado.

Mira hacia atrás, cerrando y empujando el tejido conjuntivo del cuello [Figura 3-107 (c)]. En cuanto se haya estirado adecuadamente la parte delantera del cuello, sentirás cómo el pecho sube de manera automática, estirando también el abdomen. Al estirar el abdomen, empuja la pelvis hacia delante, manteniendo muy firmes las caderas y los muslos. Al estirar el pecho, siente cómo

c) Mira hacia atrás y tira del tejido
conjuntivo del cuello

d) Arquea las partes alta y
media de la espalda

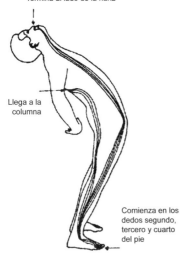

Termina al lado de la nariz

Llega a la
columna

Comienza en los
dedos segundo,
tercero y cuarto
del pie

e) Se nota que el estiramiento se inicia en
los dedos segundo, tercero y cuarto del pie,
de ahí pasa a la columna, hasta terminar a
ambos lados de la nariz

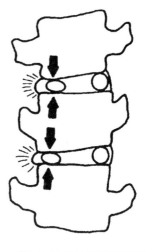

f) Un excesivo arqueo de las caderas
y de la parte baja de la espalda
puede dañar los discos

Figura 3-107 (continuación)

el esternón es empujado hacia adelante y hacia arriba. De este modo, la parte superior de la espalda se arquea, en lugar de hacerlo únicamente la parte baja [Figura 107 (d)].

Si lo haces correctamente, sentirás cómo se estira el tejido conjuntivo, desde la ingle hasta el pecho y el cuello, como un tambor, sin por ello tener que arquearse demasiado hacia atrás [Figura 3-107 (e)]. Si te inclinas mucho hacia atrás, con toda seguridad estarás arqueando demasiado la parte baja de la columna [Figura 3-107 (f)].

Si la parte alta de tu columna no es demasiado flexible, o tiene un pronunciado curvamiento hacia adelante, al comenzar la práctica te parecerá que apenas se está arqueando hacia atrás; sin embargo, sí serás capaz de notar el estiramiento en la parte frontal del torso. Recuerda que, sea cual sea tu flexibilidad, si haces el ejercicio de forma adecuada, no tendrás que arquearte mucho hacia atrás. Es conveniente practicar en un principio estos estiramientos de la parte superior del cuerpo, sentado, hasta que ya se dominen, y entonces puedes hacerlos en posición erguida.

Recuerda también que si al comienzo te inclinas demasiado, puedes caerte hacia atrás. Al principio procure que un compañero esté pendiente para sostenerte en caso de necesidad.

(5) Aprieta los dedos pulgar e índice y tensa los músculos de los brazos y de los hombros. Esto le aportará estabilidad a tu postura.

(6) Aguanta la respiración y mantén esta postura entre 30 y 60 segundos.

Puente de Hierro. Posición de descanso. Posición Yin

(1) Espire. Enderézate y lleva los brazos hacia delante, manteniendo la posición de las manos, inclínate despacio hacia adelante doblando la articulación de la cadera. La cabeza queda abajo y las manos sobre el suelo o tocándolo [Figura 3-108 (a)]. No te esfuerces demasiado.

(2) Ajusta los tendones. Al principio no te inclines demasiado hacia abajo y, para mayor comodidad, puedes doblar ligeramente las rodillas. Esto es de particular importancia si practicas el enraizamiento en esta posición. Si las rodillas permanecen bloqueadas, habrá cierta tensión en ellas. Si deseas estirarte más hacia adelante, no aumentes para ello la curvatura de la parte alta de la columna. Estírate más, alargando los músculos de la parte posterior

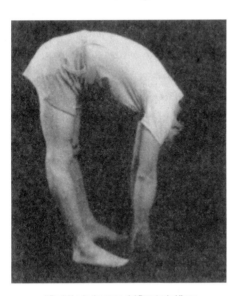

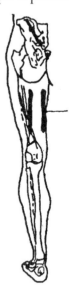

a) Posición de descanso del Puente de Hierro

b) Estirando los músculos de la parte posterior del muslo

Figura 3-108

de los muslos [Figura 3-108 (b)]. Si estás estirándote con mucha fuerza, o no eres demasiado flexible, dobla más las rodillas, de modo que la totalidad de tu abdomen pueda descansar sobre los muslos. Luego, comprueba tu flexibilidad enderezando ligeramente las rodillas, mientras mantienes el abdomen sobre los muslos. Practicando así estarás seguro de que estás estirando solamente la parte baja de la columna y los músculos de la parte posterior del muslo, sin arquear la parte alta de la espalda.

Nota cómo baja el Chi por la cabeza y por la lengua. Los tres dedos de ambas manos casi se están tocando unos a otros y tú podrás sentir que el Chi salta del dedo medio de la mano derecha al dedo medio de la mano izquierda, asciende por el brazo izquierdo hasta la columna, la cabeza, y baja hacia el ombligo. Permanece relajado hasta que sientas que la energía fluye sin obstrucción. Algunas personas pueden sentir una cierta vibración que poco a poco se va extendiendo por todo el cuerpo. Déjala actuar durante un momento, luego levántate poco a poco y permanece en pie para evitar entumecimientos. Mantén esta posición sólo mientras te sientas cómodo. Es muy dura y se debe llevar a cabo con cierta moderación.

RESUMEN DEL PUENTE DE HIERRO

Posición Yang. Puente de Hierro

(1)   Adopta la postura del caballo.

(2) Coloca las manos a ambos lados del cuerpo. Une los pulgares con los índices, formando un círculo. Los otros tres dedos permanecen juntos y derechos.

(3) Respira por el abdomen, inspira y mira hacia el techo. Arquea la espalda desde abajo, manteniendo las piernas derechas y las caderas alineadas sobre las piernas para mantener el equilibrio.

Posición Yin. Puente de Hierro

(4) Cuando ya te notes cansado, espira y lleva el cuerpo despacio a la postura erguida.

(5) Dobla las rodillas ligeramente al principio. Baja la cabeza e inclínate hacia adelante desde los hombros y el pecho, redondeando la espalda.

(6) Relaja los brazos y deja que cuelguen frente a ti manteniendo la posición de los dedos, unos frente a otros. Nota cómo fluye el Chi a través de cada dedo. Si puedes tocar el suelo, sentirás cierta conexión con la energía Chi. Respira con normalidad.

(7) Levántate despacio de esta posición. Al principio te sentirás entumecido. Permanece en pie y tranquilo durante unos instantes, recoge la energía, practica la respiración ósea y el ejercicio de poder muscular. Camina un poco o túmbate sobre la espalda y masajéate el abdomen de izquierda a derecha al objeto de hacer circular el Chi.

Ejercicios adicionales: Para reforzar los abdominales superiores, haz sentadillas con las rodillas dobladas. Los abdominales inferiores se refuerzan haciendo sentadillas con las piernas extendidas hacia delante, aunque recomendamos que este ejercicio, al igual que todos los demás, no se practique en exceso.

El Puente de Hierro. Práctica de enraizamiento

Adopta la postura. Haz que tu compañero te empuje muy suavemente. Recuerda que lo importante es arquear la parte alta de la espalda. Ten mucho cuidado al hacer estos ejercicios de enraizamiento del Puente de Hierro. Tu compañero debe saber que hay peligro al arquearse hacia atrás. La espalda y la columna vertebral podrían resultar dañadas. Sé cuidadoso y aplica la presión suavemente para evitar dañar la columna o caerte.

Enraizamiento de la posición Yin

Mientras estás doblado hacia atrás, tu compañero deberá situar una mano en tu espalda y otra en tu pecho [Figura 3-109 (a)]. Cuando tu compañero presiona con suavidad hacia abajo, observa que puedes recibir la fuerza sólo durante unos segundos. Inclínate hacia adelante para descansar y luego practica el enraizamiento en la posición hacia adelante.

Enraizamiento de la posición Yang

Mientras te encuentras inclinado hacia adelante, tu compañero presionará sus manos sobre tus hombros [Figura 3-109 (b)]. Empuja hacia arriba desde la parte baja de la columna. Él podrá utilizar todo su cuerpo para presionar hacia abajo. En esta postura se ejerce una considerable presión sobre la parte baja de la espalda. Esto reforzará mucho la parte baja de la columna vertebral, especialmente la región lumbar.

a) Enraizamiento de la posición Yin

b) Enraizamiento de la posición Yang

Figura 3-109. Enraizamiento del Puente de Hierro

La Barra de Hierro

La postura de la Barra de Hierro refuerza enormemente el tejido conjuntivo frontal y posterior, y al mismo tiempo, fortalece la columna vertebral. La columna consta de 24 vértebras, unidas entre sí mediante tendones, tejido conjuntivo y músculos. Normalmente hacemos muy poco por ejercitar la importantísima columna vertebral. El ejercicio de la Barra de Hierro ajusta automáticamente toda la columna, reforzándola segmento a segmento.

Práctica de la Barra de Hierro

(1) Coloca dos sillas una frente a la otra. Haz que su compañero sostenga la silla sobre la que tú situarás la cabeza, a fin de mantenerla firme. Si no dispones de un compañero, pon esta silla apoyada contra una pared.

(2) Apoyándote con las palmas de ambas manos sobre el suelo, sitúate sobre las sillas. Coloca los pies y los tobillos en una de ellas y la cabeza y los hombros, en la otra. Cruza las manos sobre el abdomen. Endereza el cuerpo, especialmente la parte baja de la espalda. Con los dedos de los pies señalando hacia abajo y hacia fuera, notarás un tirón en el tejido conjuntivo y en los tendones [Figura 3-110 (a)]. Asegúrate de que la región lumbar está recta, sin doblarse. Ello ayudará a reforzar el tejido conjuntivo frontal y posterior.

(3) Si en un principio te parece que la Barra de Hierro es demasiado difícil para hacerla bien y cómodamente, lleva los brazos hacia atrás sobre tu cabeza y apóyalos en la silla sobre la que reposa tu cabeza. Esto hará que sea

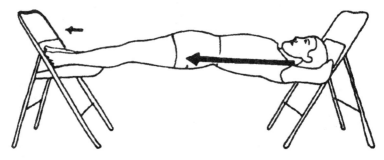

a) Los dedos de los pies apuntan hacia abajo y hacia fuera

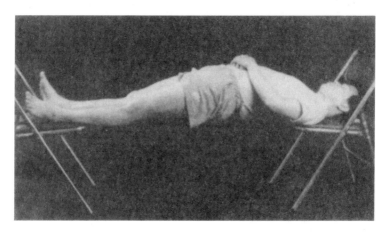

b) Coloca las palmas de las manos sobre el ombligo y respira con normalidad

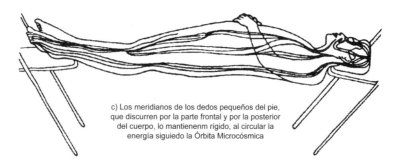

c) Los meridianos de los dedos pequeños del pie,
que discurren por la parte frontal y por la posterior
del cuerpo, lo mantienenm rígido, al circular la
energía siguiedo la Órbita Microcósmica

Figura 3-110. La Barra de Hierro

d) Cuando tengas suficiente práctica, podrás separar las sillas un poco más, de manera que sólo la cabeza, el cuello y los tobillos descansen sobre ellas

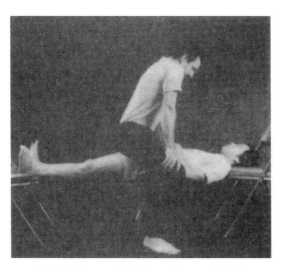

e) En la práctica avanzada de la Barra de Hierro, podrás añadir peso sobre tu cuerpo, sin cambiar de postura

Figura 3-110 (continuación)

mucho más fácil mantener la columna derecha. A medida que vayas sintiéndote más fuerte, aumenta gradualmente el empuje de los brazos sobre la silla. Cuando puedas efectuar la postura sin empujar con los brazos hacia atrás, ya estarás listo para pasar a la posición final, con las manos descansando sobre el ombligo.

(4) Coloca ambas manos sobre el estómago y respira normalmente por el abdomen [Figura 3-110 (b)]. Cuando comiences a sentirte incómodo, usa las manos para sostenerte y mantener la silla sobre la que reposan la cabeza y los hombros, baja los glúteos y coloca los pies sobre el suelo. Siéntate, apoya la lengua sobre el cielo del paladar y haz circular la energía siguiendo la Órbita Microcósmica [Figura 3-110 (c)]. No te levantes de golpe, pues podrías sentir vértigo.

(5) Tras haber practicado entre dos y cuatro semanas, podrás comenzar, con mucho cuidado, a mover las sillas separándolas un poco más, de manera que sólo el cuello y la cabeza reposen sobre la silla [Figura 3-110 (d)]. No descanses sólo la cabeza, ya que ello podría lesionar al cuello.

Este ejercicio es muy duro para la espalda. No intentes separar más las sillas si no te sientes lo bastante fuerte. Cuando domines la postura, podrás añadir peso sobre tu abdomen, siempre de manera gradual. Puedes llegar a soportar un peso de 15 kg o más [Figura 3-110 (e)].

Enraizamiento de la Barra de Hierro

Haz que tu compañero sitúe una mano bajo tu espalda de manera que pueda sostenerto en caso de que te cayeras. Con la otra mano, el compañero deberá presionar el abdomen despacio y con suavidad, incrementando la presión gradualmente.

Este ejercicio refuerza la parte baja de la espalda, la región lumbar y los músculos psoas.

RESUMEN DE LA BARRA DE HIERRO

(1) Pon los pies y la parte baja de las piernas sobre una silla con los dedos de los pies apuntando hacia abajo y hacia fuera, a fin de establecer el mejor alineamiento de fuerzas posible en las piernas, especialmente en las pantorrillas.

(2) Sitúa las palmas de las manos sobre el suelo detrás de ti y la cabeza y los hombros sobre la otra silla.

(3) Mantén la espalda derecha. A fin de evitar el cansancio en la parte baja de la columna, tensa los glúteos y nota cómo el sacro presiona hacia abajo. Esto alargará la parte baja de la columna.

(4) Respira con normalidad desde el abdomen.

(5) Cuando hayas terminado vuelve al suelo, despacio.

(6) De pie, recoge la energía en el ombligo.

(7) Practica el proceso de la respiración ósea.

4

Alineamiento de la respiración
(por Terry Gross)

ALINEAMIENTO ESTRUCTURAL Y YOGA TAOÍSTA

Podremos lograr una salud rebosante y unos patrones de movimiento poderosos únicamente si el cuerpo se mantiene lo más cerca posible de su esquema estructural inherente. Este esquema ideal es el modelo según el cual los diferentes segmentos del cuerpo se deben «amontonar» en el espacio. La finalidad de esta relación estructural correcta no es otra que permitir el flujo sin trabas ni restricciones de la energía, la respiración, la conciencia y el movimiento.

En la práctica de la Camisa de Hierro es básico el desarrollo y la utilización de una estructura alineada. Sin embargo, a muchos estudiantes les resultará difícil aplicar en sus ejercicios principios de alineamiento, sin antes haber efectuado una aproximación al desarrollo estructural en sí mismo. Este es el objetivo del presente capítulo. Los ejercicios estructurales que se detallan originarán una verdadera reforma estructural, haciendo mucho más fácil y más natural adoptar una postura acorde con los principios estructurales deseables. Para la mayoría de nosotros, sin un cambio estructural, la «buena postura» seguirá resultándonos algo ajeno. Sin una práctica deliberada de esa «buena» postura, sobre todo al principio, la reintegración estructural no podrá producirse fácilmente.

En estos ejercicios estructurales, ya sean activos o estáticos, se establecen las relaciones anatómicas de todo el cuerpo. En el desarrollo estructural es importante entender de una manera clara lo que significa un alineamiento apropiado. La aplicación de unos patrones estructurales correctos durante la práctica de la Camisa de Hierro, resultará altamente ventajosa y acelerará enormemente el proceso del desarrollo corporal. Recuerda que estas relaciones entre una parte y otra de tu cuerpo representan un patrón ideal. Cuanto más practiques estos ejercicios y más apliques sus principios en la vida cotidiana, más se acercará tu estructura a la ideal, y además, de un modo cada vez más cómodo. En este intento de acercarse al ideal estructural nunca deberá haber una sensación de tensión ni de incomodidad. La mayoría de las personas notarán una profunda mejoría en su salud estructural después de practicar simplemente un mes.

Al comenzar la aplicación de estos principios en tu vida diaria, inevitablemente surgirán sensaciones ocasionales de estar haciendo algo antinatural. Esto es una consecuencia lógica de la adopción de nuevos patrones corporales opuestos a los anteriores que, pese a estar distorsionados, ya se habían convertido en habituales. Si practicas lo suficiente, esta sensación de estar adoptando una postura «artificial» disminuirá rápidamente con el paso de los días, dando lugar a una sensación de comodidad y naturalidad en el uso del cuerpo, que te permitirá responder en cualquier dirección con la fuerza apropiada. El principio de aplicación automática de la fuerza apropiada es el núcleo de las artes marciales. Para hacer posible un potencial movimiento total, el cuerpo deberá, después de cada movimiento, volver espontáneamente a «centrarse», es decir, volver a su alineamiento relajado. Esta es la posición relajada «ociosa», que es la más desbloqueada y la más económica energéticamente hablando, ya que es el punto de partida del que surge cualquier movimiento.

Los objetos inanimados están totalmente dominados por la fuerza de la gravedad. Las plantas mantienen su posición vertical gracias a la rigidez de las paredes de sus células. Los animales resisten a la gravedad de manera automática, creando una gran base, por lo general con cuatro patas, o con dos patas y una fuerte cola. Sin embargo, el ser humano erguido es la única expresión de su propia autoconciencia evolutiva. La posición erguida total e intencionada incide en el desarrollo del espíritu humano. Por lo tanto, los más desarrollados espíritus humanos, manifestarán de manera natural una postura más erecta. Todas las tradiciones esotéricas que trabajan con la energía, comprenden el significado de la postura erguida del ser humano. Y ello se aplica también a la tradición taoísta.

APLICACIÓN DE LOS PRINCIPIOS DEL ALINEAMIENTO ESTRUCTURAL A LA PRÁCTICA DEL CHI KUNG CAMISA DE HIERRO

La práctica del Chi Kung Camisa de Hierro incrementará considerablemente la flexibilidad del cuerpo, aumentando la capacidad de movimiento de la columna vertebral y de las demás articulaciones. Al abrirse más el cuerpo, es importante entender y aplicar en la vida diaria los principios de un alineamiento estructural sano. Dado que la estructura corporal de la mayoría de nosotros está distorsionada, es preciso aprender qué debemos hacer con los diversos segmentos del cuerpo, al estar éste más abierto y ser capaz de un alineamiento nuevo y más apropiado. Es decir, debemos aprender una mejor manera de «llevar» el cuerpo.

El centro de nuestra estructura física es la columna vertebral y su fundamento, la pelvis. Dentro de la columna y del cráneo se halla el sistema nervioso central, epicentro de la vida consciente. Así, la salud estructural de la columna es la base de la salud estructural y energética del resto del cuerpo. Por este motivo, los ejercicios básicos que detallamos en esta sección están centrados principalmente en la columna. La práctica regular de estos ejercicios ayudará a curar cualquier problema estructural que exista y facilitará enormemente la práctica de la Camisa de Hierro. Los ejercicios estructurales denominados: posición estructural contra una pared, respiración para alargar la columna, suspensión de una puerta y ensanchamiento de los hombros, ayudarán a configurar una columna más recta y más larga, reforzando todas las articulaciones. La columna seguirá teniendo sus tres curvas normales, pero dichas curvas ya no serán excesivas, como de hecho lo son en casi todas las personas. Una esmerada atención a los detalles garantizará que su práctica sea segura, efectiva y progresiva. Describiremos también ejercicios adicionales (las posturas del guerrero), que constituyen un buen complemento a la práctica del Chi Kung Camisa de Hierro, pues eliminan bloqueos estructurales en las caderas y en la espalda y refuerzan la parte baja del cuerpo. Al aplicar los principios estructurales durante su práctica de la Camisa de Hierro, así como en tu vida diaria, serás consciente de las fuerzas primarias que actúan permanentemente sobre su estructura. Estas dos fuerzas básicas son (1) una potente fuerza hacia abajo que nos conecta con la tierra, y al mismo tiempo (2) una fuerza elevadora que aligera nuestra columna, conectándonos con el cielo. Para lograr el equilibrio y la integración necesarios, deben desarrollarse ambas fuerzas.

Relajación

El bajo abdomen

A la altura del ombligo y de la Puerta de la Vida (situada detrás del ombligo) se originan y se entremezclan fuerzas enraizantes y fuerzas elevantes. Para que esto ocurra de manera apropiada, el bajo abdomen deberá estar siempre relajado y siempre blando, salvo cuando se haga una espiración total, esto es, cuando se esté muy activo o se esté practicando la respiración abdominal. El resto del tiempo, (es decir, casi siempre) libérate conscientemente de cualquier tensión en el bajo abdomen, hasta lograr que esto se produzca de una manera automática. Tu respiración, tu digestión y tu eliminación mejorarán y el resto del cuerpo se relajará de una manera más completa.

Los dos puntos del cuerpo que mejor reflejan y determinan nuestro nivel de tensión en la vida cotidiana son: el rostro y el bajo abdomen. Durante tus actividades diarias practica la sonrisa con los ojos y con el rostro, y mantén relajado tu bajo abdomen. Recuerda siempre estar lo más relajado posible, no importa lo que estés haciendo. Te sentirás mucho más feliz, tus órganos funcionarán mejor y tu energía fluirá más fácilmente.

La sonrisa interior

Mientras realizas estos ejercicios de alineamiento estructural, practica también la sonrisa interior. Si eres capaz de mantener la sonrisa interior mientras haces ejercicios vigorosos como la Camisa de Hierro o las posturas del guerrero, también serás capaz de mantenerla en los momentos de dificultades emocionales. Recuerda que tu rostro no sólo es la primera expresión del lenguaje corporal, sino que además envía también hacia adentro las emociones que manifiesta hacia el exterior.

Compón intencionadamente los diversos detalles del alineamiento facial que acompañan a una expresión ocular dulce y relajada; con esta práctica obtendrás una gran cantidad de energía y de equilibrio emocional.

Al practicar la sonrisa interior, relaja todos los músculos faciales. Esta relajación se aprecia más acusadamente alrededor de los ojos y de la boca. Siente cómo los párpados se cierran suavemente al relajarse la zona que rodea los ojos, y cómo el espacio entre las cejas se amplía. Deja que tus ojos estén receptivos a cualquier estímulo visual que les llegue. Nota cómo imágenes y sonidos llegan constantemente a tus órganos respectivos, en lugar de sentirte molesto por ello. Deja que las ventanas de tu nariz se abran ligeramente creando más espacio para que el aire penetre en el cuerpo. Deja que las comisuras de los labios se eleven ligeramente, y coloca la lengua contra el paladar, los labios se tocarán muy ligeramente y las mandíbulas estarán separadas o tocándose apenas. Todo esto producirá una sonrisa como la de la Mona Lisa o la de Buda. La elevación de las comisuras de los labios debe producirse sin esfuerzo alguno, ha de ser el resultado externo de la sonrisa interior [Figura 4-1 (a)].

Si eres capaz de relajarte lo bastante profundamente, todos estos detalles ocurrirán de manera espontánea, pues son los aspectos naturales del alineamiento facial de una persona sana, centrada y feliz. Al practicarlos intencionadamente, muy pronto se integrarán en tus patrones neuromusculares básicos.

a) Las comisuras de los labios
están hacia arriba

b) Al estar hacia abajo las comisuras
de los labios, los órganos decaen y
la energía Chi disminuye

Figura 4-1. La sonrisa interior

Practica la sonrisa interior de este modo, con los ojos abiertos o cerrados. Esto te permitirá hacerlo en cualquier momento y lugar. La sonrisa en los ojos y la sutil elevación de las comisuras de los labios son los detalles más importantes. Siempre que lo hagas, te será muy fácil acceder a la sensación de felicidad interior, serenidad y compasión.

Manteniendo la sonrisa interior y un alineamiento facial relajado durante tus ejercicios de la Camisa de Hierro, tu mente estará más tranquila y centrada y tus movimientos serán más continuos y fluidos. Como consecuencia de todo ello, experimentarás e incrementarás el flujo del Chi.

Músculos de la mandíbula apretados

El tener los músculos de la mandíbula excesivamente duros y tensos es algo muy común. Y ello con frecuencia distorsiona toda la estructura facial. Los motivos por los que apretamos la mandíbula y la mantenemos tensa y dura pueden ser muy diversos. Su origen puede ser la existencia de emociones fuertes que no se desean expresar. También hay que mencionar la distorsión casi universal del cuello, como consecuencia de la cual el mentón se desplaza hacia adelante, fuera de su alineamiento natural, generando una compensación en la mandíbula. Sea cual sea su causa, la rigidez de las mandíbulas debe aflojarse para poder practicar la sonrisa interior y la relajación completa del cuerpo. Dado que es bastante difícil relajar los músculos de las mandíbulas con la simple intención de hacerlo, un tapón de corcho puede resultar muy útil (Figura 4-2). Se trata de un ejercicio muy beneficioso para las personas que tengan las mandíbulas muy tensas, aunque de hecho cualquiera que lo haga saldrá beneficiado. Compra un

Figura 4-2. Práctica para estirar los músculos de las mandíbulas

tapón de corcho, córtalo a fin de que te quepa entre los dientes, con la boca totalmente abierta. Corta el corcho de manera que puedas abrir la boca un poquito más, de forma que al morderlo no genere tensión alguna. Simplemente colócate el corcho en la boca unos diez minutos al día durante algunas semanas. Cuando los músculos de tus mandíbulas se vayan aflojando reemplázalo un corcho más largo. Puedes hacerlo mientras lees, conduces, te duchas o ves la televisión. No hagas este ejercicio si te causa dolor, si tus mandíbulas producen un sonido audible al abrirlas o cerrarlas o si has tenido problemas de dislocación de la mandíbula u otros semejantes.

Posición de entrenamiento estructural
contra una pared (Figura 4-3)

Con la ayuda de una pared, podrás notar cuándo tu columna esté estructuralmente alineada y alargada. Para este ejercicio se necesita sólo una pared o una puerta, por lo que puede hacerse en cualquier lugar, como práctica de recuperación postural. Está especialmente indicado para personas con problemas de espalda, principalmente dolor en la parte baja de la espalda o ciática, pues descompresiona las vértebras y disminuye las molestias.

Parte baja del cuerpo

Apóyate contra una pared, manteniendo los talones a unos treinta y cinco o cuarenta cm de la misma. Dobla las rodillas y baja la pelvis de modo que la parte inferior de la columna quede plana contra la pared sin producir incomodidad.

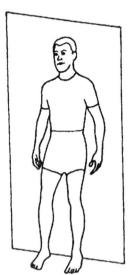

Figura 4-3. Posición de entrenamiento estructural contra una pared

Si al principio te resulta incómoda, trabaja esta postura de forma gradual. Las pantorrillas quedarán perpendiculares al suelo o ligeramente inclinadas hacia la pared. Deberás sentirte cómodamente apoyado contra la misma.

Pies

Presiona los dedos gordos del pie firmemente contra el suelo, hasta sentir cómo se ensancha el pie por la presión, lo que hará también que separes un poco los dedos. Equilibra el peso sobre tres puntos de cada pie: el dedo gordo, los dos últimos dedos y el centro del talón. Los dedos deberán permanecer relajados, sin agarrar el suelo, apuntando los segundos dedos hacia delante. Mantén los pies alineados de este modo, aunque te notes un poco raro. Utiliza este mismo alineamiento de los pies cuando estés de pie, cuando camines o cuando hagas ejercicio.

Cabeza/Cuello/Parte alta de la espalda

Lleva lo máximo posible la parte alta de la espalda contra la pared, sin excesiva tensión. Comienza pegando el sacro a la pared mientras el resto de la espalda queda redondeado e inclinado hacia adelante, sin tocarla. Ahora ve girando la columna vértebra a vértebra, pegándola a la pared, hasta que llegue al límite de su flexibilidad. Mantén la cabeza como si fuera suavemente empujada hacia atrás desde el labio superior y al mismo tiempo elevada (o suspendida) desde la coronilla. No exageres la postura escondiendo el mentón. En muchas personas, la parte posterior de la cabeza no llegará a tocar la pared (Figura 4-4).

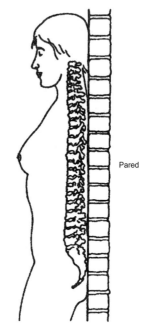

Figura 4-4. No eleves excesivamente el labio superior

Hombros

Tira de los hombros hacia abajo, separándolos de las orejas y ensanchándolos hacia los lados (Figura 4-5). (Observa el ejercicio de ensanchamiento de hombros en este mismo capítulo.)

Figura 4-5. Ensanchando los hombros

Brazos y Hombros

Existen varias posibles posiciones para los brazos:

(1) Simplemente déjalos caer a ambos lados del cuerpo, con las palmas mirando hacia dentro. Esta es la posición más natural y, por ello, la más apropiada si estás practicando donde hay otras personas, como por ejemplo en tu lugar de trabajo.

(2) Comenzando con la posición (1) lleva los codos hacia atrás, hasta casi tocar la pared, pero sin llevar hasta ella los antebrazos, ni desplazar hacia atrás los hombros. Al desplazar los codos hacia atrás, los hombros girarán de modo natural también un poco hacia atrás, sin que se tire de ellos en exceso.

(3) Gira el omóplato izquierdo separándolo de la pared, hasta que sólo el borde interior de dicho omóplato izquierdo quede en contacto con ella. Ahora gira el resto del omóplato izquierdo hasta que todo él toque la pared. Repite la operación con el lado derecho, y luego lleva los brazos a la posición (1) o (2). Esta postura estira mucho los hombros hacia afuera, ensanchando así la parte alta de la espalda y, al mismo tiempo, el pecho. Este estiramiento constituye una buena preparación para los ejercicios de la Camisa de Hierro, que requieren un omóplato fuerte.

No intentes realizar las posiciones (2) y (3) hasta que las puedas hacer sin experimentar tensión.

Estirando la parte baja de la columna

Para lograr un estiramiento adicional de la parte baja de la espalda, dobla las rodillas y desciende pegado a la pared.

Acto seguido, manteniendo el sacro en firme contacto con la pared, endereza despacio las rodillas para volver a la posición inicial. Para lograr todavía un mayor estiramiento, coloca las manos alrededor de las caderas y empuja hacia abajo mientras te estás enderezando para volver a la posición original. Esto alargará la parte baja de la columna. No te atrevas con esta modalidad hasta que puedas llevar la parte baja de la espalda a la pared sin sentir incomodidad. Este ejercicio resulta más efectivo si se practica con una pared que no sea demasiado fina. Es un ejercicio muy beneficioso para quienes padecen ciática o dolores en la parte baja de la espalda.

Respiración para el estiramiento de la columna

Simplemente el hecho de mantenerse en pie en la posición de entrenamiento estructural contra una pared, ayudará a descomprimir y a enderezar la columna. No es necesario efectuar ningún tipo de respiración especial para beneficiarse de dicha postura. La meta no es tener una columna derecha, sino una columna que se está enderezando.

En un cuerpo estructuralmente equilibrado, la respiración produce un alargamiento natural de la columna. Esto ocurre en mayor grado al llenarse el pecho durante la inspiración. Al elevarse y ensancharse las costillas se origina una separación entre las vértebras y un alargamiento de la columna. La práctica de la respiración pectoral profunda en esta posición y en la de la suspensión de la puerta, genera un condicionamiento de esta relación natural respiración/alargamiento (Figura 4-6). Cuando hayas desarrollado este alargamiento de la columna, éste se producirá incluso en tus respiraciones más relajadas de la vida diaria, que suelen ser

Figura 4-6. Estiramiento de la columna y respiración para el alargamiento de la misma

principalmente abdominales. Esta abertura y cierre de la columna con la respiración es parte integral del mecanismo normal del cuerpo, que bombea la sangre, el Chi y el líquido cerebroespinal alrededor de todo el sistema nervioso central.

Práctica de la respiración para el alargamiento de la columna

Inspiración

Para incrementar los efectos de la posición de entrenamiento estructural contra una pared, y de la respiración, comienza expulsando todo el aire. Luego inspira despacio y profundamente a través de la nariz, dirigiendo la respiración al pecho. El abdomen deberá permanecer en su lugar, sin desplazarse hacia fuera. Al efectuar esta inspiración, visualiza cómo la columna se alarga. Esto ocurrirá de manera automática, si te mantienes relajado. No te esfuerces. Una vez sientas el alargamiento de la columna, podrás perfeccionar esa sensación, apreciando el alargamiento como una onda que, comenzando en la base de la columna, se va transmitiendo hacia arriba al inspirar.

Espiración

Al espirar, continúa sintiendo cómo te alargas hacia arriba. Notarás cómo los músculos estructurales que rodean la columna trabajan en este sentido. El alargamiento que se produce durante la espiración es mucho más sutil que el que se da con la inspiración y, de hecho, su principal función es evitar que la columna se repliegue. Esta ola de apoyo se inicia en la cabeza y se transmite hacia abajo a medida que tiene lugar la espiración.

Tensión abdominal

Debido al bloqueo estructural del pecho, tal vez en un principio sea necesario tensar los músculos abdominales, a fin de dirigir la respiración hacia el pecho. Hazlo en caso de necesidad. De lo contrario, el abdomen tenderá a desplazarse con la inspiración, siendo muy pequeña la expansión del pecho. Con el tiempo, precisarás cada vez menos fuerza para mantener el abdomen en su lugar mientras inspiras, hasta que al final puedas respirar con el pecho sin concentración abdominal alguna.

Respiración en la vida diaria

La respiración pectoral ya citada es un medio eficaz para eliminar los bloqueos estructurales existentes en el pecho y para alargar la columna en su totalidad. Tras haber hecho tus ejercicios, olvídate de tu respiración y deja que ocurra con naturalidad. La respiración natural comienza en el abdomen, expandiendo el pecho sólo en los momentos de gran actividad, y es entonces cuando se respira totalmente. No intentes mantener ese tipo de respiración pectoral total de una manera constante en la vida diaria, pues ello provocaría que la energía originase congestiones en el pecho y en la cabeza.

El alineamiento de la cabeza y cuello como base del alargamiento de la columna y de la estructura erecta

La respiración para alargar la columna no producirá efecto alguno si no se mantiene la cabeza como si fuera empujada hacia atrás desde el labio superior, estando al mismo tiempo suspendida desde la coronilla, todo esto sin que se sienta tensión alguna (Figura 4-7). Si el mentón se mueve un poco hacia adelante y hacia arriba, se producirá un desplome en el cuello, que distorsionará toda la parte superior del cuerpo. Entonces la columna se curvará en exceso impidiendo cualquier tipo de respiración profunda y libre. Incluso los conductos respiratorios se verán afectados. Esta es la situación del cuello en la mayoría de las personas. En nuestra cultura, es muy raro hallar una persona que no tenga las vértebras del cuello desalineadas.

La sensación de que la cabeza está colgada desde la coronilla y, al mismo tiempo, empujada suavemente hacia atrás desde el labio superior, pero siempre sin tensión, debería aplicarse en todo momento. Constituye la base tanto de la postura

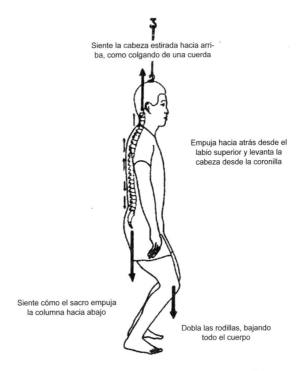

Siente la cabeza estirada hacia arriba, como colgando de una cuerda

Empuja hacia atrás desde el labio superior y levanta la cabeza desde la coronilla

Siente cómo el sacro empuja la columna hacia abajo

Dobla las rodillas, bajando todo el cuerpo

Figura 4-7. El correcto alineamiento de la cabeza y del cuello es la base para lograr un verdadero alargamiento de la columna y una posición estructural erecta

correcta para la mitad superior del cuerpo, como de una respiración libre y sin trabas. La correcta alineación de cabeza y cuello asegura una apropiada y sana comunicación entre el cuerpo y la cabeza, aumentando, al mismo tiempo, la conciencia de todo el organismo. En una meditación avanzada del sistema del Tao Curativo denominada Iluminación menor de Kan y Li, se aprende a observarse a uno mismo con la visión interior del tercer ojo. El alineamiento correcto y sin tensión del cuello y la cabeza es la base de una mayor autoconciencia, a través de la observación de uno mismo. En la práctica del Hata Yoga, al alargamiento de la parte posterior del cuello resultante de este correcto alineamiento se le llama «la raíz de la observación» y también «la raíz de la atención».

Incluso cuando el alineamiento estructural equilibrado se haya convertido en algo fácil y natural, siempre es necesaria una sutil intención de mantener este alineamiento cuello/cabeza. Esta simple elevación y esta ligera inclinación de la cabeza hacia atrás constituyen el factor más importante para lograr la postura erecta de todo el organismo. Con frecuencia el alargamiento e inclinación hacia atrás de la cabeza representan sólo un mínimo cambio; sin embargo, sin él resulta imposible alinear el pecho, la parte alta de la espalda y toda la columna vertebral. Esta importancia radica en el hecho de que el cuello y la cabeza se encuentran en uno de los extremos de la columna, que es lo que queremos enderezar. No se debe pasar por alto la importancia de este alineamiento cuello/ cabeza. Sin él, la correcta integración del cuerpo resulta imposible.

Es conveniente reconocer la sensación de tener el cuello congestionado, que tanta gente sufre. Tras alinear correctamente el cuerpo, desplaza el mentón hacia adelante y hacia arriba, rompiendo de este modo la alineación. Observa cómo se acorta la parte posterior del cuello, cómo se cierra bastante la garganta, el esternón se hunde, el pecho se cierra, la parte alta de la espalda se arquea excesivamente, los hombros giran hacia adelante, la respiración se ve restringida y el alargamiento de la columna resulta imposible. Luego, una vez colocada la cabeza adecuadamente, practica la respiración para el alargamiento de la columna y observa la sensación de apertura que se experimenta en todo el cuerpo.

La conciencia de uno mismo está íntimamente relacionada con la colocación totalmente erecta del cuerpo y con el alineamiento sin trabas de la cabeza y del cuello. En la Camisa de Hierro, la interrelación de estos tres elementos resulta muy evidente. La intención necesaria para mantener el alineamiento de la cabeza y el cuello, así como otros aspectos del alineamiento integral, es una expresión de la voluntad de ser consciente de uno mismo. Del mismo modo, la práctica relajada del alineamiento total genera esa voluntad en el individuo.

Suspensión de una puerta

Al igual que ocurre con la posición de entrenamiento estructural, la finalidad de la suspensión de una puerta es desarrollar una columna más derecha y alargada. Sin embargo, en la suspensión de la puerta las manos se mantienen sobre la cabeza, lo que origina una notable tracción sobre la columna, aumentando considerablemente su longitud (Figura 4-8). La práctica diaria de la suspensión de una puerta, aunque sólo sea durante algunas semanas, generará una postura mucho mejor, una columna más flexible, una reducción de los dolores de espalda crónicos y una mayor conciencia del alineamiento estructural natural. También ayudará a ser consciente y controlar los músculos psoas, muy importantes en muchos ejercicios del Tao Curativo.

Posición básica

Enrolla una toalla y sitúala sobre una puerta. Apóyate contra el borde de dicha puerta, poniendo tu columna contra el mismo todo lo plana que puedas, pero sin llegar a sentirte incómodo. Sigue todos los pasos detallados en la postura de

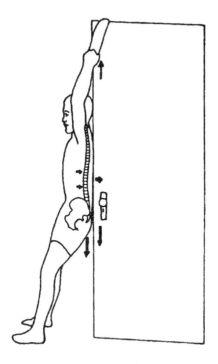

Figura 4-8. Suspensión de una puerta

entrenamiento estructural contra una pared, salvo los correspondientes a los brazos.

Costillas inferiores/Parte media de la espalda

Centra tu atención en las costillas inferiores y la parte media y baja de la espalda. Sube los brazos sin que tu columna se separe del borde de la puerta. Al llevar los brazos por encima de la cabeza, nota cómo escondes las costillas inferiores.

Manos/Brazos/Hombros

Coge la toalla con fuerza, pero con los codos al menos un poco doblados. Continúa empujando los hombros hacia abajo, ensanchándolos hacia los lados. No te cuelgues de la toalla. Todo el peso del cuerpo sigue descansando sobre las piernas.

Tensión de los hombros

Si en esta posición sientes los hombros forzados, reduce un poco la tensión cogiendo la toalla de más abajo. Si es necesario, separa los codos únicamente la distancia existente entre los hombros, o incluso menos. Si una toalla no basta, utiliza una cuerda gruesa. Gradualmente, serás capaz de coger la toalla de más arriba, a medida que la articulación de tus hombros se vaya volviendo más flexible. La primera parte del ejercicio de la espalda ayudará a flexibilizar notablemente la articulación de los hombros.

Respiración/Alargamiento de la columna

Manteniendo esta posición, practica la respiración pectoral, como en la respiración para prolongar la columna o en la posición de entrenamiento estructural contra una pared. Junto con el tirón de brazos hacia arriba, al llenarse el pecho durante la inspiración, se producirá un enorme alargamiento de la columna vertebral. No va a ser necesario que practiques mucho para comenzar a sentir cómo tu columna ya se está alargando. Cuando ello ocurra, cada cinco o seis respiraciones, separa la pelvis y la parte baja y media de la columna algunos centímetros del borde de la puerta. Ello hará que la parte superior de la columna se prolongue más hacia abajo. Vuelve a situar la pelvis y la columna junto al borde de la puerta y sigue practicando.

Tiempo

A ser posible, practica entre uno y tres minutos, no más. Detente si sientes molestias. Las tensiones nunca harán que tu columna se enderece más rápido; al contrario, sólo generarán dureza y retrasos en el proceso. La práctica regular y el respeto a tus propios límites inevitablemente te llevarán a conseguir un rápido alargamiento de tu columna vertebral y su correcta alineación.

Abandonando la posición

Para abandonar la postura Suspendido de una puerta, apoya el pie en la puerta y levántate. Nunca te levantes empujando en primer lugar con la pelvis desde la puerta.

Suspensión total

Si te sientes cómodo tras haber efectuado todos los pasos, podrás concluir dejando que la totalidad de tu peso cuelgue de la toalla. Dobla las rodillas gradualmente y deslízate hacia abajo junto al borde de la puerta hasta que tus brazos estén rectos y te sostengan por completo. Todos los demás detalles no sufren variación. Mantén esta postura mientras te sientas cómodo, aunque sea únicamente unos segundos, luego levántate. Asegúrate de estabilizar los hombros, sintiendo cómo tiran hacia abajo y se ensanchan hacia los lados. La práctica de la suspensión total genera un considerable alargamiento de la columna y al mismo tiempo la fortalece, pero no debe intentarse si provoca tensión.

Los músculos psoas

Cómo sentir y usar los músculos psoas

Cuando ya puedas efectuar cómodamente la postura Suspensión de una puerta, relaja conscientemente la pared abdominal mientras haces el ejercicio. Al mismo tiempo que relajas los músculos abdominales, relaja y endereza la columna contra el borde de la puerta. Sentirás una especie de tirón hacia adentro y hacia arriba detrás de la parte frontal de las costillas inferiores; ese tirón lo provocan los músculos psoas (Figura 4-9).

Nota esa misma sensación de tirón hacia dentro y hacia arriba detrás de las costillas inferiores frontales, al caminar y al sentarte, ello mantendrá la parte baja de tu columna vertebral

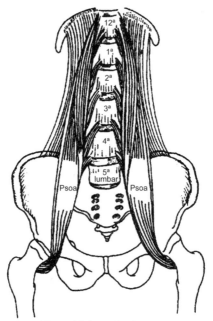

Figura 4-9. Los músculos psoas

alargada y sin molestias. Esforzarse para aplanar el abdomen o enderezar la parte baja de la columna impedirá el flujo de la energía y ciertas funciones orgánicas. Sin embargo, al trabajar adecuadamente con los psoas, no sólo se alinea la parte inferior de la columna, sino que también se aplana el abdomen sin tener que tensarlo.

Al hacer como si la cabeza fuera empujada suavemente hacia atrás desde el labio superior, estando al mismo tiempo suspendida desde la coronilla, es normal que las costillas inferiores tiendan a empujar hacia adelante. Para evitar esto, siente que mantienes las costillas inferiores ligeramente escondidas hacia atrás. Recuerda esconderlas hacia atrás desde dentro, no a base de tensar el abdomen. Así alinearás los psoas, aunque las costillas no se hunden hacia atrás, sino que en realidad se las está manteniendo en línea recta con el abdomen por abajo, y con el pecho por arriba. Experimentar esta sensación de esconderlas estabiliza la parte central del tronco y permite que toda la columna se alargue. Se trata de sentir como un tirón sutil hacia atrás y hacia arriba, bastante profundo, en la parte baja de las costillas. Primeramente experimenta esta sensación al colgarte de la puerta, y luego aplícala a todos los momentos de la vida diaria. Como en todas las mejoras estructurales, al principio es necesaria la intención. Luego, poco a poco, se va convirtiendo en algo automático.

Para desarrollar esta sensación de los músculos psoas, la postura de la suspensión de la puerta es clave. Si la columna permanece pegada a la puerta y el abdomen está blando, sólo habrá que relajarse y sentir lo que ocurre en nuestro interior. También es de gran ayuda tener una buena imagen mental de la estructura anatómica que interviene en este proceso.

Cuando hayas desarrollado esta sensación de los psoas, te darás cuenta de la importancia que tiene en todas las prácticas del Tao Curativo. Durante los ejercicios de la Camisa de Hierro al efectuar la respiración inversa para condensar en el abdomen, aumenta ligeramente el trabajo de los psoas, tirando hacia adentro y hacia arriba detrás de la parte frontal de las costillas inferiores. Esto te permitirá condensar mucho más y sin tener que tensar para ello la pared abdominal. Gradualmente serás capaz de condensar con más potencia, sin apenas tensión abdominal. Al empujar sobre el T-11 para condensar en la parte baja de la espalda, haz que pos psoas trabajen con fuerza y así podrás dirigir su fuerza al T-11 de una manera mucho más directa.

Los músculos psoas y los Seis Sonidos Curativos

La relación entre el alineamiento de los psoas y la parte baja de las costillas se puede sentir muy bien practicando los Seis Sonidos Curativos (para más información sobre los Seis Sonidos Curativos consulta el libro *Sistemas taoístas para transformar el estrés en vitalidad*). Recuerda mantener hacia atrás la parte baja de las costillas utilizando los músculos psoas, no tensando el abdomen. Para los sonidos del pulmón, hígado y corazón, asegúrate de mantener las costillas inferiores hacia adentro; luego, mientras espiras pronunciando el sonido insonoro, presiona sobre cada órgano de una manera más efectiva. Al espirar, aumenta la presión en cada zona. A estas alturas, sentirás que con esta presión estás exprimiendo toda la energía almacenada en los diferentes órganos.

Inspirando con los psoas correctamente alineados podrás dirigir más fácilmente la fresca energía de la respiración a cada uno de los órganos. Al emitir el sonido del hígado, inclínate hacia la derecha y ligeramente hacia adelante, desde la parte inferior de las costillas. Ello aumentará la presión que se ejerce sobre el hígado. Con el sonido del corazón inclínate hacia la izquierda y ligeramente hacia adelante, estirando el dedo meñique para estirar así el meridiano del corazón. Con el sonido del pulmón tira del dedo pulgar para tensar de este modo el meridiano del pulmón.

Con los sonidos del riñón y del bazo, las costillas inferiores deberán inclinarse hacia atrás a fin de presionar sobre dichos órganos. Al inclinar hacia atrás las costillas inferiores, en realidad se están estirando los músculos psoas. El uso correcto de los músculos psoas mejorará mucho tu práctica de los Seis Sonidos Curativos. Simplemente practicando los Seis Sonidos Curativos, serás consciente del alineamiento de los psoas, sobre todo cuando los brazos estén hacia arriba.

Alineamiento pélvico en posición erecta

El alineamiento equilibrado de los músculos psoas es también esencial para lograr un correcto movimiento de las piernas y para alinear la pelvis. Sea cual fuere la posición de los pies, asegúrate de que la pelvis no está inclinada hacia atrás ni empujada hacia un lado. Las rodillas deberán permanecer al menos ligeramente dobladas, y los arcos del pie levantados, distribuyendo equitativamente el peso sobre los tres puntos principales de cada pie.

Si la pelvis está ladeada, o las rodillas bloqueadas, habrá tensión en la parte baja de la espalda y también en las rodillas, y la integración entre la mitad inferior y la superior del cuerpo resultará imposible. Para la mayoría de la gente, mantener estructuralmente alineada la mitad inferior del cuerpo requiere de una voluntad mucho mayor que para alinear la mitad superior, aunque ésta dependa a su vez del alineamiento de la inferior. Esto se debe a la debilidad de las piernas y de los glúteos. El mantenimiento de una postura alineada durante la vida diaria reforzará muchísimo la parte inferior del cuerpo, incrementará el flujo energético y solucionará muchos problemas de la parte baja de la espalda.

Posición sentada

Al sentarte erguido para meditar, asegúrate de que los huesos de sentarse de la pelvis están dirigidos hacia abajo del asiento. Esconder ligeramente el mentón alineará tu columna y le dará un suave tironcito a la médula espinal. Así, la energía fluirá mucho más fácilmente hacia la parte interior de la Órbita Microcósmica. Si adviertes que al colocar las manos en el regazo, los hombros giran hacia adelante o la parte baja de tu espalda te molesta, coloca las manos encima de un cojín o una manta doblada sobre el regazo. Cuando el flujo del Chi sea más potente, esto dejará de ser un problema (Figura 4-10).

Ejercicio para ensanchar los hombros

El ejercicio para ensanchar los hombros desarrolla su alineamiento natural ensanchando los omóplatos hacia los lados

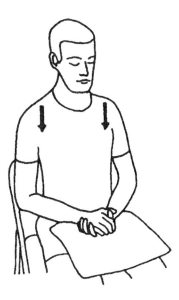

Figura 4-10. Práctica de la Órbita Microcósmica en posición sentada

en lugar de girarlos hacia adelante o tirar de ellos hacia atrás. En todos los segmentos del cuerpo, un alineamiento saludable produce más espacio. Si se empujan los hombros hacia atrás, la anchura de la parte alta de la espalda disminuye y la columna vertebral queda comprimida. Si se giran los hombros hacia adelante, el pecho se congestiona y su anchura disminuye. Sin embargo, si los hombros caen hacia abajo ensanchándose hacia los lados, el espacio que se genera en la parte frontal y en la posterior del tronco es idéntico.

En muchos de los ejercicios de la Camisa de Hierro, se genera flexibilidad y control ensanchando los omóplatos hacia los lados. Se siente que el pecho se hunde, pero sin congestionarse, y que los hombros caen hacia abajo. Este movimiento genera la necesaria conexión con la caja torácica, lo cual posibilita el flujo de la energía Chi. Recuerda dejar que los hombros vuelvan a su posición natural «de descanso», caídos y ensanchados hacia los lados después de tus ejercicios de la Camisa de Hierro. No permitas que giren hacia adelante para que no se produzca una pérdida significativa de energía.

Posición para practicar

Puedes practicar sentado, en pie, o en la postura de alineamiento estructural contra una pared. Asegúrate de que la columna esté derecha. La colocación alineada de los hombros debe comenzar con el cuello y cabeza erguidos y con la parte alta del pecho y de la espalda también recta.

Aplicación de la fuerza a las manos y brazos

Agarra con cada mano la muñeca opuesta. Mantén el brazo hacia abajo, cerca del tronco, Suave pero firmemente, empuja los codos hacia afuera, hacia los lados, sin soltar las manos. Mantén conscientemente los hombros bajos. La fuerza de los codos deberá reflejarse en las articulaciones de los hombros, incrementando la sensación de ensanchamiento en ellos. Es una sensación muy sutil, pero se percibe con claridad (Figura 4-11).

Aflojando la fuerza

Poco a poco afloja la fuerza de los codos y la caída y ensanchamiento forzados de los hombros. Mantén la misma postura caída y ensanchada pero ahora en un estado de relajación, con los brazos cayendo tranquilamente a ambos lados.

Girando los hombros hacia adelante

Si normalmente tus hombros están girados hacia adelante, también tendrás que girarlos hacia atrás al mismo tiempo

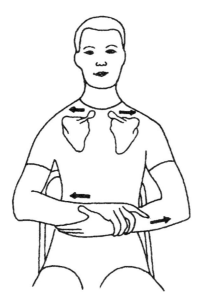

Figura 4-11. Ejercicio para ensanchar los hombros

que realizas este ejercicio, pero no hasta el punto en que los omóplatos comiencen a aproximarse el uno al otro.

Práctica sin agarrarse las muñecas

Al hacer este ejercicio, observa qué músculos llevan a cabo el trabajo de alinear activamente los hombros. Trabajan músculos tanto del pecho como de la espalda. Una vez dominados los primeros pasos, comienza a practicar alineando activamente los hombros mientras los brazos permanecen a tus costados. Podrás alinear con facilidad y rapidez toda la parte superior del cuerpo cada vez que lo desees. Asegúrate de mantener los hombros caídos y ensanchados, incluso cuando levantes los brazos hacia arriba. Esto estabiliza los hombros y hace que el movimiento de brazos sea firme, disminuyendo la tensión de los hombros y del cuello.

Arqueo de la espalda

El arqueo de la espalda estira la parte superior de la misma junto con la columna en el sentido opuesto a su curva natural. Esto ayuda a disminuir la habitual curvatura hacia adelante de la parte superior de la espalda, agiliza la articulación de los hombros y abre el pecho.

El arqueo de la espalda es el más importante de los estiramientos a efectuar para conseguir una columna vertebral sana y una respiración más amplia y libre. El arqueo de la espalda constituye también una excelente preparación para la postura del Puente de Hierro.

Posición de la espalda

Enrolla con fuerza una manta y ponla sobre el suelo. Túmbate sobre ella de manera que quede más abajo de los hombros. Lleva la pelvis hacia adelante tensando así la parte baja de la columna y esconde el mentón para alargar la parte posterior del cuello. Si notas alguna incomodidad en la espalda, significa que la manta se encuentra demasiado hacia arriba (Figura 4-12).

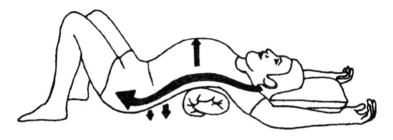

Figura 4-12. Postura de espaldas durante el arqueo

Apoyo del cuello

Si después de esconder el mentón y alargar la parte posterior del cuello notas alguna incomodidad, deberás apoyar la cabeza sobre otra manta o sobre un cojín. Este apoyo para el cuello deberá ser más bajo que el de la espalda, pero lo suficientemente alto para eliminar cualquier tensión de esta zona, permitiéndote sentir que la parte trasera del cuello se está alargando. Con el tiempo se irá incrementando la altura de la manta enrollada bajo la espalda, haciendo forzosamente necesario el uso de un apoyo para el cuello, aunque en un principio no lo fuera.

Brazos

Lleva despacio los brazos hacia atrás, hasta conseguir que reposen sobre el suelo por encima de la cabeza, con los codos bien doblados. Hazlo únicamente si no te provoca tensión. Si al llevar los brazos hacia atrás sientes incomodidad, puedes dejarlos a ambos lados, o llevarlos hacia atrás sólo hasta donde, aun generando tensión, no produzcan dolor. Si se llevan hacia atrás parcialmente, podrán mantenerse en dicha posición, o podrán situarse sobre un cojín, un mueble o cualquier otro objeto. A medida que la articulación del hombro se vaya volviendo más ágil, los brazos podrán bajarse más. Al llevar los brazos hacia atrás mantén los omóplatos caídos y ensanchados.

Respiración

Al relajar esta postura de la espalda arqueada, respira despacio y profundamente, dirigiendo el aire hacia el pecho más que hacia el abdomen. Esto incrementará mucho el estiramiento de la columna y del pecho. Si es preciso, mantén contraído el abdomen al objeto de que la expansión del pecho se produzca inevitablemente. En un principio puede parecer difícil respirar hacia el pecho mientras se está practicando el arqueo de la espalda; sin embargo, es este esfuerzo el que originará una apertura estructural del pecho y de la parte alta de la espalda.

Diversas posiciones para la manta

A fin de flexibilizar toda la parte superior de la espalda y las articulaciones de los hombros, practica el arqueo de la espalda en cada una de las posiciones que seguidamente se detallan. No practiques con la manta situada más abajo del esternón.

Primera posición: La manta estará situada justo bajo la parte alta del hombro.

Segunda posición: La manta estará bajo la parte central del pecho.

Tercera posición: La manta estará debajo de la parte inferior del esternón.

Tiempos y descansos entre posiciones

Permanece varios minutos en cada posición, o un poco más si te sientes cómodo. A algunas personas desde un principio les resulta muy placentera esta postura, algo semejante a un masaje de espalda. Si al comienzo te resulta muy difícil, abandona la posición y descansa antes de pasar a la siguiente. Cuando el arqueo de la espalda se haya convertido en algo fácil y placentero, podrás pasar de la primera posición a la segunda y a la tercera sin tener que levantarte.

Abandonando la posición

Para levantarte después de haber arqueado la espalda, utiliza tu mano a fin de levantar la cabeza hasta que el mentón descanse en el pecho; luego retira la manta hacia un lado antes de sentarte derecho. Esto evitará tensiones en la espalda y en el cuello.

Inclinación hacia adelante

Es conveniente inclinarse hacia adelante y relajarse, tanto después de haber arqueado la espalda, como después de completar la postura del Puente de Hierro. Las rodillas deberán estar ligeramente dobladas. Si permanecen bloqueadas, se generará tensión. Si quieres estirarte más, no aumentes la curva hacia adelante de la parte superior de la columna. Hazlo alargando los músculos de la parte trasera de los muslos. Si te estiras hacia adelante demasiado vigorosamente, o no tienes mucha agilidad, dobla más las rodillas, de manera que tu abdomen descanse totalmente sobre los muslos. Luego, comprueba tu flexibilidad enderezando ligeramente las rodillas, mientras mantienes el abdomen sobre los muslos. Practicando así estarás seguro de estirar la parte baja de la columna y los músculos de la parte posterior del muslo, sin tener que arquear la parte superior de la columna.

Aumentando la altura de la manta

A medida que la parte alta de la espalda va adquiriendo agilidad, ve aumentando la altura de la manta enrollada de modo que sientas un fuerte tirón, pero no incomodidad.

Posiciones del Guerrero, 1 y 2

La práctica de ambas posiciones del Guerrero genera gran flexibilidad y fuerza, tanto en los glúteos como en las piernas. A medida que la fuerza y la flexibilidad se van desarrollando, se produce una apertura estructural y un realineamiento de la cadera, del muslo y de la parte baja de la espalda, que es esencial para la Camisa de Hierro. La conciencia que originan las posiciones del guerrero desarrolla la habilidad para usar la parte baja del cuerpo, tanto en movimiento como de pie, sin tener que comprimir la parte inferior de la columna ni el cuello.

Posición del Guerrero 1 (Figura 4-13 (a) y (b))
Pies

Ponte en pie, con el pie izquierdo mirando hacia adelante y el derecho girado formando un ángulo de 45 grados. Una línea que saliese del centro del talón izquierdo, debería cruzar al pie derecho por el centro de su arco. Durante todo el ejercicio mantén el peso distribuido equitativamente entre los tres puntos principales de cada pie. La distancia entre ambos pies deberá ser lo más amplia posible, sin perder el alineamiento que se indica para la parte baja de la espalda y las piernas.

Pelvis y parte baja de la espalda

Comienza con las dos rodillas rectas. Gira con fuerza la pelvis hacia abajo de modo que la parte baja de la espalda quede recta; esto exigirá un intenso trabajo de los glúteos. Es absolutamente necesario que la parte baja de la espalda permanezca

Figura 4-13. Posición del guerrero 1

en esta posición erecta durante todo el ejercicio. Si los pies se hallan demasiado separados, esto resultará imposible.

Extensión de la columna

Tras aplanar la parte baja de la columna, haz lo mismo con toda ella. Mantén la cabeza como si fuera empujada suavemente hacia atrás desde el labio superior, estando al mismo tiempo colgada de la coronilla. La parte frontal de las costillas inferiores debe permanecer hacia adentro; no permitas que salga empujando hacia afuera en ninguna de las dos posiciones, pero especialmente en la 2. Mantén la columna completamente estirada durante todo el ejercicio.

Posición final

Espira y dobla la pierna izquierda (que está delante) hasta que la rodilla izquierda quede exactamente sobre el tobillo, manteniendo la pierna derecha (la atrasada) lo más recta posible. No dejes que la pierna izquierda se mueva hacia la derecha. Esto evitará que la ingle se abra. La rodilla deberá permanecer exactamente sobre el tobillo.

Distancia entre los pies

Si los pies están demasiado separados, no podrás doblar la rodilla izquierda hasta llevarla a la vertical sobre el tobillo izquierdo sin arquear la parte baja de la columna o doblar excesivamente por la rodilla a la pierna retrasada.

Pierna atrasada

Es aconsejable doblar la rodilla un poco al objeto de mantener derecha la parte baja de la columna. Endereza poco a poco por la rodilla la pierna atrasada, hasta que alcance su límite. No la endereces hasta el punto en que la parte baja de la columna comience a arquearse.

Respiración y fin de la posición

Mantén esta posición durante uno o dos minutos, respirando despacio y con profundidad hacia el pecho, a fin de alargar la columna. Respira continuamente, sin pausa. Sal de la posición mientras espiras, enderezando primero la pierna avanzada. Luego coloca ambos pies paralelos, unidos. Repite con el otro lado durante el mismo tiempo. (Simplemente sigue las mismas instrucciones cambiando derecha por izquierda y viceversa.)

Posición del Guerrero 2 (Figuras 4-14 (a) y (b))
Pies

En pie, con ambos pies mirando hacia delante, con el derecho bastante atrás y unos 15 cm más hacia la derecha. Levanta el talón derecho del suelo. Durante todo el ejercicio mantén el peso equitativamente distribuido entre los tres puntos más importantes del pie izquierdo (que está avanzado) y entre las partes carnosas del pie derecho (atrasado). La distancia entre ambos pies deberá ser lo más amplia posible, sin

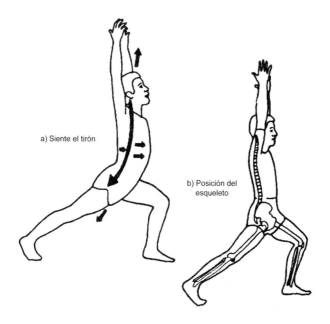

a) Siente el tirón

b) Posición del esqueleto

Figura 4-14. Posición del Guerrero 2

perder el alineamiento que a continuación se indica para la parte baja de la espalda y la pierna atrasada.

Pelvis y parte baja de la espalda

Gira la pelvis de manera que junto con todo el tronco forme un ángulo recto con el muslo avanzado. El ombligo estará apuntando exactamente hacia la dirección del pie adelantado. Comienza con las dos rodillas rectas. Gira con fuerza la pelvis hacia abajo, de manera que la parte baja de la espalda quede recta. Es imprescindible que la parte baja de la espalda permanezca sin arquearse durante todo el ejercicio. Si los pies están demasiado separados, esto resultará imposible.

Colocación de los brazos en la posición 2

Cuando ya estés familiarizado con todo lo anterior, extiende ambos brazos hacia arriba, manteniendo los omóplatos caídos y ensanchados. Las palmas de las manos estarán mirándose una a la otra. La parte baja de las costillas no deberá desplazarse hacia adelante al extender los brazos hacia arriba.

Posición de los brazos

El estiramiento generado por este ejercicio es muy grande, por lo que requiere de una concentración acentuada y de una ejecución vigorosa, a fin de mantener derecha la parte baja de la columna y también la pierna retrasada. Al principio, es conveniente en ambas posiciones del Guerrero usar los brazos como ayuda para el alineamiento de la pelvis. Una mano empuja desde atrás al sacro hacia abajo y hacia adelante, mientras que la otra empuja desde el frente hacia adentro y hacia arriba con suavidad a las costillas inferiores (Figura 4-

Figura 4-15. Posición de los brazos para los principiantes

15). Esto ayudará a mantener la columna derecha, permitiendo dedicar toda la concentración a estirar la parte inferior del cuerpo.

Otros detalles de la práctica

Si se practica dos o tres veces por semana, la fuerza se desarrollará con mucha rapidez, y la flexibilidad no tanto, pero lo hará de manera segura. A medida que tu flexibilidad aumente, podrás ir separando los pies cada vez más hasta que, finalmente, el muslo adelantado llegue a estar paralelo al suelo, permaneciendo invariables todos los demás detalles de la postura. Esta posición final exige de una fuerza y una flexibilidad tremendas. La mayoría de las personas tardarán mucho tiempo en poder realizarla. Simplemente recuerda que si la parte baja de tu espalda está arqueada o la rodilla atrasada está doblada, significará que los pies están demasiado separados. Al principio es bueno observarse la parte baja de la espalda en un espejo. Suele sorprender lo juntos que tienen que poner-se los pies para realizar la postura adecuadamente.

Colocación de los brazos

Cuando ya estés muy familiarizado con esta práctica, extiende ambos brazos con fuerza a la altura de los hombros, directamente hacia delante y hacia atrás. Mira a la punta del dedo índice del brazo que está hacia adelante. Mantén los hombros hacia abajo, sin formar joroba. Y estira todo el bra-zo, desde las puntas de los dedos a la articulación del omó-plato.

5

La constitución del cuerpo y la Camisa de Hierro

Este capítulo se ocupa de la constitución del tejido conjuntivo y de su relación estructural con los huesos, los músculos y los tendones. Un mayor conocimiento de los meridianos tendo-musculares (meridianos de acupuntura) del cuerpo, aumentará nuestra conciencia de la construcción del cuerpo, lo cual es vital para el trabajo que nos ocupa: la creación y el almacenamiento de la energía Chi y su circulación por todo el cuerpo. El doctor quiropráctico Michael Posner, en la introducción de este capítulo, nos da las principales claves para lograr una buena salud mediante la comprensión de nuestra estructura corporal. Cuanto más sepamos sobre el modo en que estamos construidos, más rápido será nuestro progreso. El conocimiento de la capa de tejido que nos envuelve y que nos mantiene unidos es de una gran importancia para llegar a establecer ese contacto con nosotros mismos que estamos buscando a través del Chi Kung Camisa de Hierro.

CAMISA DE HIERRO Y QUIROPRÁCTICA, POR EL DOCTOR MICHAEL POSNER

Algo que todas las profesiones médicas consideran altamente perjudicial para nuestra salud es el fenómeno del estrés. Se han elaborado diversas teorías y métodos para tratar de disminuir la cantidad de estrés que debemos soportar a diario. Voy a ocuparme aquí del inevitable estrés que la fuerza de la gravedad produce en la estructura de nuestro cuerpo cuando éste se halla en posición erecta, de algunas de sus repercusiones sobre la salud y de cómo mediante un adecuado alineamiento de la estructura ósea podemos, de una manera efectiva, reducir dicho estrés y mejorar nuestra salud.

Al actuar la fuerza de la gravedad sobre nuestro cuerpo en posición erecta, hay diversos grupos de músculos que trabajan para que podamos mantener dicha posición. Para resistir a la gravedad, estos músculos deben ejercer una determinada cantidad de energía. Esos músculos antigravitatorios ayudan a estabilizar la estructura ósea, de manera que le sea posible efectuar movimientos en posición erecta. El éxito que una persona tenga al vencer esa fuerza de gravedad, tiene una sutil pero profunda influencia sobre la calidad de su salud, sobre sus logros y sobre su estado emocional.

A estas alturas es preciso comprender algunos conceptos básicos tales como la «línea de gravedad» o el «centro de gravedad», relacionados con nuestra estructura corporal. La línea de la gravedad vista lateralmente (Figura 5-1), desciende desde arriba hacia abajo del cuerpo, pasando por el lóbulo de la oreja, ligeramente por detrás del hueso que, en el lateral del cráneo, contiene los órganos del oído, por el centro de la articulación del hombro, toca el punto central de los bordes delanteros de las vértebras T-2 y T-12, luego cae ligeramente por fuera del sacro, por detrás del eje o apoyo de la articulación de la cadera, ligeramente por detrás de la rótula, pasa frente al hueso en forma de martillo que hay en el tobillo, y a través del hueso exterior del tobillo, para caer entre el talón y el principio del metatarso. Vista desde atrás la línea de gravedad pasa por el hueso occipital, las vértebras C-7 y L-5, el coxis y el cartílago púbico, y entre las rodillas y los tobillos.

Dado que la gravedad actúa sobre todas las partes del cuerpo, podríamos considerar que todo el peso del cuerpo se concentra en un punto, desde el cual el empuje gravitacional existente a un lado del mismo fuese igual al empuje del otro lado. Ese punto es el centro de gravedad del cuerpo. En general, dicho centro se halla situado en el centro del tronco, unos cuatro centímetros por encima del ombligo. Su situación exacta varía según el tipo de cuerpo, la edad, el sexo, la actitud, los patrones respiratorios, el nivel de estrés o los trastornos óseos o musculares.

En la posición erecta, la mayor economía energética se da cuando la línea de gravedad pasa a través de una columna o de un alineamiento óseo de apoyo. Si los segmentos óseos se alinean de manera que la línea de gravedad pase exactamente

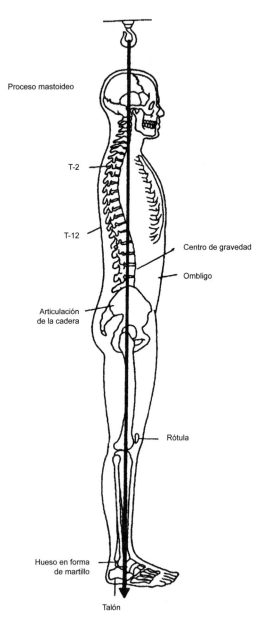

Figura 5-1. Línea de gravedad en la estructura del cuerpo

por el centro de cada articulación, los ligamentos, tendones y músculos implicados soportarán un estrés mucho menor; entonces los músculos antigravedad apenas tendrán que trabajar, y los huesos desempeñarán un papel más activo en la tarea de mantener nuestros cuerpos en una posición erecta, permitiendo que los músculos se relajen y descansen, conservando la energía y disminuyendo así la tensión y el estrés.

El potencial de salud se alcanzará sólo si la estructura corporal está equilibrada, de modo que tanto la energía nerviosa como el Chi puedan fluir libremente.

Cuando dichos músculos antigravedad trabajan demasiado o demasiado poco, se originan diversos efectos negativos para la salud. La tarea de los músculos es mover los huesos; así, cuando los músculos están excesivamente tensos o demasiado flácidos, terminan por acarrear daños en la estructura ósea. Cuando se sienten calambres o espasmos musculares, eso indica que dicho músculo está soportando una contracción continua y excesiva. Con la contracción las fibras musculares se acortan. Con la contracción excesiva, puede ocurrir que los huesos sean empujados hasta desplazarse de su alineamiento correcto. Si estos desarreglos estructurales llegan a afectar a las vértebras, las terminaciones nerviosas se irritan, interfiriendo en el funcionamiento del sistema nervioso. Si esto ocurre, pueden surgir un sinfín de problemas, ya que la labor del sistema nervioso es regular y controlar todas las funciones corporales.

El potencial de salud aumenta considerablemente cuando la comunicación entre el cerebro y las demás partes del cuerpo es perfecta. Dado que ésta es la función del sistema nervioso, la integridad estructural de nuestro sistema muscular y óseo es de vital importancia. Se dice que la estructura determina la función.

La profesión quiropráctica se ocupa de problemas de salud y de enfermedad desde un punto de vista estructural, centrándose especialmente en la integridad estructural, la mecánica espinal y la relación neurológica.

Ya hemos visto cómo la fuerza de la gravedad afecta a nuestros sistemas muscular y óseo, y cómo ese estrés que soporta nuestra estructura puede afectar a la salud en general. Por supuesto, existen otros factores que influyen también en la estructura, como las emociones, las toxinas y las situaciones traumáticas. Los músculos acumulan tensiones procedentes de varias fuentes, pero el caso es que el resultado final es siempre un desequilibrio estructural que deteriora nuestra funcionabilidad y también nuestra salud.

Partiendo de esto, es lógico que se analice seriamente la manera de lograr una integridad estructural óptima, de un modo equilibrado. Para ello se debe comprender que es necesario aprender de una fuente competente todo lo posible sobre el alineamiento, reconocer nuestros propios problemas en este campo y, después, aplicar estos conocimientos a nosotros mismos.

Como quiropráctico, me interesa corregir la estructura corporal de mis pacientes a fin de permitir que su cuerpo vuelva a funcionar en condiciones óptimas. Pero eso es lo único que puedo hacer, ya que en realidad es responsabilidad nuestra la salud de cada uno de nosotros. Así, aprender cada uno de nosotros todo lo posible sobre la estructura corporal, y reconocer lo que está bien o mal en esa estructura nuestra, es algo esencial para lograr una buena salud. Creo que entre las claves más importantes para lograr una buena salud están el correcto alineamiento óseo, el equilibrio muscular, la flexibilidad de músculos y tejido conjuntivo, la respiración correcta, la relajación y la adecuada utilización del cuerpo. Finalmente, considero de extrema importancia aprender a conservar, acumular y almacenar la energía que por lo general se desperdicia cuando existen desequilibrios estructurales.

El ejercicio es un medio indispensable para lograr las claves de salud que acabamos de citar. El ejercicio no debe ser unilateral, como lo son la mayor parte de los deportes, y no debe producir tensiones excesivas. Es deseable tener músculos bien tonificados así como el tejido conjuntivo, pero no en exceso. Así, el equilibrio es la clave a la hora de escoger un método de ejercicios. Este método deberá desarrollar el cuerpo simétricamente, reducir el estrés, enseñar el alineamiento adecuado y mostrar cómo almacenar, incrementar y conservar la energía vital.

Como quiropráctico, creo que la salud depende en gran medida de la simetría y del equilibrio de la estructura corporal; por consiguiente, me interesé en el arte Chino del Chi Kung de la Camisa de Hierro, que subraya la importancia de mantener una determinada postura ósea, de modo que las fuerzas gravitacionales que nos empujan hacia la tierra puedan transmitirse a través de los huesos hacia la propia tierra, en lugar de consumir energía resistiendo con los músculos o sometiendo a las articulaciones a una tensión indebida. Las posturas de la Camisa de Hierro alinean las vértebras de modo que permiten que la línea de gravedad pase por el centro de dichas vértebras. Así, la fuerza de gravedad no es resistida sino transmitida. Los músculos, los ligamentos y los tendones pueden relajarse, en lugar de estar trabajando para resistir. Las posturas de la Camisa de Hierro integran todos los tejidos estructurales para lograr un funcionamiento óptimo. La relajación, la respiración adecuada, el desarrollo muscular simétrico, el reforzamiento de los ligamentos y de los tendones, así como el reforzamiento de los propios huesos, se cuentan entre los resultados de la práctica de la Camisa de Hierro.

Asimismo, es muy importante aprender a experimentar nuestro propio centro de gravedad. Digo «propio» porque el centro de gravedad varía desde la zona del ombligo hasta el pecho o incluso más arriba, según la situación vital y el estrés de las diferentes personas. Esto interfiere en el funcionamiento normal de la respiración, que debe iniciarse en el abdomen, al igual que en el pecho. Comparemos simplemente la respiración de un niño con la de la mayoría de los adultos, y veremos que los adultos suelen respirar con el pecho, trabajando muy poco el abdomen y el diafragma. Es muy importante utilizar el diafragma en la respiración, ya que al descender, el diafragma masajea los órganos internos. Esto aumenta la circulación y el flujo sanguíneo, y de este modo la oxigenación de nuestros órganos vitales. El incremento de energía, la integridad estructural y la salud generada por la práctica de la Camisa de Hierro son, en mi opinión, notables. Su práctica aumenta el potencial de salud de una manera holística: física, mental, emocional y espiritualmente. Al alinearnos con la práctica de la Camisa de Hierro, nos estamos alineando también con la armonía del Universo.

CONSTITUCIÓN DEL TEJIDO CONJUNTIVO. RELACIÓN DEL TEJIDO CONJUNTIVO CON LOS HUESOS, MÚSCULOS, TENDONES Y MERIDIANOS DE ACUPUNTURA

El tejido conjuntivo: protección de nuestros órganos vitales

El óvulo después de ser fertilizado se divide en tres sistemas principales: el ectodérmico, el mesodérmico y el endodérmico. El tejido conjuntivo se deriva del mesénquima, que es una subdivisión del sistema mesodérmico.

Los núcleos de la sustancia mesenquimática generan los huesos, los ligamentos, los músculos y los tendones. Posteriormente un sistema más estructurado de capas, envolturas y tejidos se forma alrededor de los diversos centros.

El tejido conjuntivo es una envoltura y su misión es sostener, proteger, energetizar y, en alguna medida, contraer y expander los órganos y los músculos para que la energía Chi pueda fluir a través de ellos con facilidad. El tejido conjuntivo carece de vasos sanguíneos, es translúcido y correoso. Está estrechamente unido a los músculos, envolviéndolos y potenciando su trabajo por diversos medios, separándolos en diferentes envolturas, suministrando lazos de fibras especialmente resistentes, y permitiendo su lubricación mediante líquidos segregados por los tejidos de determinados órganos, de modo que unos grupos de músculos puedan deslizarse sobre otros. El tejido conjuntivo está presente en todo el cuerpo, separando, conectando, envolviendo y sosteniendo sus diversas partes, y además finalmente, en un nivel más superficial, envolviendo todo el cuerpo en una fina capa, inmediatamente debajo de la piel.

Esta capa superficial es muy resistente, ya que sus fibras están entrecruzadas. Los golpes y las heridas alteran estas fibras haciéndolas más densas y cortas, como ocurre en las cicatrices.

El hecho de que esta red se halle presente en todo el cuerpo, puede explicar el mecanismo de los puntos reflejos, pequeñas zonas que presentan dolores cuyo origen puede situarse en órganos bastante alejados de tales puntos.

También puede servir de explicación para el mecanismo de la reflexología. Algunas zonas del pie presentan dolores cuando los órganos correspondientes del cuerpo tienen problemas de funcionamiento.

El tejido conjuntivo tiene además otra función muy poco reconocida: la de proporcionar el tono muscular. De hecho, la hipotensión está relacionada con una situación hipotónica del tejido conjuntivo, y la hipertensión con un tejido conjuntivo hipertónico. Existen diversos tipos de tejido conjuntivo, todos ellos formados por colágenos. El más ampliamente distribuido por el cuerpo es el tejido conjuntivo flojo, el más flexible y más elástico de todos, pues sus fibras van en todas direcciones. Está formado por proteínas inmersas en una sustancia líquida base, y su función es importantísima para el metabolismo del agua y también para otros intercambios líquidos. El tejido fibroso se encuentra en zonas donde se requiere mayor fuerza extensible. En ellas el tejido es más correoso, como consecuencia del alineamiento paralelo de los haces de fibras, semejantes a las que hallamos en los tendones y en los ligamentos. Las mayores capas de tejido conjuntivo que se encuentran en el cuerpo son de este tipo. No obstante, todas las variedades del tejido conjuntivo se han formado partiendo del sistema mesodérmico.

Aunque en sí mismo carece de vasos sanguíneos, sirve de apoyo a dichos vasos, a las fibras nerviosas y a los vasos del sistema linfático, ya que contiene los nervios que son receptores sensoriales de los estímulos procedentes de los músculos, las articulaciones y los tendones. El tejido conjuntivo es también responsable del mantenimiento de las posiciones relativas de los diversos órganos y músculos del cuerpo.

El tejido conjuntivo consta de tres capas (Figura 5-2)

a. La capa superficial o subcutánea: que se compone a su vez de dos subdivisiones (1) una más superficial capaz de contener una enorme cantidad de grasa en las personas con exceso de peso, y (2) una capa más interna que no contiene grasa. Es el más elástico de todos los diversos tipos de tejido conjuntivo, pues tiene que acomodar variadas cantidades de grasa, dilatarse cuando exista una inflamación o intensa actividad

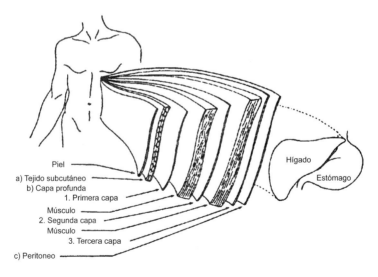

Figura 5-2. Las tres capas del tejido conjuntivo

muscular y contraerse cuando los músculos estén relajados. En esta capa podemos almacenar energía Chi. Cuando dicha capa está repleta de Chi no puede contener grasa. Practicando la condensación de la Camisa de Hierro se puede quemar la grasa ya existente en esta capa.

b. La capa profunda: es la más densa y tiene una superficie muy fina, a fin de reducir la fricción cuando una capa se desliza sobre otra. Los haces de fibras que conforman esta capa son paralelos, dándole así una fuerza considerable. Este tipo de tejido se halla alrededor de los tobillos, rodillas, muñecas y codos, donde actúa como un ancla sobre la que los músculos puedan empujar. También desempeña la función de ser un almacén de nutrientes, un aislante y un apoyo, al mismo tiempo que una barrera que impide la entrada de organismos y objetos extraños.

La capa profunda mantiene los músculos en sus distintas formas y posiciones. Es la más densa y fuerte, y a su vez existen tres tipos diferentes. El primero y más externo recubre los músculos mayores. El intermedio es una membrana que separa unos músculos de otros, y finalmente, el interno, que recubre las superficies externas de las cavidades del cuerpo.

c. La capa subserosa o peritoneo: por la parte interior de la membrana intermedia se halla el tejido conjuntivo subseroso. Existen dos tipos: (1) el parietal que recubre las superficies internas de las cavidades del cuerpo como el tórax o el abdomen y (2) el visceral que recubre los órganos existentes en tales cavidades, como los pulmones o el hígado. Su función principal es proteger y sostener, facilitando al mismo tiempo la lubricación. Al irritarse estas superficies algunas veces se adhieren entre sí, causando un gran dolor.

2. La Camisa de Hierro afecta al tejido conjuntivo de todo el cuerpo

Al afectar al tejido conjuntivo de todo el cuerpo, tiene que ver, en primer lugar, con la capa subcutánea que recubre externamente a todo el organismo. La Camisa de Hierro afecta también principalmente al tejido conjuntivo de la región lumbar, que es más grueso y grasoso que el normal. Estos dos tipos de tejido conjuntivo están interconectados por haces de fibras en forma de huso, entre los que suele depositarse la grasa.

El tejido conjuntivo lumbar está compuesto por tres capas. La más superficial parte de los salientes de las vértebras lumbares (cerca de las costillas inferiores y del hueso de la cadera) y del saliente del sacro (hueso formado por la unión de cinco vértebras entre la zona lumbar y la caudal, o rabadilla), formando la parte posterior de la pelvis y del ligamento sacroespinal (músculo que se extiende verticalmente a lo largo de las vértebras de esta zona). La capa intermedia se extiende desde la mitad de la zona lumbar hacia los costados, donde se une con la capa superficial. Estas dos capas envuelven los músculos que mantienen erguida a una persona.

Este tejido conjuntivo se extiende también hacia arriba, hacia la parte baja de la duodécima costilla, y en su extremidad inferior está unido a la cresta ilíaca (la parte ancha y superior de la pelvis) y al ligamento iliolumbar, ambos en la zona del intestino delgado. La capa más profunda envuelve al cuadrado lumbar (músculo que se extiende desde la zona lumbar uniéndose por sus lados a las otras dos capas). Estas tres capas constituyen lo que técnicamente se conoce como «origen de la aponeurosis abdominal transversa».

La capa profunda de la parte alta de la espalda constituye el tejido conjuntivo torácico, que envuelve los músculos extensores de la columna torácica (vértebras existentes entre el cuello y el abdomen, unidas a las costillas). Su parte inferior se une con la parte más superficial de las tres capas del tejido conjuntivo lumbar, mientras que su parte superior se combina con el tejido conjuntivo cervical y del trapecio. La capa profunda del tejido conjuntivo de la parte alta de la espalda se extiende a ambos lados, siguiendo los ángulos de las costillas y el tejido conjuntivo de los músculos existentes entre ellas.

El tejido conjuntivo profundo que envuelve los romboides (dos músculos unidos a los omóplatos), y a los músculos de la espalda, se considera separado del torácico, aunque en realidad no exista una separación clara entre ambos.

Por los costados, el tejido conjuntivo axilar sirve de protección a esta zona del cuerpo, que prácticamente carece de tejido muscular. También une parcialmente los músculos de la espalda y de los costados, uniéndolos con el tejido conjuntivo torácico y con el que hay junto a la columna. A su vez, el tejido conjuntivo deltoideo (que cubre el músculo triangular que une la parte alta del brazo con la espalda), a la altura de la cuarta vértebra torácica y de la línea medio-escapular, está conectado con el tejido conjuntivo de junto a la columna y está anclado a ella y a los omóplatos.

Todas las diversas capas citadas se combinan para formar la red continua de tejido conjuntivo que se extiende por la espalda. El tejido conjuntivo deltoideo se extiende desde la columna a la altura de los omóplatos, hasta la clavícula. Allí se une con el tejido conjuntivo pectoral. También se extiende lateralmente, desde los hombros hasta el brazo, donde se le conoce como tejido conjuntivo braquial. Este tejido conjuntivo braquial se une con el pectoral y el axilar recubriendo las dos articulaciones del húmero, así como la superior del decúbito. Recubre también (con una capa muy fina) el músculo bíceps y (con una más densa) el tríceps.

El tejido conjuntivo interbraquial se une con el braquial formando una sola unidad y recubre desde la parte alta del húmero hasta la más baja del decúbito y del radio.

El tejido conjuntivo pectoral consta de capas muy finas que, partiendo de la clavícula y el esternón, se extienden hasta unirse con el tejido conjuntivo deltoide, el braquial y el axilar, e incluso con la capa exterior del tejido conjuntivo abdominal, y con el diafragma. Debajo del tejido conjuntivo pectoral se hallan los grandes músculos pectorales, y debajo de ellos el llamado tejido clavipectoral, que envuelve a los músculos pectorales menores y los separa de la pared torácica.

Este tejido, que está unido a las clavículas y envuelve las arterias que pasan por debajo de ellas, llega hasta la primera costilla, el tejido axilar y la parte delantera de los omóplatos.

Las costillas, que forman la pared torácica, están recubiertas exteriormente por el tejido conjuntivo intercostal externo. Esta capa, que se extiende en dirección a la cabeza, se une con el tejido escaleno (que recubre los músculos unidos a las vértebras cervicales y a la primera y segunda costilla, posibilitando que se doble el cuello), y también hacia abajo, hacia la parte baja del abdomen, donde se une con el tejido conjuntivo que separa los músculos oblicuos internos del abdomen de los externos.

La superficie interna de las costillas está recubierta por el tejido conjuntivo endotorácico (que envuelve también los músculos existentes dentro del tórax). Se extiende hacia la cabeza, entremezclándose con el tejido conjuntivo prevertebral (que cubre las vértebras de la parte superior de la columna), mientras por la parte inferior llega al bajo abdomen, donde se conecta con la capa interna que recubre la pared abdominal. El tejido conjuntivo subcutáneo del abdomen es blando y flexible, y aumenta su fuerza a medida que se extiende hacia ambos lados. La parte interna de este tejido subcutáneo es altamente elástica y se une a los ligamentos de la ingle. La parte más externa se une con el tejido conjuntivo de la espalda y del pecho. En su extensión hacia abajo está conectado con el de la parte externa de los muslos y con el que recubre el pubis y los músculos oblicuos externos.

La capa más profunda que rodea el abdomen se une con el tejido conjuntivo torácico-lumbar, con el pélvico y con el del diafragma, llamado también transversal. Recubre la superficie exterior de la pared abdominal, las vértebras lumbares y los músculos psoas mayores.

Las diversas capas de tejido conjuntivo descritas son las que se utilizan en la Camisa de Hierro para almacenar el Chi. Mientras está almacenado allí, este Chi forma un cojín protector, y puede reutilizarse cuando sea necesario.

Limpieza de la médula y cambio de los tendones

«Limpieza de la médula ósea»

El proceso por el que se transforma la energía sexual para ser almacenada en el cerebro y en la médula ósea, limpiando los órganos internos y restaurando sus funciones, se conoce como «limpieza de la médula ósea».

Al circular el Chi por la Órbita Microcósmica y limpiar la «médula interna» (que tal como se describe en el capítulo 1, aumenta la cantidad de células sanguíneas, fuente de la fuerza vital), todo el sistema se depura de polución. Cuando las vías están limpias, el Chi puede fluir libremente hacia donde se le necesite, y podemos decir entonces que todo el cuerpo está repleto de Chi. A medida que una persona envejece, la médula ósea comienza a secarse y a producir menos células sanguíneas. Entonces el cuerpo empieza a llenar los espacios vacíos del interior de los huesos con grasa. Para llenar los huesos vacíos con energía renovada que revitalice la médula devolviéndole su juventud, hay que transferir energía sexual que puede almacenarse en los huesos, donde al mismo tiempo va quemando la grasa.

La limpieza de la médula ósea, el mantenimiento de los órganos sanos y el cambio de los tendones generan un reforzamiento de los músculos, tendones y ligamentos, limpiando el interior del cuerpo y reforzando el exterior. Los tres niveles de la Camisa de Hierro refuerzan y reconstruyen el tejido conjuntivo, los tendones y la médula ósea.

«Cambio de los tendones»

El Chi puede extraerse de los órganos internos hacia el tejido conjuntivo que los rodea mediante varios métodos. Cuando se ha acumulado suficiente Chi, se conduce a lo largo del tejido conjuntivo existente entre los grupos de músculos, llegando finalmente a los tendones, que a su vez están formados de capas de tejido conjuntivo, y de este modo la totalidad del cuerpo llega a estar recubierta de energía.

Los tendones conectan los músculos a los huesos, son mucho más fuertes que éstos y bastante más largos. Para su mantenimiento y desarrollo se necesitan muy pocas células y mínimas cantidades de sangre. La Camisa de Hierro ha sido diseñada para reforzar y desarrollar los tendones, de modo que el movimiento deje de depender únicamente de los músculos.

En el taoísmo se dice que la salud se deteriora cuando los tendones están torcidos, flojos o débiles. Los tendones enfermos y torcidos hacen que las personas adelgacen, y cuando los tendones no tienen ya la debida resistencia, provocan fatiga. El tejido conjuntivo puede resentirse como consecuencia de heridas, convirtiéndose en tejido cicatrizoso, más correoso, y que tiende a contraerse en exceso tirando de los tejidos y tendones adyacentes, dificultando el flujo sanguíneo e impidiendo el paso del Chi. Las emociones fuertes también pueden resultar traumáticas, alterando dramáticamente nuestra manera de ver el mundo, y por consiguiente, también la manera en que nos presentamos ante el mundo. Esto resulta evidente de muchas maneras, pero principalmente en la forma en que nos mantenemos físicamente.

El tejido conjuntivo y los tendones tardan mucho tiempo en desarrollarse, y cuando resultan dañados, tardan todavía más en recuperarse. Sin embargo, cuando los tendones son fuertes, largos, y están relajados y llenos de fuerza, están también repletos de Chi y tienen acceso a más, en caso de necesidad. Una vez debidamente desarrollados, serán mucho más largos, más fuertes y llevarán a cabo un trabajo mucho mayor. Seguirán utilizando una ínfima cantidad de nutrientes y apenas necesitarán mantenimiento.

Algunos terapeutas trabajan directamente sobre el tejido conjuntivo para eliminar emociones y recuerdos negativos, que drenan constantemente las reservas energéticas de la persona. Algunas veces, después del tratamiento, estos pacientes experimentan una nueva visión de la vida, y son capaces de funcionar con una libertad que, de otro modo, nunca hubieran experimentado.

Como ya dijimos anteriormente, el «cambio de los tendones» y la «limpieza de la médula ósea» se tratarán más detalladamente en la Camisa de Hierro II y la Camisa de Hierro III, respectivamente.

La armonía entre tejido conjuntivo, tendones y Chi

Un taoísta describiría el cuerpo como formado por los órganos internos y la energía Chi que los alimenta. Externamente, el cuerpo está constituido por los huesos, los tendones, los músculos y el tejido conjuntivo que los contiene. Los huesos se mueven por la contracción de los músculos, que tiran de los tendones unidos a los huesos. Se dice que la sangre mueve a los músculos, y el Chi mueve a la sangre. Así, un maestro taoísta se esfuerza en crear y proteger el Chi y la sangre. El Chi es una especie de energía electromagnética e invisible, mientras que los músculos, los tendones, los huesos y el tejido conjuntivo, son perfectamente visibles. La práctica consiste en trabajar tanto lo visible como lo invisible como una expresión más de la armonía entre Yin y Yang.

Acentuar sólo el desarrollo interno o el externo, originará desarmonía y disfunción. Los órganos y los músculos deben utilizarse mediante el Chi, y la circulación del Chi aumenta si se tiene un cuerpo saludable. Reforzar los músculos sin cultivar el Chi crea un desequilibrio que nunca originará fuerza ni salud verdaderas.

«El cambio de los tendones» se ocupa de los músculos, los tendones, los huesos y el tejido conjuntivo, desarrollando tanto la parte visible (músculos, tendones, huesos y tejido conjuntivo), como la invisible (el flujo del Chi).

La práctica para aflojar los tendones es relativamente fácil, mientras que la que se ocupa del tejido conjuntivo es considerablemente más dificultosa. Se dice que el Chi Kung de la Camisa de Hierro es la disciplina más difícil de todas; sin embargo, su práctica, mediante la cual se aprende a incrementar y almacenar el Chi, comienza con la Órbita Microcósmica. Cuando hayas sido capaz de reunir Chi, podrás dirigirlo al tejido conjuntivo de cualquier punto del cuerpo, allí donde sea necesario.

Al recoger, conservar y almacenar la energía de los órganos vitales (riñones, cerebro, corazón, hígado, pulmones, bazo y genitales), la energía contaminada baja y sale, a medida que la limpia asciende para sustituirla. Al relajarnos y recoger cada vez más Chi, deberemos dirigirlo hacia los tendones y el tejido conjuntivo, hasta que la totalidad del cuerpo se halle repleta de energía Chi.

El Chi fluye por el tejido conjuntivo, extendiendo y reforzando los tendones.

Una vez más, la armonía o el equilibrio son elementos necesarios. Si se practica de manera que el tejido conjuntivo esté vitalizado con Chi, pero olvidamos los tendones, el tejido conjuntivo no tendrá en qué apoyarse, ya que los músculos se unen a los huesos mediante los tendones. Por otra parte, si se trabaja sobre los tendones olvidándose del tejido conjuntivo, éste no funcionará correctamente como coordinador de los grupos de músculos que recubre. Si se ejercita el tejido conjuntivo y los tendones sin el Chi Kung, al objeto de activar el flujo de la energía Chi, los tendones y el tejido conjuntivo no «crecerán» y no podrán funcionar libremente. Si se practica el Chi Kung y no se hacen los ejercicios para los tendones y el tejido conjuntivo, el Chi no podrá circular libremente por el cuerpo, y tendrá dificultades para acceder a los meridianos. Al mismo tiempo, los tendones estarán débiles por el poco uso y el tejido conjuntivo será grueso, formando una barrera.

En este capítulo presentamos una visión general de cómo los músculos, el tejido conjuntivo y los huesos funcionan en conjunto. Los músculos recubren a otros músculos y a los huesos, y forman las diversas cavidades que albergan los órganos vitales. El tejido conjuntivo y los tendones están unidos y estos últimos unen los músculos a los huesos. El tejido conjuntivo recubre a grupos de músculos, permitiéndoles llevar a cabo un trabajo mucho mayor del que podrían hacer si no estuviesen agrupados de este modo, aumentando al mismo tiempo la resistencia y el tono general de dichos músculos. Al estar estos grupos de músculos por fuera de los huesos, el tejido conjuntivo los protege, al igual que protege a los órganos internos al formar las paredes de las diversas cavidades. La finalidad más importante del Chi Kung Camisa de Hierro es llenar de Chi todas las cavidades del cuerpo y generar más

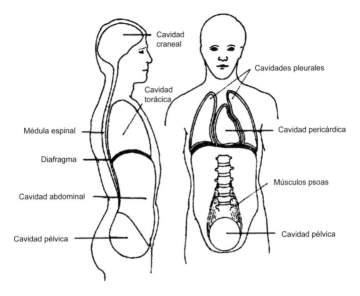

Figura 5-3. Uno de los objetivos más importantes de la práctica de la Camisa de Hierro es llenar de Chi las cavidades del cuerpo

presión Chi sobre los órganos vitales, protegiéndolos y permitiendo que produzcan más energía instantánea (Figura 5-3).

Los meridianos tendo-musculares

En el cuerpo existen 12 de estos meridianos, que pasan sobre los músculos y los tendones, yendo de articulación en articulación. Al contrario que otros meridianos, éstos no tienen conexión con ningún órgano interno. Parece que están relacionados principalmente con la utilización de la energía asociada con la musculatura, campo en el que se puede lograr una eficiencia mucho mayor (mayores resultados con menos esfuerzo) de la que se considera normal.

Estos meridianos se originan en las extremidades, se reúnen en las articulaciones principales y terminan en diferentes puntos del tronco y de la cabeza. El conocimiento de estas vías y su energetización aumentará enormemente el tono muscular y conjuntivo, incrementando mucho la capacidad de movimiento.

El meridiano tendo-muscular del pulmón (Figura 5-4)

Este meridiano tiene su origen en el extremo del dedo pulgar. Si miramos a una persona de frente, cuyos brazos cuelgan a ambos lados del cuerpo y cuyas palmas de las manos miran hacia adelante, este meridiano sería una línea que asciende por la parte exterior de los huesos del pulgar, la parte exterior de la muñeca y del antebrazo, luego por la parte interna de la articulación del codo, por los bíceps, penetra en el pecho y sale de nuevo por la articulación esterno-clavicular. Desde ahí atraviesa la clavícula y se dirige al deltoides frontal, mientras que otra rama baja por dentro del pecho, mandando todavía otras ramas hasta el diafragma.

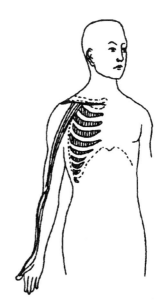

Figura 5-4. Meridiano tendo-muscular del pulmón

El meridiano tendo-muscular del intestino grueso (Figura 5-5)

Imaginemos de nuevo a una persona frente a nosotros, con los brazos caídos, pero ahora con las manos mirando hacia su cuerpo. Este meridiano comienza en el extremo del dedo índice, asciende por lo que ahora es la parte exterior del antebrazo y de la articulación del codo. Continúa subiendo por la parte externa del brazo, pasando al deltoideo lateral, dividiéndose luego en dos ramas, una de las cuales va hacia atrás, al músculo trapecio, bajando a continuación entre la columna vertebral y el omóplato y subiendo más tarde por detrás hasta aproximadamente la mitad de la longitud del cuello. La otra cruza por la cara inferior del trapecio y luego por el músculo esternocleidomastoideo, yendo hacia el rostro, donde se divide de nuevo en dos líneas. La más corta de ellas llega hasta la aleta de la nariz, y la otra sube por el lado del rostro hasta llegar a la parte alta de la cabeza, y más tarde baja por el mismo camino del lado opuesto, y termina definitivamente en la mandíbula.

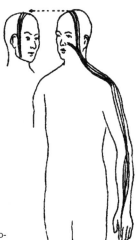

Figura 5-5. Meridiano tendo-muscular del intestino grueso

El meridiano tendo-muscular de estómago (Figura 5-6)

Este meridiano es un poco más complejo. Comienza en el extremo del tercer dedo del pie y algunas veces también del segundo y del cuarto. Sube por la parte baja del pie hasta el nivel del tobillo. Desde allí se divide en dos ramas. Una de ellas asciende por el centro de la pierna, y pasa por la parte delantera de la rodilla. La otra sube lateralmente, continúa hasta la articulación de la cadera y luego pasa sobre la cresta ilíaca (parte superior de la pelvis), continúa por la espalda, donde atraviesa las costillas inferiores y se une con una extensión del meridiano que corre por la columna desde el sacro, aproximadamente a la altura de la clavícula.

Volviendo a la otra rama que subía por la parte frontal de la pierna, continúa así por el muslo, se desvía en la parte

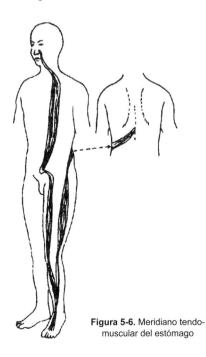

Figura 5-6. Meridiano tendo-muscular del estómago

superior de éste hacia el hueso púbico. Allí penetra en el abdomen, y sale de nuevo un poco más arriba de la clavícula Luego sube por el lateral del cuello y de la mandíbula, donde se divide en dos. Una de estas divisiones gira hacia adelante yendo hacia la comisura de los labios, más tarde asciende junto a la nariz hasta llegar al ángulo del ojo. La otra sube por la mandíbula para terminar en un punto del temporal frente a la oreja.

El meridiano tendo-muscular del bazo (Figura 5-7)

Si tenemos de nuevo a la persona frente a nosotros, se verá cómo se inicia este meridiano en el extremo del dedo gordo del pie, sigue por la mitad del pie y luego asciende por la parte interior de la pierna, continúa por el centro de la rodilla y el muslo, y luego gira para terminar en un punto de la ingle. Más tarde gira hacia el hueso púbico y sube en dirección al ombligo. Viéndolo lateralmente, atraviesa el abdomen hasta llegar a un punto ligeramente por debajo de la tetilla, por el que penetra en el pecho. Otra rama pasa desde el hueso púbico a la región coxígea, desde donde asciende

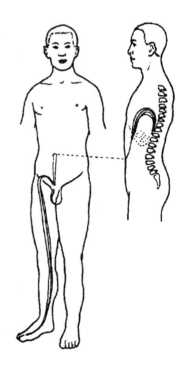

Figura 5-7. Meridiano tendo-muscular del bazo

por el centro de la columna hasta aproximadamente el nivel de la parte superior de los omóplatos.

El meridiano tendo-muscular del corazón (Figura 5-8)

Imaginemos de nuevo a la persona en pie frente a nosotros, con los brazos a ambos lados del cuerpo y las palmas de las manos mirando hacia adelante. Este meridiano comienza en el extremo lateral del dedo meñique, luego sube por el centro de la muñeca, del antebrazo y del codo. Pasa a continuación por la axila y atraviesa el músculo pectoral al nivel de la tetilla. Acto seguido gira bajando por el esternón, y se dirige directamente hacia el ombligo.

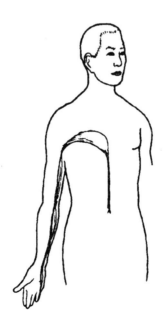

Figura 5-8. Meridiano tendo-muscular del corazón

El meridiano tendo-muscular del intestino delgado (Figura 5-9)

Situemos a la persona de pie, de espaldas a nosotros, con los brazos caídos y las palmas de las manos mirando hacia adelante. Este meridiano comienza en el extremo del dedo meñique. Sube por la parte de atrás de ese dedo, pasa por la muñeca y asciende por el centro del antebrazo. En el centro del codo se une con su extensión que viene de la parte alta del brazo. Avanza hacia arriba por el centro del brazo y en la axila se une con la extensión que viene del cuello y la oreja. Sube y baja trazando una «Z» y continúa por el trapecio, atraviesa el cuello y en el mastoideo se une con una pequeña extensión que penetra en la oreja. Otra rama sube rodeando a la oreja y luego baja para terminar en un punto de la mandíbula ligeramente más atrás de la vertical del ángulo exterior del ojo. A continuación sube, pasando muy cerca del ángulo externo del ojo, pasa por la parte delantera de la cabeza, y se une en la sien con otra rama más que sale del mastoideo.

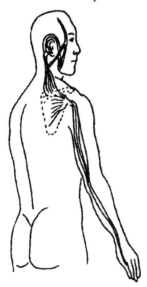

Figura 5-9. Meridiano tendo-muscular del intestino delgado

El meridiano tendo-muscular de la vejiga (Figura 5-10)

Si imaginamos a la persona en pie, de espaldas a nosotros, el meridiano tendo-muscular de la vejiga comienza en el dedo pequeño del pie. Pasa por la cara exterior del pie, sube por la parte posterior de la pierna y en la cavidad que hay detrás de la rodilla se une con otra rama que baja por la parte exterior de la pierna, y acaba unida a la primera en el talón. Desde la parte posterior de la rodilla asciende hasta la mitad de los glúteos, desde donde nace otra rama que baja por el centro de la pantorrilla hasta el talón. Desde los glúteos, sube por el centro de la columna hasta la nuca, y luego prosigue hasta el occipucio. Acto seguido continúa hacia arriba pasando por la coronilla, para unirse con otra rama en un punto a un lado de la nariz, cerca del ángulo interno del ojo. Una rama contornea la ceja y luego desciende hacia la mejilla, la parte baja de la mandíbula, la garganta y el pecho pasando por la axila, para a continuación girar hacia arriba y unirse con la rama que sube por el centro de la columna. Una pequeña rama parte de la columna pasando por el omóplato y el hombro. Hay otra más que sale de la nuca y termina en la

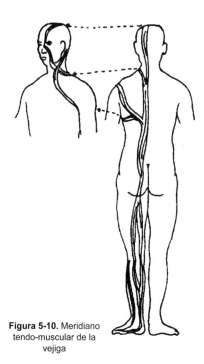

Figura 5-10. Meridiano tendo-muscular de la vejiga

raíz de la lengua. Por último, otra pequeña rama parte de la axila para acabar en el mastoideo.

El meridiano tendo-muscular del riñón (Figura 5-11)

Mirando desde atrás a una persona en pie, que mantenga levantado el talón izquierdo, se verá que este meridiano empieza en la parte baja del dedo pequeño del pie. Desde allí continúa junto al meridiano del bazo, se curva hacia arriba en el arco del pie, pasa por la parte baja del talón y se une con la extensión de la pantorrilla del meridiano tendo-muscular de la vejiga en el talón de Aquiles. Continúa ascendiendo por el centro de la pantorrilla, y se une de nuevo con el meridiano de la vejiga en la cavidad posterior de la rodilla.

Si viésemos a esa misma persona de pie por delante, veríamos cómo el meridiano del riñón continúa por la parte interior del muslo junto al meridiano del bazo, se une con él en el hueso púbico, y siguen juntos un corto trecho en dirección al ombligo. Luego se dirige hacia el coxis, desde donde asciende por la columna hasta llegar al occipucio, donde se une con el meridiano de la vejiga.

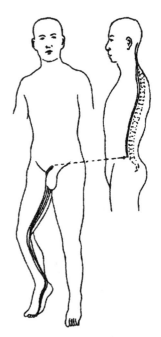

Figura 5-11. Meridiano tendo-muscular del riñón

El meridiano tendo-muscular del pericardio (Figura 5-12)

Si tenemos a la persona de frente, con los brazos caídos a ambos lados y las palmas de las manos mirando hacia adelante, este meridiano comienza en el dedo medio. Pasa por el centro de la palma de la mano y sube por la parte central del antebrazo y del brazo, luego por la axila, y desde allí se divide hacia el pecho, con una rama dorsal y la otra ventral.

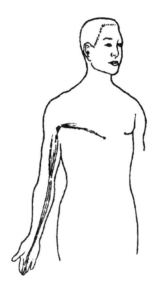

Figura 5-12. Meridiano tendo-muscular del pericardio

El meridiano tendo-muscular del triple calentador (Figura 5-13)

Si observamos a la persona por la espalda, con los brazos caídos y las palmas de las manos mirando hacia adelante, se verá que este meridiano comienza en el dedo anular. Sube por la muñeca, el antebrazo y el codo. Luego avanza por el centro del brazo, pasa por el trapecio y llega al cuello, donde se une al meridiano del intestino delgado. Una rama va hasta la mandíbula y se conecta con la raíz de la lengua, mientras que

Figura 5-13. Meridiano tendo-muscular del triple calentador

la otra pasa por los dientes y llega a la oreja. Desde allí gira hacia el ángulo externo del ojo y continúa por la sien hasta la parte alta de la cabeza.

El meridiano tendo-muscular de la vesícula (Figura 5-14)

Aquí debemos ver lateralmente la figura en pie. Este meridiano comienza en el lado exterior del extremo del cuarto dedo del pie. Desde allí sube por la parte externa de la pierna, mandando una rama a la zona exterior de la rodilla. Continúa hacia el muslo y envía otra rama al punto S-32. Siguiendo hacia arriba genera otra rama que va al ano. Asciende a continuación por la parte lateral del cuerpo y llega frente al hombro, uniéndose con la extensión que pasa por el pecho y por la fosa supraclavicular. La rama principal del

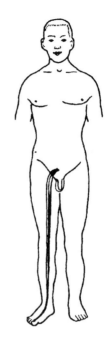

Figura 5-14. Meridiano tendo-muscular de la vesícula

Figura 5-15. Meridiano tendo-muscular
del hígado

meridiano avanza hacia arriba, pasa por detrás de la oreja, hasta llegar a la coronilla. Luego baja por delante de la oreja hasta el lateral de la mandíbula, desde donde sube de nuevo junto a la nariz, mientras otra pequeña rama lo hace por la parte
exterior del ojo.

El meridiano tendo-muscular del hígado (Figura 5-15)

Imaginemos que la persona se halla de pie frente a nosotros.
Este meridiano comienza en el dedo gordo del pie, sigue hacia
arriba por la parte superior del pie y por la frontal de la pierna, a
lo largo de la tibia, y pasa por la parte interior de la rodilla.
Continúa hacia arriba por el muslo y llega al hueso púbico, donde se conecta con los demás meridianos tendo-musculares.

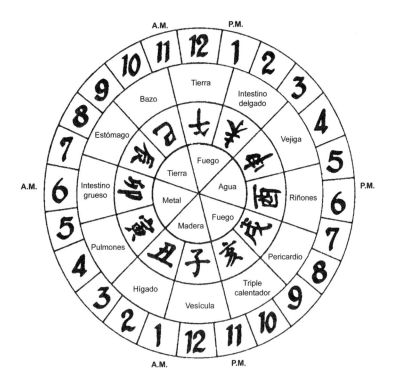

Figura 5-16. Horario del flujo del Chi en los diferentes órganos

Si se deseas reforzar un meridiano tendo-muscular en concreto, puedes practicar utilizando este horario de Chi. Por ejemplo, si quieres reforzar el meridiano tendo-muscular del hígado, la mejor hora para practicar será entre la 1:30 y las 3:30 a.m.

6

Establecer una rutina diaria

Si practicas los Seis Sonidos Curativos (descritos en el libro *Sistemas taoístas para transformar el estrés en vitalidad*) justo antes de irte a la cama, dormirás mejor y te despertarás más temprano y más fresco. Una vez despierto, no saltes en seguida de la cama. Deja que tu motor (tu cuerpo) se caliente antes un poco. Meter una velocidad rápida inmediatamente después de despertarse puede causar daños a todo el sistema. Si tienes la costumbre de saltar de la cama en cuanto te despiertas, aunque eso te dé sensación de vitalidad, quédate todavía un poco más y practica la sonrisa interior, haciendo que la energía fluya por tu Órbita Microcósmica, y te sorprenderás de ver cómo tu salud y tus progresos se acrecientan. Continúa con el automasaje Chi (descrito en el libro *Automasaje Chi, sistema taoísta de rejuvenecimiento*). Si no dispones de tiempo, practica el automasaje Chi mientras estás sentado en el baño. A estas prácticas no hay que destinarles ningún tiempo especial, ya que pueden combinarse con otras actividades. Tras practicar un tiempo el sistema del Tao Curativo, notarás grandes diferencias en tu bienestar general.

Al levantarte es bueno que bebas un poco de agua, pero no demasiada. Bebe toda la que puedas sin sentirte incómodo. Beber demasiada agua puede provocarte náuseas e incluso puede llegar a dañarte los riñones. Es conveniente utilizar un filtro de agua, e incluso destilar tu propia agua potable. El agua y el aire son los dos ingredientes más importantes para lograr una buena salud y para progresar en este sistema. Si te preocupa la pérdida de minerales que se produce con la destilación, utiliza agua del grifo para cocinar, así seguirás ingiriendo también sus minerales. No obstante, es bueno que filtres también esa agua, aunque sea con un filtro muy sencillo. Si vives en una ciudad, también es recomendable filtrar el aire que respiras. En el mercado se encuentran buenos purificadores de aire, que además lo ionizan.

Practica los ejercicios de la Camisa de Hierro que has aprendido en este libro y muy pronto sentirás que forman una unidad coherente y que se convierten en algo tan fácil y necesario como cepillarte los dientes cada mañana.

Es decir, que comenzarás con un nuevo buen hábito. Establecer la práctica diaria de la Camisa de Hierro no significa que cada día tengas que efectuar todo el alineamiento respiratorio. Es conveniente practicar después de levantarte por la mañana. Hazte un programa que se ajuste a tus deseos y posibilidades. Tal vez no puedas dedicarle a esto más de cinco o diez minutos diarios, no importa. ¡Hazlo! El hecho de levantarte veinte o treinta minutos antes cada mañana mejorará tu vida entera. En poco tiempo descubrirás que necesitas menos horas de sueño y que tienes más fuerza y más energía. Al mismo tiempo verás que tus actividades se vuelven más eficientes y, por lo tanto, más rentables, aunque sea muy escaso el tiempo que le dediques a esta práctica.

Diseña un programa que se ajuste al tiempo de que dispones. Recomendamos algo así:

LUNES: Abrazo del Árbol durante seis o siete minutos, seguido de Sostenimiento de la Urna Dorada y de la posición del caballo con una pared.

MARTES: Abrazo del Árbol, Tortuga, Búfalo y Caballo con Pared.

MIÉRCOLES: Abrazo del Árbol, Tortuga y Búfalo, Fénix y Suspensión de la Puerta.

JUEVES: Abrazo del Árbol, Fénix, Puente de Hierro y Arqueo de la Espalda.

VIERNES: Abrazo del Árbol, Puente de Hierro, Barra de Hierro y Arqueo de la Espalda.

SÁBADO Y DOMINGO: Abrazo del Árbol, o bien descansa ambos días para comenzar de nuevo el ciclo el lunes. Tal vez decidas comenzar el programa el sábado. Es importante empezar de una manera gradual, practicando sólo entre quince y treinta minutos al día.

La Camisa de Hierro se puede practicar en cualquier momento. Cuando domines el uso de la mente para enviar el

Chi a los diferentes órganos, comprobarás su utilidad y podrás utilizar esta energía cada vez que quieras o lo necesites.

Si por ejemplo viajas en coche, en tren o en avión y sientes dolor de espalda, podrás mandar energía a la espalda tirando hacia arriba del ano y llevando la energía a los riñones, o simplemente contrayendo los músculos de la espalda. Tensa y relaja, tensa y relaja, y verás cómo el dolor va desapareciendo poco a poco. Inmediatamente te sentirás lleno de energía. Este es un modo fácil de ayudar a los órganos que necesitan ejercicio.

Practica siempre que dispongas de algún tiempo durante el día, no tiene por qué ser a una hora o en un lugar concreto. En la cola del banco o del autobús, por ejemplo, puedes practicar el alargamiento de la columna, apoyando las piernas hacia abajo y experimentando la sensación de atornillarlas al suelo. Tira de la cabeza hacia arriba y, al mismo tiempo, de la columna hacia abajo. Cuando domines estas prácticas, las podrás hacer cuando y donde desees.

No practiques antes de irte a la cama, pues si lo haces no podrás dormir. Si durante la práctica sientes alguna incomodidad, consulta a algún instructor taoísta autorizado. Si el problema persiste, consulta a un médico competente. Recuerda que el ejercicio es una herramienta. El mal uso de ella puede resultar dañino. El Chi Kung Camisa de Hierro no es peligroso en absoluto, siempre que se utilice de la manera adecuada. Los ejercicios se han explicado con claridad, al igual que sus efectos secundarios y la manera de evitarlos. Si se siguen las instrucciones adecuadamente, no habrá problemas. Este sistema ha sido practicado con éxito por infinidad de personas durante miles de años.

7

Experiencias con el Chi Kung Camisa de Hierro

Gunther Weil, doctor en Psicología

Hace ya muchos años que estudio y practico la espiritualidad. Durante bastante tiempo fui practicante de las enseñanzas de Gurdjieff. Mi maestro falleció en 1978 y entonces decidí abandonar aquel camino en el que había permanecido durante más de 14 años. Comencé a estudiar taoísmo, especialmente Tal Chi, y luego Chi Kung, éste último con Don Ahn. En septiembre de 1980 conocí al maestro Chia y aprendí la práctica de la Órbita Microcósmica, Kung Fu, Tai Chi Kung, y ahora, Camisa de Hierro. El enfoque que se da a la Camisa de Hierro es extremadamente exacto y contiene lo que faltaba en mi anterior experiencia del Chi Kung. Aunque gracias a mis prácticas anteriores mi salud mejoró enormemente y mi energía aumentó de manera considerable, había llegado a un punto en el que me sentía detenido y bloqueado. Durante un año no experimenté progreso alguno. Las enseñanzas de la Camisa de Hierro me han ayudado mucho a seguir adelante de nuevo.

Roberta Prada, cantante de ópera

La práctica de la Camisa de Hierro, en combinación con la Meditación de la Órbita Microcósmica y los Seis Sonidos Curativos, ha resultado muy beneficiosa para mi trabajo como cantante clásica. Mis metas primordiales siempre han sido lograr facilidad y libertad vocal y sentirme centrada y firme mientras canto. Desde que comencé mi práctica taoísta, la relajación de mi mandíbula fue absoluta, mi respiración bajó y aprendí la habilidad de descubrir las zonas de mi cuerpo que estaban en tensión, a fin de relajarlas y lograr que la energía fluya libremente por todo mi cuerpo. Cuanto más tejidos resuenan libremente a lo largo del camino de la producción vocal, más bello y poderoso es el sonido que se obtiene, que es mucho más preciso y se consigue sin esfuerzo. Esta es mi experiencia. Tal vez estos resultados no sean imputables sólo a la Camisa de Hierro, ya que mi entrenamiento y mis estudios como cantante continúan, y actúo con bastante frecuencia. Sin embargo, estoy segura de que el alineamiento del cuerpo, la coordinación precisa, el poder físico y mental y la habilidad de calmarme a mí misma, han tenido mucho que ver en la consecución de mis logros profesionales. Desearía que este tipo de cursos se impartieran en los conservatorios de música y en las escuelas profesionales, como parte de los programas que tratan del movimiento del cuerpo y de la respiración. En algunas escuelas de Inglaterra ya se enseña Tai Chi. Una vez que se ha aprendido un ejercicio, puede hacerse en movimientos libres en cualquier lugar: de viaje, en el camerino o en pequeños espacios, sin necesidad de maestro ni equipo. Se trata de una enseñanza práctica y de gran utilidad.

Recomiendo encarecidamente la Meditación de la Órbita Microcósmica, la Camisa de Hierro y el Tai Chi a todos los cantantes, actores, presentadores, músicos y bailarines, como un valioso apoyo para sus estudios profesionales.

Entrevista realizada al practicante de la Camisa de Hierro Michael Winn, por el instructor John Zielinsky

JOHN: ¿Cuando comenzaste con la Camisa de Hierro?
MICHAEL: Empecé hace unos dos años. Anteriormente ya había practicado Kundalini Yoga, en el cual también se efectúan muchos ejercicios respiratorios y se maneja una energía muy intensa. Pero vi que en la Camisa de Hierro la intensidad es todavía mayor, ya que el aire se condensa en nuestro interior, y se hace circular internamente, mientras que en las otras prácticas simplemente inspiraba y espiraba, moviendo la energía despacio mediante el empleo de diversos sonidos. Al principio tenía demasiada energía en mi cabeza para efectuar la Camisa de Hierro, tal vez como consecuencia de mis prácticas

anteriores. Cuando comencé, mi cara enrojecía. Poco a poco pude ir haciendo circular la energía o enviarla al suelo. Descubrí que al practicar adecuadamente se mezcla la energía del aire con la que tenemos en nuestro cuerpo, resultando algo caliente, que debe mezclarse con la que viene de la tierra que es más bien fría. Tardé un tiempo en poder sacar aquella energía de mi cabeza y relajarme.

JOHN: ¿Cuánto tiempo después de comenzar con la Camisa de Hierro I empezaste a practicar la Camisa de Hierro II y la III? ¿Cuánto practicas a diario y a qué hora?

MICHAEL: Practico todos los días casi sin excepción. Comencé con la Camisa de Hierro I unos meses después de empezar, y con la Camisa de Hierro II un año más tarde o así. Continué practicando la Camisa de Hierro I aunque ya estuviese con la II o la III. No seguí con la Camisa de Hierro II, pues me pareció que con la I y la III ya era suficiente. Por supuesto, la Camisa de Hierro III le proporcionó a mi práctica un nivel mucho más elevado. Mucha gente no practica la Camisa de Hierro I durante el tiempo suficiente para poder pasar a los otros niveles. De hecho, el contenido de la Camisa de Hierro I tiene mucho que ver con otras prácticas semejantes, pero aquí la energía se perfecciona más y se condensa más en el cuerpo y al hacerla circular se nota que su calidad es diferente. Cuando lo hago bien, puedo sentir una especie de calor-frío irradiando desde mi cuerpo. No es energía eléctrica. Es una mezcla de la energía Yin debidamente perfeccionada. Dejo que mi cuerpo se sienta uno, fluyendo, y que esa agradable energía me inunde durante todo el día.

Otra sensación importante comenzó después de un año y medio aproximadamente. Antes de comenzar con la Camisa de Hierro I me relajaba más, y me sentía unido a la tierra, lo cual me permitía obtener más energía fría. Comenzaba a practicar la Órbita Microcósmica de manera espontánea, por las piernas hacia las raíces, en la tierra, luego hacia arriba hasta el perineo, por la columna, sobre la coronilla y de nuevo al suelo. Un día, al mirar hacia abajo comencé a efectuar la Órbita Microcósmica como si estuviera enterrado, únicamente con la cabeza sobresaliendo de la tierra. Así hice circular la energía a través de mi cuerpo, pero dentro de la tierra. Sentí una energía muy fría y enraizada, y me visualicé perfectamente a mí mismo y a la energía. Tiré de la energía hacia mi cuerpo y la condensé. Estaba totalmente enraizado, sólo con la mente. De manera espontánea vi también una gran variedad de cristales en diversos puntos de mi cuerpo y en la tierra a través de la cual circulaba la energía. Para mí la principal cualidad de la Camisa de Hierro es el perfeccionamiento de la energía. Desde entonces, mi práctica adquirió un nivel energético mucho más elevado.

Lo que en realidad descubrí es que al practicar la Camisa de Hierro y hacer circular la energía por la Órbita Microcósmica, al mismo tiempo se está tirando hacia arriba de la energía de la tierra y haciéndola circular también alrededor de nuestro cuerpo antes de enviarla de nuevo al suelo. En eso consiste el enraizamiento.

JOHN: ¿Esa versión bajo tierra fue idea tuya o del Maestro Chia?

MICHAEL: En realidad, ya le había preguntado al respecto, y él me contestó que lo podría hacer cuando trabajase desde un nivel bastante elevado y me visualizase a mí mismo enterrado a una profundidad cinco veces superior a la altura de mi cuerpo. Comencé a visualizarme en el centro de la tierra, sacando energía desde allí. Se lo comenté y me dijo que empezase por algo más cercano. Para mí, el centro de la tierra funcionaba, pero él me dijo que allí los materiales están fundidos y que podría extraer una energía excesivamente caliente.

He comenzado a sentir que, haga lo que haga, hay Chi en mis huesos. Cuando practico el Tai Chi empiezo a sentir mi esqueleto lleno de una energía densa y brillante. Al mover el brazo, por ejemplo, noto que la carne y la sangre son muy ligeras, pero que el centro es puro acero, energía condensada. Esta sensación se logra también con el Tai Chi y otras técnicas; sin embargo, con la Camisa de Hierro III el proceso se vuelve cien veces más rápido. Creo que lo más importante a tener en cuenta en un principio es no llevar demasiada energía cálida al corazón o a la cabeza. Cuando la energía es mantenida y circulada durante mucho rato, puede originar tensión en el corazón. Lo importante, entonces, es comenzar de una manera gradual, acostumbrando al cuerpo a manejar dicha energía hasta que esto se logre con comodidad.

JOHN: ¿Descansas y caminas después de practicar?

MICHAEL: Sí. Es muy importante. Algunos días mis ejercicios de la Camisa de Hierro I son tan intensos que ya no hago nada más. Noto que la energía que condenso y hago circular por mi cuerpo es bastante para digerirla y trabajar con ella. Me siento y ya no hago nada más, ni Tai Chi ni ninguna otra cosa. Simplemente digiero lo comido.

JOHN: ¿Has notado alguna mejoría concreta en tu salud gracias a la práctica de la Camisa de hierro?

MICHAEL: Sí. En mis prácticas con el Kundalini Yoga, la energía podía alcanzar niveles muy elevados, pero se escapaba del cuerpo. Me di cuenta de que en invierno sentía frío. Me estaba volviendo muy Yin. La práctica era Yang, pero estaba usando la energía de mi cuerpo. Ahora, con la Camisa de Hierro, durante el invierno mi cuerpo está mucho más caliente. Soporto perfectamente las inclemencias del tiempo, los elementos. Ya con la práctica del Kundalini yoga me sentía bien, pues no contraje ninguna enfermedad ni dolencia alguna, pero ahora esa sensación de salud se ha incrementado muchísimo al igual que mi capacidad para superar los resfriados, gripes y molestias similares. En cierta ocasión vinieron cuatro o cinco miembros de mi familia a pasar una semana conmigo y todos tenían gripe. Si se condensa el Chi en el cuerpo, no queda espacio para las bacterias, ni los virus, etc. Al menos, una vez que el Chi ha alcanzado un determinado nivel.

JOHN: Otra pregunta más sobre tu práctica: ¿Cuando practicas la Camisa de Hierro, tienes a alguien que te empuje para facilitar el enraizamiento?

MICHAEL: Vivo solo y por lo general no hay nadie conmigo. Voy periódicamente al centro para que me empujen y para enterarme de lo que no estoy haciendo bien. Siempre hay pequeñas correcciones que hacer. Posiblemente estos pequeños errores retrasaron mi progreso. Se puede estudiar y condensar la energía, pero el beneficio recibido será muy escaso si no se efectúa de la manera correcta. Así, debo decir que es importante que alguien te empuje.

JOHN: Michael, yo sé que tú llevas una vida muy activa y que desarrollas mucha actividad mental. ¿Crees que la Camisa de Hierro III te ha ayudado a afrontar el estrés de la vida diaria? ¿Supone también una ayuda a nivel mental, del mismo modo que lo es a nivel físico?

MICHAEL: Sí. Algunas veces, cuando escribo, trabajo durante quince o dieciséis horas al día. Cuando siento que ya he agotado todo mi Chi y mi cerebro ya no funciona como debiera, practico un poco de la Camisa de Hierro para que la energía fluya de nuevo. Hay veces en que no deseo irme a dormir, quiero seguir trabajando, pero no creo que esta sea la manera correcta de vivir. Es más inteligente vivir de una manera simple. Sin embargo, en ocasiones uno se encuentra en un callejón sin salida y entonces sí, sin duda que te ayuda mucho a liberarte del estrés.

JOHN: ¿Quieres hacer algún otro comentario sobre tu práctica de la Camisa de Hierro?

MICHAEL: Conozco otros tipos de Chi Kung, en los que hay que hacer inspiraciones y espiraciones y ciertos movimientos, y creo que esos Chi Kung son válidos y potentes. Sin embargo, creo que éste es un Chi Kung más elevado, porque se trata de algo más interno. Es decir, no se basa en una respiración continua ni en un movimiento continuo de ningún tipo. Se respira al principio, pero luego, a medida que se va progresando hacia los niveles más elevados del Chi Kung Camisa de Hierro, puedes extraer la energía simplemente con tu mente, condensarla y hacerla circular. El movimiento de la energía con la mente acentúa el aspecto interno de dicha energía. Al principio puede presentar problemas para quienes no están acostumbrados, y tal vez les resulte difícil mover el Chi con la mente. Entonces tendrán que recurrir más a la respiración y a los movimientos. Pero todo aquel que prosiga con la práctica, acabará teniendo éxito.

COMENTARIOS DE ESTUDIANTES

— Sea cual sea la actividad física que practique siento una especie de calorcito en piernas y espalda. Estoy segura de que algo se está iniciando en mí.

— Soy cocinera profesional y me corto con cierta frecuencia. He observado que desde que vengo aquí los cortes se curan mucho más rápidamente. Además siento también cierta energía almacenada en mi espalda.

— La Camisa de Hierro hace que me sienta como si me descubriese a mí misma por primera vez. He meditado y he manejado energía en otros sistemas, pero nada se asemejaba a esto.

— Para mí la Camisa de Hierro II ha sido un descubrimiento extraordinario. Después de cada clase noto una especie de crujido en las caderas. Hace unos días descubrí que mis caderas son diferentes, que son nuevas y que tengo una increíble sensación de espacio en la parte baja del abdomen. Cuando practicaba Tai Chi ya sabía que existía una conexión entre mis pies, mis caderas y mis omóplatos, pero nunca la llegué a experimentar. Ahora noto dicha conexión de una manera total.

— He practicado Yoga, Judo y Tai Chi. Al descubrir el libro del maestro Mantak Chia, pensé que esto era justo lo que yo esperaba. Durante años he sufrido terribles dolores de cabeza. Ahora estoy perfectamente. Al completar la Órbita, puedo sentir cómo toda esa energía almacenada en mi cabeza se va hacia el suelo. De hecho, lo único que tuve que hacer para completar la Órbita fue bajar la energía, pues había pasado años subiéndola hasta allí. Ahora, tres meses después de comenzar a practicar el sistema taoísta del maestro Chia, me encuentro lleno de energía.

— Al principio la Camisa de Hierro me pareció demasiado diferente de la suavidad del Tai Chi que hasta entonces había practicado. Pero reconocí la necesidad del equilibrio que produce. Me parece que he aprendido a utilizar mi cuerpo de una manera muy diferente. Muy pronto podré hacer estos ejercicios yo solo, esté donde esté.

— Noto que ahora tengo mucha más energía. Puedo mantener la respiración el doble de tiempo que cuando comencé a practicar. Estoy mucho más enraizado. Siento la energía a través de mí.

— Al hacer los ejercicios de la Camisa de Hierro, noto cómo asciende la energía desde la tierra. Ya sé, por fin, lo que es estar enraizado. Algunas veces mis piernas tiemblan cuando la energía pasa por ellas. Además mi espalda parece más sólida. Puedo inspirar más cantidad de aire. En general me siento más fuerte.

— Llevo unos diez años practicando la meditación, principalmente un tipo de Kundalini Yoga. He hecho circular la energía, pero sólo hacia arriba y hacia abajo de la columna, en lugar de utilizar el canal frontal. Descubrí el libro del maestro Mantak Chia hace unas seis semanas y comencé la práctica inmediatamente. Coincidió que poco después acudí a un retiro de meditación, donde pude practicar bastante, experimentando la apertura de la Órbita Microcósmica, una profundidad mucho mayor en mi meditación y una liberación de los bloqueos que había estado soportando durante muchos años. Mi experiencia con el Chi Kung hasta ahora se puede resumir en un incremento notable del flujo de energía y un mayor desbloqueo de los canales de las piernas.

— Hace unos nueve años que estudio meditación y artes marciales, y siempre creía que se trataba de cosas totalmente separadas, una de ellas física y la otra espiritual. Aquí ambas están enlazadas. Había leído sobre esto, pero nunca lo había experimentado hasta ahora. En San Francisco practiqué un Chi Kung que consistía en muchos ejercicios de tensión, pero ahora me doy cuenta de que estaba en el camino equivocado. Trataba de usar la mente y de reforzar los músculos, en lugar de trabajar desde dentro hacia afuera.

— Soy aficionado a las artes marciales desde hace más de 25 años. He practicado karate, Kung Fu y Tai Chi. A través de dichas prácticas he experimentado diversos centros de energía. Nunca fui consciente de que había que completar un circuito hasta que vi la portada de uno de los libros del maestro Mantak Chia. Me llamó mucho la atención, pues vi que el camino dibujado pasaba por varios de los centros que yo había experimentado ya. Al leer el libro comprobé que respondía a preguntas que hasta entonces yo no había podido expresar con palabras. Comencé a darme cuenta de que debo llevar mis sentidos hacia dentro. La introspección es algo que no se suele enseñar. Al seguir leyendo comprendí que aquello era lo que yo había estado buscando: un sistema que me permite saber más sobre mí mismo.

— Me acerqué a la Órbita Microcósmica y a la Camisa de Hierro en mi búsqueda de algo que curase un serio problema que hasta entonces me habían tratado sin éxito. Tenía una úlcera duodenal de cuatro por seis centímetros. Tenía también dos discos intervertebrales fuera de lugar, consecuencia de dos accidentes distintos. Además tenía una curvatura en la parte alta de la columna de carácter congénito que hacía ya dos años estaba siendo atendida con un tratamiento quiropráctico. Cuando me interesé por estos cursos, mi sistema digestivo se encontraba en una pésima situación. Había perdido más de quince kilos y el médico me había dicho que tendría que someterme a una intervención quirúrgica. En menos de cuatro meses de práctica de la Camisa de Hierro, donde antes había una úlcera, ahora existe tejido cicatrizativo. He dejado de medicarme. Ya no tengo dolores de espalda, después de haberlos sufrido constantemente durante tres años. No he hecho nada más que lo aprendido aquí: la Camisa de Hierro cada mañana y la Órbita Microcósmica durante el día. He recuperado doce kilos y siento que en realidad la Camisa de Hierro me ha dado el verdadero poder curativo.

— Un amigo me presentó al maestro Mantak Chia, pues según él, podría ayudarme a eliminar los terribles dolores de cabeza que sufría. Había visto ya médicos Chinos, franceses y americanos sin que ninguno de ellos me hubiera podido liberar de un problema que arrastraba desde hacía más de quince años. Después de tres días con el maestro Chia, pude completar la Órbita y los dolores poco a poco fueron remitiendo.

— He practicado artes marciales de vez en cuando, especialmente Hsing Yi, y he seguido también prácticas internas. Su sistema es, con mucho, el mejor de cuantos he conocido y por ello quiero darle las gracias. De hecho, integra el Kundalini Yoga y algunas prácticas occidentales, junto con el uso de los centros y de los meridianos. Es excelente y quiero continuar con él.

— He practicado artes marciales, meditación y diversas disciplinas espirituales durante unos nueve años. La pasada primavera asistí al taller del maestro Chia sobre la Órbita Microcósmica. Tuve la experiencia personal de sentir el Chi pasando por los meridianos básicos y por ciertos puntos de acupuntura. Me sorprendí mucho, pues hasta entonces para mí era sólo algo que había leído en los libros. Me parecía posible poder influir en la energía mediante agujas, pero jamás imaginé que la sentiría. Espero profundizar en la Camisa de Hierro y también en la sensación de notar la energía.

— Antes de comenzar con esto yo había sentido la energía en mi cuerpo, pero sin saber qué hacer con ella. Eran experiencias muy esporádicas. Gracias a la estructura que nos ofrece el maestro Chia, ahora dispongo de un medio de controlarla. Algo que antes nunca tuve. He practicado artes marciales y meditación. Y nunca he conocido nada como la Camisa de Hierro. Creo que es algo de un valor enorme para cualquier practicante de artes marciales, en especial para personas dinámicas, que con mucha facilidad pueden sufrir golpes, perder el alineamiento o terminar con órganos dañados. Es evidente que usando esta energía que se genera con la Camisa de Hierro, los riesgos de resultar lesionado se reducen enormemente.

— Todavía me queda mucho camino por recorrer hasta desarrollar el poder de enraizamiento, pero ya me siento mucho más fuerte, especialmente de la espalda.

— Hace algún tiempo nos comentó Vd. que muchas personas pueden manejar mejor el dolor que el placer. Durante estas vacaciones he estado meditando dos veces cada día y he llegado a un punto en el que ya no lo podía aguantar. Mi cuerpo entero se convirtió en una luz dorada. Tuve que dejar de practicar. Simplemente no estaba preparado para ello. Esta enseñanza es verdaderamente algo auténtico. Estoy totalmente convencido. Además, hay otra cosa que también quiero decir. Soy acupuntor y últimamente no tengo ninguna dificultad para conseguir pacientes. No tengo siquiera que pensar en ello. Simplemente acuden. Además, me parece que mi trabajo es más efectivo, más eficiente y más claro.

— Estoy creciendo. Al descubrir esta enseñanza, he descubierto al mismo tiempo mi cuerpo. Quiero aprender todo lo relacionado con estos métodos. Los resultados son totalmente convincentes. Es como recibir respuestas para todo.

— Antes estudiaba en otro sistema que yo consideraba muy bueno, incluso perfecto. De manera que, en realidad, no estaba buscando nada nuevo, sino que simplemente sentí una especie de curiosidad. Para mí, el Tao Curativo es algo diferente. Desde el principio comencé a notar cómo la energía se desplazaba por mis canales. Me costó algún trabajo meditar diariamente para captar el enfoque taoísta. Estoy utilizando fuentes de energía que en mis estudios anteriores ni siquiera se tocaban. Con el Tai Chi y la Camisa de Hierro puedo mantener la energía en mi cuerpo en lugar de, simplemente, tener una experiencia pasajera de la misma, como la que se logra con muchos ejercicios respiratorios.

Índice